唐代政治史論集

增訂本

王壽南●著

臺灣商務印書館發行

目錄

唐代御史制度

一、前言

朱禮曰：「人有常言，皆曰台諫，不知二者設職，要自不同。唐諫議大夫、拾遺、補闕，專以諫諍天子為職，乃宰相之屬；而御史台自為一局，所以糾察百官之罪惡。」[1]中國古代監察制度可分為兩個系統，一為言官，或稱諫官，以給事中與諫議大夫為主，職在諫諍君主，封駁詔敕，規正朝廷違失，節制君權，免天子之恣意虐民；一為察官，或稱監官，以御史為主，職在監督百司，糾劾官邪，充當君主耳目，維護綱紀，防官吏之擅權誤國[2]。因此，言官主要監察對象為君主，監官主要監察對象為官吏。

御史官名，見於周官，但為傳命之職，至秦漢始為糾察之任。《通典》卷二十四〈職官六・御史台〉：

御史之名，周官有之，蓋掌贊書而授法令，非今任也，戰國時亦有御史，秦趙澠池之會，各命書其事，又淳于髡謂齊王曰：「御史在前」。則皆記事之職也。至秦漢為糾察之任。所居之署，漢謂之御史府，亦謂之御史大夫寺，亦謂之憲台……後漢以來謂之御史台，亦謂之蘭台寺，梁及後魏北齊或謂之南台……後周曰司憲，屬秋官府，隋及大唐皆曰御史台。

又趙翼《陔餘叢考》卷二十六「御史條」：

漢百官表，謂御史本秦官，掌監郡，然周官宗伯之屬，已有御史，以中士下士為之，不過小臣之傳命者，至戰國而稍變其制，不特秦有是官也，史記藺相如傳，秦趙之會，各令御史書事，則趙亦有御史也，國策安邑之御史死，則魏亦有御史，淳于髡曰，御史在前，掌記事綜察之任，則齊亦有御史，故張儀為秦說韓說趙，皆曰秦王使臣獻書大王御史，可知列國各有是官，蓋親近之職，掌文書及記事者也，張蒼初為秦御史，主柱下方書，如淳曰主四方文書也，則秦御史亦專掌文書及記事。如周制老子柱下史之類，原非任以彈劾也，其後又使之監郡，蓋以近臣便作耳目於外，於是職司糾察，而有彈劾之任，漢初因之，遂專為風憲官，而掌文書記事歸之太史，判然分兩職矣。

按自秦漢統一天下，以君主一人而統治全國，力實不足以察臣下之不忠與官吏之虐民，乃以近臣御史爲耳目，藉以監視百官，於是，御史「爲朝廷綱紀之職，故大臣由公相以下，皆屏氣切息，注萬目於王曹，王曹坐南台，則綜覈天下之法立。」[3]歷代君主莫不重視御史，乃由於御史之官有助於當時政權之延續。

二、御史台之組織

唐代御史之官隸屬于御史台，唐代御史台名稱頗有更易，《唐會要》卷六十〈御史台〉：

武德初，因隋舊制為御史台，龍朔二年四月四日，改為憲台。咸亨元年十月二十三日，復為御史台。光宅元年九月五日，改為左肅政台，專管在京百司及監軍旅。更置右肅政台，其職員一律左台，令按察京城外文武官僚，以中宗英王府材石營之，殿中御史石抱貞繕造焉。神龍元年二月四日，改為左右御史台。景雲三年二月二日，廢右台，先天二年九月一日，又置右台，停諸道按察使，其年十月二十五日，又置諸道按察史，廢右台。

又《大唐六典》卷十三〈御史台〉：

梁陳後魏北齊隋皆曰御史台，皇朝因之。龍朔二年更名憲台，咸亨元年復故。光宅元年改曰左肅政台，專知在京百司，更置右肅政台，專知按察諸州，加右台大夫一人。神龍元年改為左右御史台，猶置二大夫，延和元年廢右台，先天二年二月復置，十月又廢，而大夫隨台廢置。

唐代御史名稱之演變可以下表示之：

時間 年號	西元	名稱演變
武德元年	六一八	御史台
高宗龍朔二年四月	六六二	憲台
高宗咸亨元年十月	六七〇	御史台
武后光宅元年九月	六八四	左肅政台，右肅政台
中宗神龍元年二月	七〇五	左御史台，右御史台
睿宗太極元年二月	七一二	御史台（廢右御史台）
玄宗先天二年九月	七一三	左御史台，右御史台
玄宗先天二年十月	七一三	御史台（廢右御史台）

由上表可知，唐代二百九十年中，稱憲台者九年，稱肅政台者二十二年，其餘均稱御史台，而台分左右者，僅二十九年，其餘均爲一台，倘置兩台，其組織同。

唐代御史台置御史大夫一人[6]，正三品[7]，御史中丞二人[8]，正四品下[9]。御史台內分爲三院，一曰台院，置侍御史；二曰殿院，置殿中侍御史；三曰察院，置監察御史。新唐書卷四十八〈百官三．御史台〉：

其屬有三院，一曰台院，侍御史隸焉；二曰殿院，殿中侍御史隸焉；三曰察院，監察御史隸焉。

趙璘，《因話錄》卷五：

御史台三院，一曰台院，其僚曰侍御史，眾呼為端公；……二曰殿院，其僚曰殿中侍御史，眾呼為侍御；……三曰察院，其僚曰監察御史，眾呼亦曰侍御。

趙彥衢，《雲麓漫鈔》卷七：

唐有三院御史，侍御史謂之台院，殿中侍御史謂之殿院。監察御史謂之察院。

台院之組織有侍御史四人[10]，後增為六人，從六品下；主簿一人，從七品下；錄事二人，從九品下；令史十七人[11]，書令史二十三人[12]，亭長六人，掌固十二人[13]，法直一人[14]，侍御史年資深者，一人知雜事，謂之雜端、台端事顓決，亦號台端[15]。

殿院之組織有殿中侍御史六人，後增為九人[16]，從七品下；令史八人，書令史十八人。

察院之組織有監察御史十人，後增為十五人，正八品下[17]；計史三十四人，令史十人，掌固十二人。

御史台三院「各有院長」[18]，惟不知如何產生或係由資深者兼任。另有「裏行」之名，《新唐書》卷四十八〈百官志・御史台〉：

又置御史裏行使，侍御史裏行使，殿中裏行使，監察裏行使，以未為正官，無員數。

《大唐六典》卷一三：

又置監察御史裏行，其始自馬周以布衣，太宗令於監察御史裏行，自此便置裏行之名。

《冊府元龜》卷五一二〈憲官部・總序〉：

貞觀末，置監察御史裏行，始太宗令馬周作監察御史裏行，遂置此名，中丞亦舊有裏行一人，武后文明元年置殿中裏行。以三員為定。……開元初，又置侍御史裏行使等官，無員數。

劉餗，《隋唐嘉話》：

武后初稱后，恐下心不安，乃令人自舉，供奉官正員外，多置裏行拾遺補闕御史符，至有車載斗量之詠。有御史台令史將入室，值裏行御史數人聚立門內，令史下驢，衝過其間，諸御史大怒，將杖之，令史云：「今日之過，實在此驢，乞先數之，然後受罰。」御史許之，謂驢曰：「汝技藝可知，精神極鈍，何物驢畜，敢於御史裏行。」於是羞而止。

可見「裏行」乃員外官之一種，初有定員，其後漸濫。

又有，「內供奉」，《通典》卷二十四〈御史台〉：

侍御史四員，內供奉二員。（原註文：「侍御史內供奉與殿中御史內供奉、監察御史裏行，其制並同，皆無職田庶僕。台例占闕者傳職田庶僕，無闕可占則歲兩時請地子於太倉，每月受俸及庶僕於太府。」）

《冊府元龜》卷五一二〈憲官部・總序〉：

聖曆中，加中丞內供奉一人，尋省。長安二年始置侍御史內供奉，不得過正員之數。先天中，復增御史中丞內供奉一人。

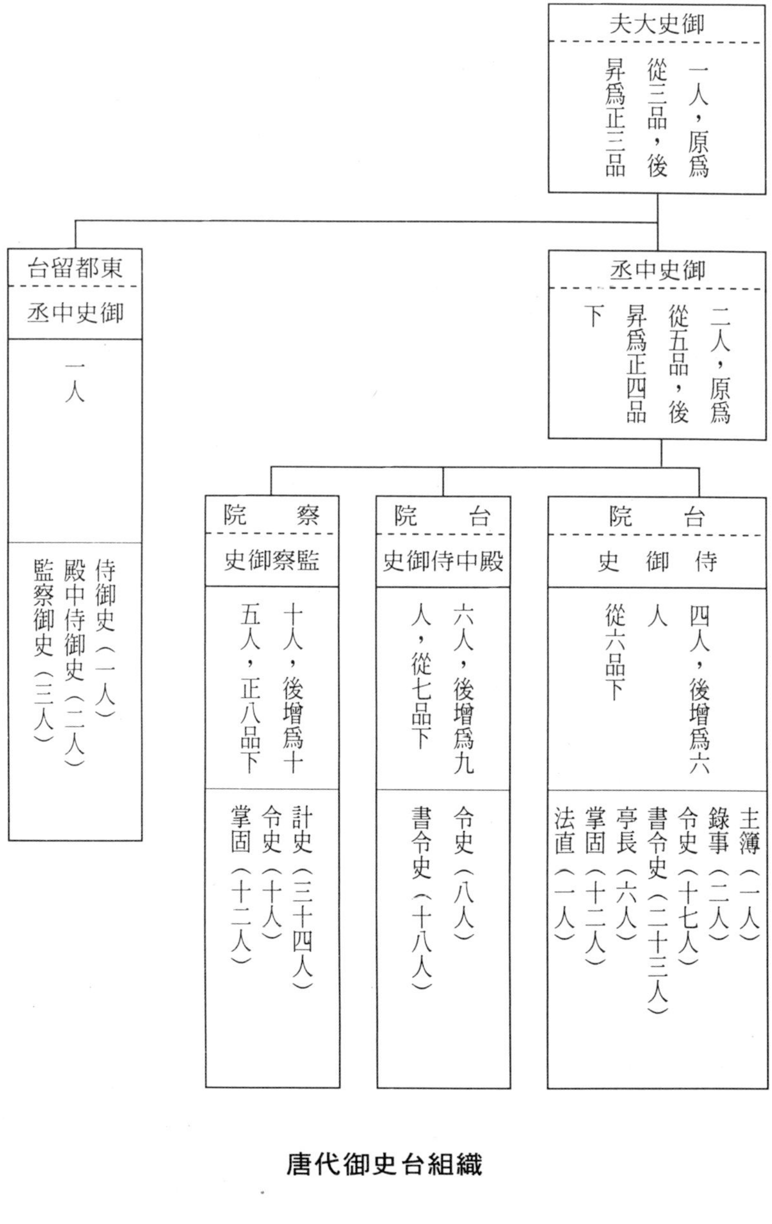
御史大夫
一人，原爲從三品，後昇爲正三品
御史中丞
二人，原爲從五品，後昇爲正四品下
東都留台
御史中丞
一人
侍御史（一人）
殿中侍御史（二人）
監察御史（三人）
台院
侍御史
四人，後增爲六人
從六品下
主簿（一人）
錄事（二人）
令史（十七人）
書令史（二十三人）
亭長（六人）
掌固（十二人）
法直（一人）
台院
殿中侍御史
六人，後增爲九人，從七品下
令史（八人）
書令史（十八人）
察院
監察御史
十人，後增爲十五人，正八品下
計史（三十四人）
令史（十人）
掌固（十二人）

唐代御史台組織

則「內供奉」與「裏行」相同，均非正官。

唐御史台在京師，另在東都置留台，東都留台規模較小，《新唐書》卷四十八〈百官志・御史台〉註文：

> 東都留台，有中丞一人、侍御史一人、殿中侍御史二人、監察御史三人。元和後，不置中丞，以侍御史、殿中侍御史、監察御史主留台務，而三院御史亦不常備。

冊府元龜卷五一二〈憲官部・總序〉：

> 東都留守置御史台，中丞、侍御史各一人，殿中侍御史二人，監察御史三人。（原註文：「大曆後，多以留台中丞兼東都畿汝觀察處置使。元和後，但以侍御史、殿中侍御史、監察御史共主留台之務，而三院御史亦不常備焉。」）

三、御史之職掌

御史為監察官，「御史之職，邦憲是司。」[19]「彰善癉惡，激濁揚清，御史之職也。」[20]御史之主要職掌在監督，糾彈違法失職之事。

《新唐書》卷四十八〈百官志三〉註文：

> 武后文明元年，改御史台曰肅政台。光宅元年，分左右台，左台知百司、監軍旅；右台察州

縣，省風俗。尋命左台兼察州縣。兩台歲再發使八人，春曰風俗，秋曰廉察，以四十八條察州縣。兩台御史，有假、有檢校、有員外、有試、至神龍初皆廢。景雲三年，以兩台望齊，糾舉苛察，百寮厭其煩，乃廢右台。延和元年，復置，歲中以尚書省隸左台，月餘而右台復廢。

自光宅元年至延和元年（即先天元年）之間，御史台制度甚亂，且史料不足，故本文所述職掌以御史台一台爲主。

唐代御史職銜可分爲御史大夫、御史中丞、侍御史、殿中侍御史、監察御史等五種，分別說明其職掌如下：

㈠御史大夫、御史中丞

唐代御史台之長官爲御史大夫，副長官爲御史中丞，然以御史大夫品秩崇高，官不常置，御史中丞常爲憲台之長[21]。因此，御史大夫與中丞職掌相同，並而論之。

御史大夫、御史中丞之職掌有八：

1.掌邦國刑憲典章之政令

《唐六典》卷一三：

御史大夫之職掌邦國刑憲典章之政令，以肅正朝列，中丞為之式。

《舊唐書》卷四十四〈職官三・御史大夫〉註文：

掌邦國刑憲，肅正朝廷。

大夫，中丞維護刑憲典章之事例甚多，自《冊府元龜》中任舉三例以明之：

王顏為御史中丞，貞元二十二年奏，吏部兵部侍郎、郎中、員外共一十三員，起去年十一月一日，至今年三月三十日，並不入朝，臣此謂選限內不朝，實憑格敕，去三月二十一日，奉敕轉朝，前件官並闕奉慰，臣中書門下省并兵部吏部簡格敕並無文狀，國朝故事，開元以前，旬節假日，百官盡入朝，至天寶五載，始有敕放旬節假日不入，比及近來，又賜常參分日。伏緣前後優待之厚，致有慢易違失之愆，臣忝職司，合當舉正，庶使朝行自肅，典禮克行，伏請釐革。《冊府元龜》卷五二〇下〈憲官部・彈劾三下〉）

李景讓為御史大夫，慷慨有大志，正色立朝，無言避忌，時宣宗皇帝舅鄭光卒。詔罷朝三日。景讓上言：朝典有素，無容過越。優詔報之，乃罷朝兩日。（《冊府元龜》卷五一五〈憲官部，剛正二〉）

元和四年十二月，御史中丞李夷簡奏：諸使諸州有兩稅外雜率其違格敕不法事，請諸道鹽鐵轉運使度支巡院訪察報台司，以憑聞奏，從之。（《冊府元龜》卷五一六〈憲官部・振舉一〉）

2. 審訊冤屈

御史台爲接受冤屈申訴之所，大夫與中丞爲御史台長官，故其職掌得審訊冤屈。舊唐書卷四十四，職官志三（《新唐書・百官志》，《大唐六典》，略同）：

凡天下之人，有冤而無告者，與三司訊之。

《唐會要》卷六十〈御史台〉：

貞元九年二月，御史台奏，今後府縣諸司公事，有推問未畢，輒撾鼓進狀者，請卻付本司推問斷訖，猶稱抑屈，便任詣台司按覆，若實抑屈，所由官錄奏推典，量罪決責，如告事人所訴不實，亦準法處分。

《唐大詔令集》卷八十二〈申理冤屈制〉：

宜令朝散大夫守御史中丞崔謐，朝散大夫守給事中劉景先、朝請郎守中書舍人裴敬彝等，於南衙門下外省，共理冤屈。

可見申理冤屈乃御史大夫，中丞之職掌。

3. 糾彈

御史大夫、中丞既爲監察官，自有對百寮糾舉彈劾之責，《大唐六典》卷一三：

凡中外百僚之事，應彈劾者，御史言於大夫，大事則方幅奏彈，小事則署名而已。

其實御史大夫，中丞並非僅被動地署名彈劾而已，史籍所載，大夫、中丞主動彈劾者甚多，如元和四年七月，御史中丞李夷簡彈劾京兆尹楊憑前爲江西觀察使時貪贓及其他不法事[22]；溫造爲御史中丞，「朝廷有喪不以禮，配不以類者，悉劾之。」[23]牛僧孺爲御史中丞，「按治不法，內外澄肅。」[24]御史大夫楊德裔彈劾鐵勒道行軍大總管鄭仁泰、薛仁貴殺降及兵敗[25]；御史中丞宋渾彈劾李彭年贓污[26]。《舊唐書》卷八十九〈狄兼謨傳〉：

> 遷御史中丞。謝日，文宗顧之曰：「御史台朝廷綱紀，台綱正則朝廷理，朝廷正則天下理。凡執法者，大抵以畏忌顧望為心，職業由茲不舉。卿梁公之後，自有家法，豈復為常常之心哉！」兼謨謝曰：「朝法或未得中，臣固悉心彈奏。」會江西觀察使吳士矩違額加給軍士，破官錢數十萬計，兼謨奏曰：「觀察使守陛下土地，宣陛下詔條，臨戎賞軍，州有定數。而士矩與奪由己，盈縮自專，不唯貽弊一方，必致諸軍援例。請下法司，正行朝典。」士矩坐貶蔡州別駕。

可見大夫、中丞皆可主動糾彈。反之，倘大夫、中丞不能盡糾彈之責，則將受到貶議，《舊唐書》卷一〇〇〈李朝隱傳〉：

> 李朝隱代崔隱甫為御史大夫，朝隱素有公直之譽，每御史大夫缺，時議咸許之，及居其職，竟無所糾劾，唯煩於細務，時望由是稍減。

又《舊唐書》卷一一五〈敬括傳〉：

> 敬括於代宗時，入為御史大夫，遲重推誠於下，未嘗以私害公，士頗稱焉，而從容養望，不舉綱紀，士亦此少之。

4. 覆審囚徒

御史大夫、中丞可承受制命覆審囚徒，《舊唐書》卷四十四〈職官志三〉（《大唐六典》卷一三，同）：

（大夫、中丞）若有制使覆囚徒，則與刑部尚書參擇之。

《新唐書》卷四十八〈百官志三〉：

（大夫、中丞）有制覆囚，則與刑部尚書平閱。

史籍所載，中丞按制獄者尤多，武后時以來俊臣爲中丞，按制獄，即爲顯例[27]。

5. 大禮前導

國有大禮，如君主之巡幸，則爲前導，《舊唐書》卷四十四〈職官志三〉（《大唐六典》卷一三，同）：

凡國有大禮，則（大夫、中丞）乘輅車以為之導。

《新唐書》卷四十八〈百官志三〉：

行幸（大夫、中丞）乘路車為導。

6. 按察京畿

唐代御史大夫有時兼按察京畿，如韋抗即其例[28]。

7. 奉詔出使

如有重大事件，君主可派遣大夫、中丞出使、《冊府元龜》卷五一三〈憲官部・褒賞〉：

裴度為御史中丞，時吳元濟盜兵柄，求襲乂任，憲宗徵師伐叛，詔度巡營壘，勞士卒。

大夫、中丞奉詔出使之事例甚多，如裴敦復攝御史大夫持節江南東道宣撫百姓，招諭海賊[29]；婁師德兼檢校右肅政御史大夫知左肅政台事，與王懿宗、狄仁傑分道安撫河北諸州[30]；馮嘉賓攝御史中丞持節安撫阿安那闕啜[31]。

8. 諫諍

御史台非諫官系統，然御史台職司執法，倘君主用法有誤，大夫、中丞勢不能坐視不理，於是起而諫諍，所以，諫諍是由執法推衍而來的職掌，《唐會要》卷六十二〈御史台下・諫諍〉：

神龍二年，京兆韋月將上書，訟皇后為亂，中宗大怒，令撲殺之。御史中丞宋璟執奏，請按而後刑。中宗怒甚，謂璟曰：「朕以為斬訖，何故緩之」璟曰：「韋言中宮為亂於武三思，陛下不加勘問，直言斬論事者，臣恐朝野有竊議者。」中宗轉怒，璟曰：「請先斬臣，不然，臣不敢奉詔。」上意少解，遂配流。三年八月節愍太子誅武三思之後，安樂公主及宗楚客兄弟，並冉祖雍李洩等，共誣構安國相王、鎮國太平公主與太子連謀舉兵請收制獄。上召御史中丞蕭至忠令鞫之，至忠泣而奏曰：「陛下富有四海，貴為天子，豈不容一弟一妹，忍受人羅織，宗社存亡，實在於此，臣愚竊為陛下不取，《漢書》云：『尺布，尚可縫，一斗粟，尚可舂，兄弟二人不相容』。願陛下詳察此言，初則天欲立相王，累日不食，請迎陛下，固讓之誠，天下傳說，足明冉祖雍等所奏，咸是虛構」。上深納之，遂停鞫問。

《冊府元龜》卷五二〇上〈憲官部・彈劾三上〉：

溫彥博為御史大夫，時王君廓為幽州都督，將奔突厥，為野人所殺。太宗念其功，遣收葬，待其家如初。彥博奏：「君廓殺人北走，稱入突厥，國之叛臣，合寘常憲，不宜封侯食邑。」乃免為庶人。

《舊唐書》卷一五三〈薛存誠傳〉：

（貞元中）洪州監軍高重昌誣奏信州刺史李位謀大逆，追赴京師，上令付仗內鞫問，（御史中丞薛）存誠一日三表，請付位於御史台。及推案無狀，位竟得雪。

中國古代爲君主專制政治，君令可逾越法律，大夫、中丞違抗君主逾法之命令，即屬對君主之諫諍。

(二)侍御史

侍御史爲御史台三院中品秩最高之御史，爲清要官[32]。據《大唐六典》卷一三稱侍御史之職有六：「一曰奏彈，二曰三司，三曰西推，四曰東推，五曰贓贖，六曰理匭。」然而三司與理匭，推鞫獄訟實相關連，東推與西推均爲推鞫獄訟，贓贖表現於奏彈與鞫獄，故《大唐六典》所稱侍御史之職有六：實僅奏彈、三司理匭與獄訟。若以史籍所載，侍御史之職掌甚夥，分別敘述如下：

1. 糾舉百僚：

糾舉百僚爲侍御史主要職掌[33]，此種糾舉百寮需要有不畏權勢之勇氣，王義方爲侍御史，劾中書侍郎李義府即表現出御史之果毅，《舊唐書》卷一八七上〈王義方傳〉：

顯慶元年，遷侍御史。時中書侍郎李義府執權用事，婦人淳于氏有美色，坐事繫大理，義府悅之，託大理丞畢正義枉法出之。高宗又敕事中劉仁軌，侍御史張倫重按其事。正義自縊，高宗特原義府之罪。義方以義府姦蠹害政，將加彈奏，以問其母，母曰：「昔王陵母伏劍成子之義，汝能盡忠立名，吾之願也，雖死不恨。」義方……乃廷劾義府曰：「臣聞附下罔上，聖主之所宜誅，心狠貌恭，明時之所必罰。是以隱賊掩義，不容唐帝之朝，竊幸乘權，終齒漢皇之劍。中書侍郎李義府，因緣際會，遂階通顯。不能盡忠竭節，對敭王休，策蹇勵駑，祇奉皇眷，而反憑附城社，蔽虧日月，請託公行，交遊群小。貪冶容之美，原有罪之淳于，恐漏洩其謀，殞無辜之正義。雖挾山超海之力，望此猶輕；迴天轉日之威，方斯更劣。此而可恕，孰不可容！金風屆節，玉露啟塗，霜簡與秋典共清，忠臣將鷹鸇並舉。請除君側，少答鴻私，碎首玉階，庶明臣節。」

冊府元龜卷五二〇下〈憲官部・彈劾三下〉：

蕭澈為侍御史，敬宗寶曆元年四月，京兆尹崔元略誤用詔條，徵畿內放錢萬七千貫，澈於閣門彈奏。詔命刑部郎中趙元亮、大理正元從質、侍御史溫造鞫其事，不謬，元略削兼御史大夫。

不僅彈劾大臣，柳範爲侍御史，竟奏彈太宗子吳王恪好畋獵、損居人。[34]

2. 三司理匭與推鞫獄訟

《舊唐書》卷四十四〈職官志三〉：

侍御史四員，掌……推鞫獄訟，凡有別付推者，則按其實狀以奏，若尋常之獄，推訖斷于大理。

《大唐六典》卷一三：

（侍御史）凡有制敕付台推者，則按其實狀以奏，若尋常之獄，推訖斷于大理。

同時，分京城諸司及諸州爲東、西，侍御史中第四人與殿中侍御史第一人同知東推，侍御史中第五人與殿中侍御史第二人同知西推，號四推御史，單日在台院受事，雙日在殿院受事[35]。爲使推鞫獄訟方便於貞觀二十二年起在御史台置獄，《唐會要》卷六十〈御史台〉：

故事，台中無獄，須留問，寄繫於大理寺，至貞觀二十二年二月，李乾祐為大夫，別置台獄，由是大夫而下，已各自禁人，至開元十四年，崔隱甫為大夫，引故事奏掘去之，以後，恐罪人於大理寺隔街來往，頗有漏洩獄情，遂於台中諸院寄禁。

台獄置後，牢扉常滿，於是執法之吏於獄旁作精舍，假佛法以懺之，並追悼亡魂。[36]

侍御史除可單獨推鞫獄訟外，尚參與三司推按，三司爲最高審判單位。何謂三司？據《新唐書》卷四十八〈百官志三・御史台〉：「凡冤而無告者，三司詰之。三司，謂御史大夫、中書、門下也。」《大唐六典》卷一三同此說。《資治通鑑》卷二〇一胡三省註曰：

唐自永徽以後，大獄以尚書刑部，御史台，大理寺官雜按，謂之三司。

又《資治通鑑》卷二二五胡三省註云：

所謂三司使，即御史中丞、中書舍人、門下省給事中也。三人者，各以一司官來朝堂受詞，故謂之三司，非五代時理財之三司使也。

胡三省兩說互異，稽諸史籍，三司使多爲御史、刑部、大理三機關之代表組成，崔元略爲京兆尹，放免誤用詔條，爲侍御史蕭澈所劾，詔「刑部郎中趙元亮、大理正元從質、侍御史溫造充三司覆理。」[37]盧南史犯贓，德宗「遣監察御史鄭楚相、刑部員外郎裴澥、大理評事陳正儀充三司使，同往按鞫。」[38]《新唐書》卷五十六〈刑法志〉：

自永徽以後，武氏已得志，而刑濫矣。當時大獄以尚書刑部、御史台、大理寺雜按，謂之「三司」。

則三司似又應爲刑部、御史、大理三者所組成。《舊唐書》卷五十〈刑法志〉：

三司使，準式以御史中丞、中書舍人、給事中各一人為之，每日於朝堂受詞，推勘處分。建中二年，罷刪定格式使並三司使。先是，以中書門下充刪定格令使，又以給事中、中書舍人、御史中丞為三司使。至是中書門下奏請復舊，以刑部、御史台、大理寺為之，其格令委刑部刪定。

如照《舊唐書・刑法志》所述，則三司初爲刑部、御史台、大理寺，後改爲給事中（門下省）、中書舍人（中書省）、御史台，建中二年復舊以刑部、御史台、大理寺爲三司。

然則部分史料所載三司使又有不同之成員，如李賓犯案，「詔給事中嚴休復、中書舍人高鉞、左丞韋景休充三司推案」[39]，三司竟無御史台之代表。又《舊唐書》卷五十〈刑法志〉：

及家臣懷邪，邊將內侮，乘輿幸于巴、蜀，儲副立於朔方。曾未逾年，載收京邑，書契以來，未有克復宗社若斯之速也。而兩京衣冠，多被脅從，至是相率待罪闕下。而執事者務欲峻刑以取威，盡誅其族，以令天下。議久不定，竟置三司使，以御史大夫兼京兆尹李峴、兵部侍郎呂諲、戶部侍郎兼御史中丞崔器、刑部侍郎兼御史中丞韓擇木、大理卿嚴向等五人為之。

是則三司使並不必由三人組成，亦可由五人，且除御史台、刑部、大理寺之官員外，兵部侍郎亦爲成員之一，然而三司無御史中台官員與三司由三人以上組成之例並不多見，或係皇帝臨時指派，非制度之規定也。

或謂兩「三司」之職不同，由御史、中書、門下所組成之三司職在受理申訴，曰「三司受事」，而由御史台、刑部、大理寺組成之三司職在復審疑獄，曰「三司推事」[40]。《唐會要》卷六十〈侍御史〉：「凡三司理匭，則與給事中、中書舍人，更直朝堂受表。」《新唐書・百官志》：「凡三司理事（侍御史）與給事中，中書舍人更直朝堂。若三司所按非其長官，則（侍御史）與刑部郎中、員外郎、大理司直、評事往訊。」似乎兩「三司」並存而其職各異。然而，倘據《大唐六典》卷一三云：「凡三司理事，則（御史台）與給事中、中書舍人，更直於朝堂受表（原註）三司更直，每日一司正受，兩司副押，更遞如此。其鞫聽亦同。」則玄宗時，無論「受事」之三司或推獄之三司均爲御史台、中書、門下所組成之三司。固無御史台、刑部、大理寺組成之三司。但如據《大唐六典》同卷又稱侍御史之職有六；其二曰三司，其六曰理匭，則三司與理匭爲兩事，又稱「若三司所按非其長官，則與刑部郎中員外郎，大理司直評事往訊之。」則與前註文鞫聽亦爲侍御史、中書舍人、給事中，又可見三司制度甚爲混亂也。

3. 入閣承詔

入閣承詔爲侍御史職掌之一，《新唐書・百官志》：

侍御史。……入閣承詔……入朝，則與殿中侍御史隨仗分入……每一人東嚮承詔五日，有旨召御史，不呼名則承詔者出。

4. 糾朝儀

御史台三院御史其職均涉糾朝儀，《全唐文》卷七二七，舒元輿撰〈御史台新造中書院記〉：

若御史台每朝會，其長總領屬官，謁于天子通路，誰何之聲，達于禁扉，至含元殿西廡，使朱衣從官傳呼，促百官就班，遲曉，文武臣僚列于兩觀之下，使監察御史二人，立于東西朝堂，輒道以監之，雞人報點，監者押百官，由通乾象人宣政門及班于殿庭，則左右巡使二人，分押於鐘鼓樓下，若兩班就食于廊，則又分殿中侍御史一人，為之使以莅之，內謁者承旨喚仗入東西閣門，峨冠曳組者皆趨而進，分監察御史二人，立於紫宸屏下，以監其出入，爐煙起，天子負扆聽政，自螭首龍池南，屬于文武班，則侍御史一人，盡得專彈舉不如法者。

此文所記唐代上朝之禮儀甚詳，舒元輿歷官監察御史、刑部員外郎、左司郎中、御史中丞兼刑部侍郎同中書門下平章事[41]，其所述朝儀當屬可信，故三院御史各分擔糾朝儀之責。翟璋爲侍御史，劾魏州長史敬讓不待監引，越次奏事[42]，即爲侍御史糾朝儀之一例。

5. 奉詔出使

出使非侍御史之本職，然君主偶而亦遣侍御史出使，如解琬「聖曆初，遷侍御史，充使安撫烏質勒及十姓部落，咸得其便宜，蕃人大悅。」[43]然侍御史出使之例並不多見。

㈢殿中侍御史

殿中侍御史之職掌分別敘述如下：

1. 糾朝儀

《舊唐書．職官志》與《大唐六典》卷一三均云：「殿中侍御史掌殿廷供奉之儀式。凡冬至，元正大朝會，則具服升殿。」《新唐書．百官志》云：「〈殿中侍御史〉掌殿廷供奉之儀……正班，列於閣門之外，糾離班，語不肅者，元日，冬至朝會，則乘馬，具服，戴黑豸升殿。」前引舒元輿撰〈御史台新造中書院記〉已說明殿中侍御史所負糾朝儀之責，《唐會要》卷六十二

〈御史台〉知班：

貞觀六年八月，唐臨為殿中侍御史，大夫韋待價責臨以朝列不整，臨曰：「此亦小事，不足介意，請今日以後為之。」明日，江夏王道宗，共大夫離立私談，臨趨進曰：「王亂班」。道宗曰：「共大夫語，何至於是。」臨曰：「大夫亦亂班」。韋失色而退。

又同書同卷（《冊府元龜》卷五一五〈憲官部・剛正二〉同）

大足元年，王無競為殿中侍御史，正班於閤門外，宰相團立於班北。無競前曰：「去上不遠，公雖大臣，自須肅敬。」以笏揮之，請齊班。

可見殿中侍御史實有糾朝儀之責。

2. 君主郊祀巡幸時之糾察工作

如遇君主郊祀或巡幸時，殿中侍御史隨行並檢閱有無違失，《舊唐書・職官志》：「若郊祀、巡幸（殿中侍御史），則於鹵簿中糾察非違，具服從於旌門，視文物有所虧闕，則糾之。」《新唐書・百官志》：「巡幸，則往來門旗之內，檢校文物虧失者。」《大唐六典》卷一三：「若皇帝郊祀、巡省，則具服從旌門往來，檢察視其文物之有虧闕，則糾之。」諸書所載君主郊祀、巡幸時，殿中侍御史檢閱文物之責相同，國忌齋，則與監察御史分察寺觀。[44]

3. 巡視京城不法

殿中侍御史負責巡視京城內不法之事，《舊唐書・職官志》，《大唐六典》卷一三均云：

「凡兩京城內（殿中侍御史），則分知左右巡，各察其所巡之內有不法之事。」所謂不法之事，「謂左降流移停匿不去及妖訛宿宵，蒲博盜竊、獄訟冤濫，諸州綱典貿易，賦歛不如法式，諸此之類，咸舉按而奏之。若不能糾察及故縱、蔽匿，則量其輕重而坐所由御史。」[45]然除上述諸事外，京城有異聞亦須察奏，如郇謨以元載當權，哭於市，「殿中侍御史楊護職居左巡，郇謨哭市，護不聞奏，上以爲蔽匿，貶連州桂陽縣丞員外置」[46]。可見左右巡所察對象甚廣。

4. 監太倉，左藏出納

唐司農寺有大倉署，貯五穀，其出納須經御史檢閱，太府寺有左右兩藏，其左藏貯絹布絲麻錢物，出納亦須經御史檢閱。《唐會要》卷六十〈御史台．殿中侍御史〉：

> 太和元年，御史大夫李固言奏，監太倉殿中侍御史一人，監左藏庫殿中侍御史一人，台中舊例，取殿中侍御史從上第一人充監大倉使，第二人充監左藏庫使，又各領制獄，伏緣推事，皆有程限，所監遂不專精，往往空行文牒，不到倉庫，動經累月，莫審盈虛，遂使錢穀之司，狡吏得計，至於出入，多有隱欺，臣今商量，監倉御史，若當出納之時，所推制獄稍大者，許五日一入倉，如非大獄，許三日入倉，如不是出納之時，則許一月兩入倉檢校，其左藏庫公事，尋常繁鬧，監庫御史所推制獄，大者亦許五日一入庫，如無大獄，常許一旬內計會，取三日入庫句當，庶使當司公事，稍振綱條，錢穀所由，亦知警懼，敕旨依奏。

5. 推鞫獄訟

殿中侍御史第一人與侍御史一人同知東推，殿中侍御史第二人與侍御史一人同知西推，號四推御史[47]。開成二年改以殿中侍御史第三、四人分知兩推[48]。

6.糾彈百寮

殿中侍御史除糾朝儀外，百官有違法失職及不當行爲，亦可糾彈，《唐會要》卷六十一〈御史台‧彈劾〉：

其（開元二）年三月，殿中御史郭震，劾刑部尚書趙彥昭、太子賓客韋嗣立、青州刺史韋安石曰：「彥昭以女巫趙五娘左道亂常，託為諸姑，潛相援引，既因提挈，遂踐台階，或驅車造門，著婦人之服，或攜妻就謁，申猶子之情，同惡相濟，一至於此，又張易之兄弟，勢傾朝野，嗣立此際，結為舅甥，神龍之初，已合誅死，天網疏漏，腰領誤全，與安石託附阿韋，編諸屬籍，中宗晏駕，削太上皇輔政之制，定阿韋臨朝之策，比時朝野危懼，人臣怨憤，臣雖才識妄庸，忝司清憲，熟見奸僻，敢不糾彈，彥昭並請法處分。

同書同卷：

太和二年，義成節度使李聽，為魏博所敗，喪師過半，御史中丞溫造，殿中侍御史崔蠡彈之曰：「賞罰不立，無以示天下，李聽按甲遷延，逗撓軍政，以致狼狽就道，自圖苟免，伏請付法司論罪。」

7.審判獄訟

兩唐書官志及《大唐六典》均未言殿中侍御史有審判獄訟之職掌，但楊慎矜案，殿中侍御史盧鉉參與推鞫[49]，睿宗朝，殿中侍御史辛替否按雍令劉少徵贓贖罪，處死[50]。可見殿中侍御史亦可推鞫獄訟。

(四)監察御史

監察御史在御史中品秩最低，但其職掌最繁，分別敘述如下：

1.糾彈百寮

監察御史掌「分察百寮」[51]，倘百寮有所違失，可以糾彈，如魏傳弓於中宗時爲監察御史，先後劾奏內常侍輔信義及銀青光祿大夫西明寺主惠範[52]；韋仁約於高宗時爲監察御史，劾奏中書令褚遂良[53]；高季輔於貞觀時爲監察御史，「多所彈劾，不避權要。」[54]

2.糾朝儀

監察御史「知朝堂左右廂及百司綱目」[55]，「肅整朝儀」[56]，監察御史在朝會時所扮演之角色已見前引舒元輿撰〈御史台新造中書院記〉。李勉之肅朝儀即爲顯例，《舊唐書》卷一三一〈李勉傳〉：

至德初，從至靈武，拜監察御史，屬朝廷右式，動高恃寵，多不知禮，大將管崇嗣於行在朝堂，背闕而坐，言談自若，勉劾之，拘於有司，肅宗特原之，歎曰：「吾有李勉，始知朝廷尊也。」

3. 巡按郡縣

監察御史「巡按郡縣」[57]，倘郡縣官吏有所違失則糾彈之。如憲宗時，元稹爲監察御史出使東蜀，劾奏故節度使嚴礪違制擅賦[58]，盧則爲監察御史，出按連州刺史崔簡[59]，倘郡縣官吏有善政則荐舉之，《通鑑》卷二〇三垂拱二年：

狄仁傑為寧州刺史，右台監察御史晉陵郭翰巡察隴右，所至多所按劾，入寧州境，耆老歌刺史德美者盈路，翰荐之於朝，徵為冬官侍郎。

監察御史巡按郡縣仿照漢刺史察詔六條之制，亦有六條規制，作爲巡按之主要內容，《新唐書》卷四十八，〈百官志〉明載此六條：

其一，察官人善惡；其二，察戶口流散，籍帳隱沒，賦役不均；其三，察農桑不勤，倉庫減耗；其四，察妖猾盜賊，不事生業，為私蠹害；其五，察德行孝悌，茂才異等，藏器晦跡，應時用者；其六，察黠吏豪宗兼并縱暴，貧弱冤苦不能自申者。

4. 推鞫獄訟

推鞫獄訟亦爲監察御史職掌之一[60]，如蘇頲於武后時爲監察御史，推按韓魯諸王獄[61]，裴漼爲監察御史，鞫吏部侍郎崔湜獄[62]。而地方官吏之獄訟更多遣監察御史往按，如元和五年四月，「命監察御史楊寧往來都按大將令狐運事」[63]，貞元十一年二月，「黔中監察御史崔穆[64]爲部人告贓二十七萬貫及他犯，遣監察御史李直方往黔州覆按。」[65]杜承志爲監察御史，推按懷州刺史李文暕之獄[66]。

5.監決囚徒

兩唐〈書官志〉及《人唐六典》卷一三均云監察御史「決囚徒」，按《唐會要》卷六十〈御史台・監察御史〉：

大中四年，九月十六日，御史台奏：「准舊例，京兆府准敕科決囚徒，合差監察御史一人，到府門監決，御史未至，其囚已至科決處，縱有冤屈，披訴不及，今後請許令御史到府引問，如因不稱冤，然後許行決，其河南府准此，諸州有死囚，仍委長官差官監決，並先引問。」從之。

即監察御史所監決之囚徒限於兩京之死囚，地方死囚並不由監察御史監決。

6.監軍戎

唐初以御史監軍[67]，稽諸史實，監軍之御史除魏元忠以殿中侍御史監李孝逸軍[68]爲特殊外，其餘均爲監察御史，如李嶠於高宗朝以監察御史監領南軍[69]；蘇珦於則天朝以監察御史監河西軍[70]；萬歲通天二年孫承景以監察御史監清邊軍[71]；聖曆中，裴懷古以監察御史監閻知微軍[72]；睿宗景雲中，韓琬以監察御史監河北軍[73]；可見監軍之責由監察御史任之；至玄宗開元初，尚有御史監軍[74]，及開元中，以宦官爲監軍，監察御史遂無監軍旅之職掌[75]。

7.審軍功

監察御史有審軍功之責，《新唐書》卷四十八〈百官志〉：

（監察御史）凡戰仗大克獲，則數俘馘，審功賞，然後契之。

《大唐六典》卷一三：

（監察御史）凡將帥戰仗大克殺獲，數其俘馘，審其功賞，辨其真偽。

8.按屯田

監察御史可按屯田，審其功過[76]，杜暹於開元四年遷監察御史「往磧西覆屯」[77]，即其例證。

9.知太府，司農出納

司農寺之太倉署與太府寺之左藏庫初皆由監察御史知其出納，其後改以殿中侍御史掌之[78]，至文宗開成元年復以監察御史二人知太府，司農出納[79]。

10.按鑄錢

監察御史職司按察鑄錢，視功過糾察[80]。

11.監嶺南，黔府補選

唐代嶺南，黔中皆邊遠地區，官吏常缺，中央派人赴當地選補，監察御史監其選補是否公正，《大唐六典》卷一三云：

凡嶺南及黔府選補，亦令（監察御史）一人監其得失。

兩唐書官志所載略同。《冊府元龜》卷五二〇下〈憲官部．彈劾三下〉，載一監督嶺南選補之實例：

韓泰為監察御史。貞元二十年考功員外郎陳歸為嶺南選補使，選人留放，注官美惡，違背令文，唯意出入，復供求無厭，郵傳患之，泰奏劾得罪。

12.監祭祀

監察御史監祭祀之典[81]，《唐會要》卷六十〈御史台・監察御史〉：

貞元二年五月，御史中丞竇參奏：得監察御史鄭襄狀，準六典，應郊廟祭祀，皆御史監之，蓋職在省其器服，閱其牲牢，有不修敬，則舉劾奏聞。

《大唐六典》卷一三：

凡冬至祀圜丘，夏至祭方丘，孟春祈穀，季春祀明堂，孟冬祭神州，五郊迎氣及享太廟，則（監察御史）二人共監之；若朝日夕月及祭社稷，孔宣父、齊太公、蜡百神，則（監察御史）一人率其官屬閱其牲牢，省共器服，辨其輕重，有不修不敬，則劾之。

監察御史監祭之職，柳宗元述之甚詳，《全唐文》卷五八〇，柳宗元撰〈監察御史壁記〉：

唐開元禮，凡大祠若干中祠若干咸以御史監視祠官，有不如儀者以聞，其刻印移書則曰監祭使寶應中尤異其禮，更號祠祭使，俄復其初。……故將有事焉，則祠部上其日，吏部上其官、奉制書以來告，然後頒於有司，以謹百事，太常修其禮，光祿合其物百工之役，先一日咸至於祠而考閱焉，御史會公卿有司執簡而臨之，故其粢盛牲牢酒醴菜果之饌必實於庖廚，鐘鼓笙竽琴瑟戛擊之樂箕簴綴兆之數必具於庭內，樽彝罍洗俎豆醆斝之器忽潔於壇堂之上。奉奠之士，贊禮之童，樂工舞師，洎執殳而衛者，咸引數其實，設篚朴於堂下，以修官刑而群吏莫敢不備物，羅奏牘於几上以嚴天憲而眾官莫敢不盡誠，而祭之日先升立於西階之上，以待卒事，其禮之周旋，樂之節奏，必周知之。退而視其燔燎瘞埋終之以敬也，居常則飭四方祀貢之物，以時登於王府，服器之修具，祠宇之繕理，牛羊毛滌之節，三宮御廩之實；畢備而聽命焉，舊以監察御史之長居是職，貞元十九年十二月御史多缺，予班在三人之下，進而領焉，明年中山劉禹錫始復舊制。

太和二年，郊廟告祭，監察御史柳璟監祭[82]；長慶元年，饗太廟，監察御史路郡（？）爲監祭[83]。如有祭祀不合禮儀，監察御史可以上奏[84]。

13. 察尚書省六部

監察御史分察尚書省六部，號六察官，《新唐書》卷四十八〈百官志〉：

監察御史分察尚書省六司，由下第一人為始，出使亦然。興元元年，以第一人察吏部、禮部，兼監察使；第二人察兵部、工部，兼館驛使；第三人察戶部、刑部。歲終議殿最。元和中，以新人不出使無以觀能否，乃命顓察尚書省，號曰六察官。

又《冊府元龜》卷五一六〈憲官部・振舉一〉：

元和四年五月，御史台奏：「准舊例，監察御史從下六人，各察尚書省一司，又准興元元年十月敕令，監察從上第一人察吏部禮部第二人察兵部、工部，第三人察戶部、刑部者。伏以監察第一、第二人已充監察及館驛寺使，新人除出使外，並無職掌，無以觀其能否，今請守舊制，新人分察，」從之。

14.監尚書省會議

《舊唐書・職官志》及《大唐六典》卷一三均稱「尚書省有會議（監察御史），亦監其過謬。」《六典》註云：「尚書省諸司七品以上官會議，皆先牒報台，亦（監察御史）一人往監，若據狀有違反不委議意而署名者，糾彈之。」

15.監百官宴會，習射

凡百官宴會、習射，監察御史監之。[85]

16.監營作

朝廷有所營作，監察御史亦監之。[86]

17.檢校館驛

唐置館驛，以便官吏宿行，《新唐書》卷四十八〈百官志〉：

初，開元中，兼巡傳驛，至二十五年，以監察御史檢校兩京館驛。大曆十四年，兩京以御史一人知館驛，號館驛使……監察御史……第二人察兵部、工部、兼館驛使。

《全唐文》卷五八〇，柳宗元撰〈館驛使壁記〉：

自萬年至於渭南，其驛六，其蔽曰華州，其關曰潼關。自華而北界於櫟陽，其驛六，其蔽曰同州，其關曰蒲津。自灞而南至於藍田，其驛六，其蔽曰商州，其關曰武關。自長安至於盩厔，其驛十有一，其蔽曰洋州，其關曰華陽。自武功而西至於好畤，其驛三，其蔽曰鳳翔府，其關曰隴關。自渭而北至於華原，其驛九，其蔽曰坊州，自咸陽而西至於奉天，其驛六，其蔽曰邠州，由四海之內總而合之，以至於關，由關之內東而會之，以至於王都，華人夷人往復而授館者，旁午而至，傳吏奉符而閱其數，縣吏執牘而書其物，告至告去之役不絕於道，寓望迎勞之禮無曠於日，而春秋朝陵之邑皆有傳館，其飲飫餼饋咸出於豐給，繕完築復必歸於整頓，列其田租、布其貨利，權其入而用其積，於是有出納奇贏之數，勾會考校之政，大歷十四年，始命御史為之，使俾考其成。

按監察御史檢校館驛事常有變動，而以他官任館驛事，如乾元元年三月，度支郎中第五琦充諸道館驛使，大曆五年九月，京兆尹杜濟充本府館驛使，元和時又以宦官爲館驛使[87]。

四、御史台之擴大——外台

《新唐書》卷四十八〈百官志〉註文：

至德後，諸道使府參佐，皆以御史為之，謂之外台。

《冊府元龜》卷五一六〈憲官部・振舉一〉：

（開成）四年四月，御史中丞高元裕奏：「伏以天下三司監院官帶御史者，從前謂之外台，得以察訪所在風俗，按舉不法。元和四年御史中丞李夷簡亦曾奏知監院官多是台中寮屬，伏請委以各訪察本道使司及州縣有違格敕，不公等事，罕能遵行，歲月既久，事須振起，伏請自今以後，三司知監察官帶御史者并屬台司，凡有紀綱公事，得以指使。」從之。

由上所引可知各道僚佐及三司監院官職帶御史，卻並非眞正在台任事，謂之外台。開元以後，使職漸多，爲示隆重，常加御史職銜，《全唐文》卷五八〇，柳宗元撰〈諸使兼御史中丞廳壁記〉：

古者交政於四方謂之使，今之制受命臨戎職無所統屬者，亦謂之使，凡使之號，蓋專焉而行其道者也。開元以來，其制愈重，故取御史之名而加焉，至於今若千年，其兼中丞者若干人，其使絕域，統兵戎、按州部、專貨食、而柔遠人、固王略、齊風俗、和關石，大者戡復於內、拓定於外，皆得以壯其威，張其聲，其用遠矣。

《歷代職官表》卷十八云：

唐自開元置採訪使，始以中丞兼之，其後為節度、觀察、刺史者，多兼大夫、中丞之號，以至幕府參佐僚屬皆以御史為之，謂之外台。

其實，安史之亂以前高級地方長官已常帶憲職，如神龍三年張仁愿攝御史大夫充朔方軍總管[88]，宋璟爲幽州都督兼御史大夫[89]，而爲地方監察官者更多帶憲職，如王志愔於太極元年爲汴州刺史充河南道按察使兼御史中丞[90]；李朝隱於開元二十一年攝御史大夫充嶺南道採訪處置使[91]。安史亂中，節度使多帶御史大夫銜[92]。安史亂後，藩鎮滋多，甚少不帶憲職，使府僚佐「多帶御史銜」[93]，如牛徽「三佐諸侯府，得殿中侍御史。」[94]李回爲揚州掌書記，得監察御史[95]；李德裕爲太原掌書記，由大理評事得殿中侍御史[96]。《金石萃編》卷七十三有〈北岳府君碑〉，其碑陰題記甚多，其中使府僚佐多帶御史銜[97]。元和四年，成都建諸葛武侯祠堂碑，西川節度使使府文武僚佐似均列名於碑陰[98]，多帶御史職，列舉如下：

劍南西川節度副大使管內支度營田觀察處置□押近□諸蠻及西山八國雲南安撫等使銀青光祿大夫檢校吏部尚書兼門下侍郎同中書門下平章事成都尹臨淮郡開國公食邑三千戶武元衡

監軍使與□元從朝議大夫內侍省內常侍員外置同正員上柱國賜紫金魚袋王良會

行軍司馬中大夫檢校太子左庶子兼成都少尹御史中丞雲騎尉賜紫金魚袋裴堪

營田副使朝散大夫檢校尚書吏部郎中兼成都少尹侍御史賜紫金魚袋柳公綽

觀察判官朝散大夫檢校尚書戶部郎中兼侍御史驍騎尉張正壹

支度判官檢校尚書禮部員外郎兼侍御史上護軍賜緋魚袋崔備

節度掌書記侍御史內供奉賜緋魚袋裴度

觀察支使殿中侍御史內供奉盧士玫

觀察推官監察御史裏行李虛中
節度推官試太常寺協律郎楊嗣復
節度推官試秘書省校書郎宇文籍
知度支西川院事承奉郎殿中侍御史內供奉賜緋魚袋張植
朝散大夫守成都縣令飛騎尉韋同訓
朝散大夫守華陽縣令上柱國裴儉
左廂都押衙兼右隨身兵馬使奉天定難功臣檢校國子祭酒兼御史大夫李文悅
右廂都押衙兼左隨身兵馬使檢校大理少卿兼侍御史賜紫金魚袋渾鉅。
押衙兼左營兵馬使銀青光祿大夫檢校太子賓客兼侍御史羅士明
押衙銀青光祿大夫檢校太子賓客兼監察御史上柱國史絅
押衙知右衙營事正議大夫試太子詹事王顒
押衙朝議郎前行江陵尉府司錄參軍李□
押衙朝議大夫行蜀州長史劉武
左廂兵馬使開府儀同三司使持節邛州諸軍事行刺史兼御史大夫充鎮南軍使郇國公韋良金
藩落營兵馬使朝請大夫使持節都督嶲州諸軍事守刺史兼御史大夫充本州經略使清溪關南都知兵馬使臨淮郡王陳孝陽

中軍兵馬使兼西山中北路兵馬使特進使持節都督茂州諸軍事行刺史兼侍御史上柱國隴西郡開國公李廣誠

左廂馬步都虞侯儒林郎試太僕寺丞攝監察御史雲騎尉韋端

右廂馬步都虞侯銀青光祿大夫檢校少府少監兼殿中侍御史上柱國李鍠

保定營兵馬使開府儀同三司檢校太子賓客懷德郡王王日華

西山南路招討兵馬使銀青光祿大夫試殿中監歸化州刺史兼女國王薊縣開國男湯立志

征馬使銀青光祿大夫試太子詹事兼侍御史上柱國賜紫金魚袋趙東義

上列碑陰題名共二十九人，其中未帶御史銜者僅十一人，而此十一人中，武元衡爲節度使已帶宰相銜，王良會爲宦官監軍，例不可兼御史，韋同訓與裴儉爲縣令，並非使府僚佐，因此，使府僚佐而未帶御史職銜者僅楊嗣復，宇文籍、王顒、李□、劉武、王日華、湯立志等七人而已。

又唐撫州寶應寺鐘欵[99]，文末列名者一百餘人，其領銜者爲撫州刺史危全諷，危全諷兼御史大夫，次爲洪州別駕兼御史大夫危亙，均帶憲職，其後有職銜知爲使府僚佐者多帶御史銜：

攝長史銀青光祿大夫檢校太子賓客雲麾將軍試殿中監兼御史中丞朱□立

攝司馬兼御史中丞周琠

攝錄事參軍李知

節度先鋒兵馬使充都押衙銀青光祿大夫檢校國子祭酒兼御史中丞曾可徒

押衙充右直將兼侍御中曾宏立

押衙充左直將侍御史陳玗

押衙充右廂都虞侯兼侍御史丘盈

押衙充左廂都虞侯兼侍御史李宣

押衙充衙官將兼侍御史丘禬

押衙充衙官將兼侍御史謝君注

軍事衙推攝臨川縣令將仕郎試太常寺奉禮□黄□

節度左押衙銀青光祿大夫檢校國子祭酒兼御史中丞危堯

助緣押衙兼侍御史吳奏

押衙兼侍御史吳堯

押衙會□

押衙許懷

押衙謝□福

押衙湯俊

押衙李耿

押衙徐殷

押衙席湘

押衙廖貢

押衙姚扶

孔目院助緣子錄事蕭恭

□押衙黃緒

糧料官傅□

衙直官王搏

表奏官胥元藻郭玩黃諶黃□

□□□衙□孔目官□□□

節度討擊使軍事押衙知修造將黃遵

押衙充孔目官兼監察御史劉濆

押衙兼監察御史黃肇

御史職銜太濫終非善策，故會昌二年宰相奏請限制濫授御史中丞銜，《唐會要》卷六十〈御史台·御史中丞〉：

會昌二年十二月，中書門下奏：「諸道諸使奏兼御史中丞，伏以御史中丞，近升品秩，向外兼攝，亦宜相重，臣等商量，今日以後，諸道節度使及度支解縣榷鹽鐵副使等，並須帶檢校

> 四品官，方得奏請，其正郎以下，不在奏限，諸郡刺史，亦須地望雄重，兵額稍多處，方得兼授，如前任已兼中丞，須再除者，不在此例。」從之。

使府僚佐帶御史職顯示兩點意義：㈠表示節度觀察使原始具有監察官之性質，其僚佐亦可在轄區內行使監察權；㈡表示唐人對御史地位之重視，僚佐帶御史銜可以增加威望。

除節度觀察使外，自開元始，常置度支、轉運、鹽鐵等使，均與物質財貨有關，任其事者亦多加御史銜，如楊國忠「遷檢校度支員外郎，兼侍御史，監水陸運……等使」[100]；劉晏「授御史大夫，領東都河南江淮山南等道轉運租庸鹽鐵使」[101]，穆寧「累官至殿中侍御史佐鹽鐵轉運使……寶應初，轉侍御史爲河南轉運租庸鹽鐵等副使……加兼御史中丞爲河南江南轉運使……起授監察御史，領轉運留後事於淄青，問一年，改檢校司封郎中，兼侍御史、領轉運留後事於江西。」[102]崔縱「兼御史中丞，汴西水陸運兩稅鹽鐵等使」。[103]宇文融「奏置勸農判官十人，並攝御史。」[104]此種財貨使職加御史銜用意在加重威勢。

外台御史爲御史台之伸延擴張，因此，外台御史雖非眞正台官，但與御史台及監察職責相連，太和四年御史中丞魏謩之奏章即已說明其事，《唐會要》卷六十二〈御史台・推事〉：

> 太和四年八月，御史中丞魏謩奏：「諸道州府百姓，詣台奏事，多差御史推劾，臣恐煩勞州縣，先請差度支戶部鹽鐵院官帶憲銜者推勘，又各得三司使申稱院官人數不多，例專掌院務課績，今諸道觀察使幕中判官，少不下五六人，請於其中帶憲銜者，委令推劾，如累推有

勞，能雪冤滯，若御史台缺官，便令聞奏」從之。魏謩所言即表示外台御史亦有監察官職責，而「御史台缺官，便令奏聞。」亦非虛語，呂元膺任職渭北節度使府帶殿中侍御史銜，「徵入眞拜本官」105；李德裕爲太原節度使掌書記帶殿中侍御史銜，從節度使張弘清入朝，「眞拜監察御史」106。可見御史台與外台可以互通。

五、御史制度之效果

中國古代爲君主專制政治，君主爲加強統治力量，遂以御史爲耳目，監視百僚，故御史威重，韋思謙曰：「御史出巡，若不動搖山嶽，震懾州縣，誠曠職耳。」107任知古爲侍御史，「恃憲威，於朝行詬詈衣冠。」108王志愔爲左台御史，人呼爲「皁鵰」109。御史爲達成監視百寮之任務，其本身應正直而不避權貴，張行成爲殿中侍御史，「糾劾不避權貴」，太宗「以爲能」；薛存誠敢於糾舉違法，憲宗以爲「執憲無以易存誠」110。而任御史者本身亦每能正直盡職，不避權貴，甚至對抗君主違法之命令，任舉數例如下：

其神龍三年，其年，監察御史魏傳弓劾奏內常侍輔信義縱暴，竇懷貞曰：「輔常侍深為安樂公主所信任，權勢甚高，常成禍福，何得輒有糾彈」。傳弓曰：「今王綱漸壞，君子道消，正由此輩擅權耳，若得今日殺之，明日受誅無所恨。」（《唐會要》卷六十一〈御史台・彈劾〉）

景龍三年二月九日，沙葛入寇，監察御史崔琬劾奏兵部尚書宗楚客、侍中紀處納曰：「立性險詖，志越溪壑，幸以遭逢聖主，累忝殊榮，承愷悌之恩，居弼諧地，不能克意砥礪，憂國如家，遂乃潛通獫狁，納貨取資，公引頑兇，受賂無限，且境外之交情狀難測，今娑葛反叛，邊鄙不寧，由此賊臣，取怨中國，臣忝直指，義在觸邪，請黜巨蠹，用答大造，並請收禁，差三司追鞫。」（《唐會要》卷六十一〈御史台．彈劾〉）

魏謩為御史中丞，彈駙馬都尉杜中立贓罪貴戚憚之。（《冊府元龜》卷五一二〈憲官部．威望〉）

馬懷素為左台監察御史，長安中，御史大夫魏元忠為張易之所構，配徙嶺表，太子僕崔貞慎，東宮率獨孤禕之餞于郊外。易之怒，使人誣告貞慎等與元忠同謀，則天令懷素按鞫，遣中使促迫，諷令構成其事，懷素執正不受命，則天怒，召懷素親加詰問，懷素奏曰：「元忠犯罪配流，貞慎等以親故相送，誠為可貴，若以為謀反，臣豈誣罔神明？昔彭越以反伏誅，欒布奏事於其屍下，漢朝不坐，況元忠罪非彭越，陛下豈加追送之罪。陛下當生殺之柄，欲加之罪，取決聖衷可矣。若付臣推鞫，臣敢不守陛下之法？」則天意解，貞慎等由是獲免。（《舊唐書》卷一〇二〈馬懷素傳〉）

李元素字大朴，蒲山公密之孫，任侍御史，時杜亞為東都留守，惡大將令狐運，會盜發洛城之北，運適與其部下畋于北郊，亞意其為盜，遂執訊之，逮繫者四十餘人，監察御史楊寧按其事，亞以為不直，密表陳之，寧遂得罪。亞將逞其宿怒，且以得賊為功，上表指明運為盜之狀，上信而不疑。宰臣以獄大宜審，奏請覆之，命元素就決，亞迎路以獄成告。元素驗之五日，盡番其囚以還。亞大驚，且怒，親追送，馬上責之，元素不答，亞遂上疏，又誣元素。元素還奏，言未畢，上怒曰：「出俟命。」元素曰：「臣未盡詞。」上又曰：「且去。」元素復奏曰：「一出不得復見階下，乞容盡詞。」上意稍緩，元素盡言運冤狀明白，上乃寤曰：「非卿，孰能辨之！」後數月，竟得其真賊。（《舊唐書》卷一三二〈李元素傳〉）

宋璟，則天朝以頻論得失，內不能容，而憚其公正，乃敕璟往揚州推按奏曰：「臣以不才，叨居憲府，按州縣乃監察御史事耳，今非意差臣，不識其所由，請不奉制」無何，復令按幽州都督屈突仲翔，璟復奏曰：「御史中丞，非軍國大事不當出使，且仲翔所犯贓污耳，今高品有侍御史，卑品有監察御史，今敕臣恐非陛下之意，當有危臣，請不奉制。」月餘，優詔令副李嶠使蜀，嶠喜召璟曰：「叨奉渥恩，與公同謝。」璟曰：「恩制示禮數，不以禮遣璟，璟不當行，謹不謝。」乃上言曰：「臣以憲司位居獨坐，今隴蜀無變不測，聖意令臣副嶠何也，恐乖朝庭故事，請不奉制。」（《大唐新語》卷二〈剛正第四〉）

然而，唐代御史制度運作的結果並不能完全達成維護綱紀、監督違法的任務，亦即御史制度未能眞正澄清吏治及防止濫權。御史制度未能完成理想效果的因素約有下列數端：

㈠御史制度本身的問題

唐代御史本可獨立行使監察權，不受御史台長官（大夫、中丞）之約束，《新唐書》卷一二三〈蕭至忠傳〉：

> 始，至忠為御史，而李承嘉為大夫，嘗讓諸御史曰：「彈事有不咨大夫，可否？」公不敢對，至忠獨曰：「故事，台無長官。御史，天子耳目也，其所奏當專達，若大夫許而後論，即劾大夫者，又誰白哉？」承嘉慚。

至開元十四年，崔隱甫爲御史大夫，令事無大小，悉令諮決，《舊唐書》卷一八五下〈崔隱甫傳〉：

> 憲司故事，大夫以下至監察御史，競為官政，略無承稟。隱甫一切督責，事無大小，悉令諮決，稍有忤意者，便列上其罪，前後貶黜者殆半，群僚側目。

《新唐書》卷一三〇〈崔隱甫傳〉：

> 台中自監察御史而下，舊皆得顓事，無所承諮。隱甫（為御史大夫）始一切政令歸稟乃得行。有忤意者輒劾正，多貶絀者，台吏側目，威名赫然。

其後，至肅宗時令御史可單獨彈奏，不須取諮長官，《唐會要》卷六十一〈御史台·彈劾〉：

> 至德元年九月十日詔：「御史彈事，自今以後，不須取大夫同置。」故事，凡中外百寮之事應彈劾者，御史言於大夫，人事則方幅奏彈之，小事則署名。

但御史仍相當受制於其長官。御史台長官能夠控制御史，乃由於御史之選任大權操於御史台長官之手，《舊唐書》卷一六八〈獨孤朗傳〉：

憲府故事，三院御史由大夫、中丞自辟，請命于朝，時崔晃，鄭居中不由憲長而除，皆丞相之僚舊也，敕命難行，（御史中丞獨孤）朗拒而不納，晃竟改太常博士，居中分司東台。

又《舊唐書》卷一五八〈韋澳傳〉：

（韋澳）伯兄溫與御史中丞高元裕友善，溫請用澳為御史，謂澳曰：「高二十九持憲綱，欲與汝相面，汝必得御史」，澳不答，溫曰：「高君端士，汝不可輕？」澳曰：「然恐無呈身御史」，竟不詣元裕之門。

御史台長官引用御用之例甚多，如高郢爲御史大夫，表張仲方爲御史[111]；鄭處誨爲御史中丞，奏王凝知台雜[112]；裴度爲御史中丞，奏崔縱爲侍御史知雜，後崔縱代裴度爲中丞，「選辟御史，必先質重貞退者。」[113]

㈡君主之干涉

御史爲君主之耳目，君主遂常以御史爲工具以打擊反對者，武后即爲顯例。武后稱帝，恐天下不服，乃重用酷吏以清除異己，其所用酷吏多任御史，如來俊臣官侍御史、左台御史中丞，侯思止爲左台侍御史，萬國俊爲右台監察御史、侍御史，劉光業、王德壽、鮑思恭、王大貞、屈貞筠均攝監察御史，來子珣爲左台監察御史、侍御史，王弘義爲右台殿中侍御史、左台侍御史，郭霸爲左台監察御史、左台殿中侍御史[114]，蓋御史有鞫獄訟之職，尤可按制獄，於是，御史失去維護法紀之公正性質，竟成爲君主維護私利之爪牙打手，此實對御史制度之一大侮蔑。

御史雖爲君主之耳目，然由於君主之私心自用或昏庸無能，往往並不喜歡御史之正直，對御史之彈劾非法予以否決，使御史之監察效果無法達成，《唐會要》卷六十一〈御史台・彈劾〉：

大足元年，張易之縱恣益橫，常私引相士李宏泰占吉凶，言涉不順，御史中丞宋璟請窮究其狀，則天曰：「易之等已自上聞。」璟曰：「謀反大逆，無容首免，易之等分外承恩，臣知言出禍從，義激於心，雖死不恨。」則天不悅。內史姚僑恐忤旨，遽宣敕令出，璟曰：「天顏咫尺，親奉德音，不煩宰相，擅宣王命。」則天意解，乃收易之等就台，俄又敕特原之。仍令易之等就璟宅謝罪，璟拒而不見曰：「公事當公言之，若私見法無私也。」

張易之乃武后所寵幸，宋璟秉公劾之以法，武后則徇私袒之以情，在君主專制之時，臣不能抗君，以法律之公也不及君主之私情，宋璟劾張易之事例已說明君主干涉之下，御史無法發揮其監督之功效。又《舊唐書》卷一〇〇〈蘇珦傳〉：

垂拱初，拜右台監察御史，時則天將誅韓、魯等諸王，使珦按其密狀，珦訊問皆無徵驗，或告珦與韓、魯同情，則天召見詰問，珦抗議不回，則天不悅曰：「卿大雅之士，朕當別有驅使，此獄不假卿也。」遂令珦於河西監軍。

審理冤獄乃御史之職責，蘇珦秉公鞫訟，但無法抗拒武后之私意，韓、魯諸公終受冤死，此又表露御史制度在君主私心下無法發揮功效。監察御史嚴郢公正鞫獄，觸肅宗怒，被流建州，《冊府元龜》卷五一五〈憲官部・剛正三〉：

嚴郢為監察御史，道士申泰芝託使鬼物卻老之術，得幸於肅宗，因使往湖南宣慰，受姦贓鉅萬，又以訛言惑眾，潭州刺史龐承鼎按其事以聞，肅宗不之信，召泰芝赴京師，下承鼎於江陵獄，詔郢窮理之，郢具以泰芝姦狀聞，帝又令中使與觀察使呂諲同驗理，諲亦執奏泰芝姦狀，帝皆不納。時御史中丞敬羽希旨，附會泰芝，郢堅爭其事，帝大怒，叱郢令去，郢進而言曰：「龐承鼎所奏申泰芝贓得贓狀，按為妖言，皆泰芝書跡，而泰芝所論承鼎捕魚放生池，國忌日殺羊，事皆微細，又無證驗，陛下奈何欲罪承鼎而宥泰芝，臣雖殺身，不敢順旨，收繫泰芝引支證廷辯曲直。」帝曰：「卿且罷去」郢復上疏，理承鼎，且言泰芝妖逆罪在不捨，臣縱殺身，尚當尸諫，況今未死，豈敢求生，詞甚切直，帝大怒，竟狀殺承鼎，流郢於建州。

嚴郢盡職而被貶，可見御史之難爲。又《大唐新語》卷三〈公直第五〉：

文德皇后崩，未除喪，許敬宗以言笑獲譴，及太宗梓宮在前殿，又垂臂過。侍御史閻玄正彈之曰：「敬宗往居先后喪，已坐言笑黜，今對大行梓宮，又垂臂無禮。」敬宗懼獲罪，高宗寢其奏。

糾彈朝儀乃御史之職責，高宗以私寵許敬宗，竟寢御史之彈奏。又《舊唐書》卷一六五〈柳仲郢傳〉：

柳仲郢遷侍御史。富平縣人李秀才，籍在禁軍，誣鄉人斫父墓柏，射殺之，法司以專殺論。文宗以中官所庇，決杖配流，右補闕蔣係上疏論之，不省。仲郢執奏曰：「聖王作憲，殺人有必死之令，聖明在上，當官無壞法之臣。今秀才犯殺人之科，愚臣備監決之任，此賊不死，是亂典章，臣雖至微，豈敢曠職？其秀才未敢行決，望別降敕處分。」乃詔御史蕭傑監之，傑又執奏，帝遂詔京兆府行決，不用監之。

類似以上所舉事例尚多，可見君主本身之私心而不守法常削弱了御史之監察功能。

㈢權臣之干涉

御史之糾彈常涉及權臣，權臣必不能容忍，往往設計反擊，御史遂易受害。如睿宗時，御史大夫薛謙光彈劾太平公主黨羽，反爲太平公主所害，《舊唐書》卷一〇一〈薛登（謙光傳）〉：

景雲中，擢拜御史大夫，時僧惠範恃太平公主權勢，逼奪百姓店肆，州縣不能理，謙光將加彈奏，或請寢之，謙光曰：「憲台理冤滯，何所迴避，朝彈暮黜，亦可矣。」遂與殿中慕容珣奏彈之，反為太平公主所構，出為岐州刺史。

乾元初，殿中侍御史張鎰以公正理獄，得罪宦官而被貶，《舊唐書》卷一二五〈張鎰傳〉：

張鎰遷殿中侍御史，乾元初，華原令盧樅以公事，呵責邑人內侍齊令詵，令詵銜之，構誣。外發鎰按驗，樅當降官，及下有司，樅當杖死。鎰具其公服白其母曰：「上疏理樅，樅必免死，鎰必坐貶。若以私則鎰負於當官，貶則以太夫人為憂，敢問所安？」母曰：「爾無累於道，吾所安也。」遂執奏正罪，縱獲配流，鎰貶撫州司戶。

裴延齡執權，御史中丞穆贊不肯附附，遂被貶，《新唐書》卷一六三〈穆贊傳〉：

擢御史中丞。裴延齡判度支，屬吏受賕，具獄，欲曲貸吏，贊執不可。延齡白贊深文，貶饒州別駕。

權臣有力干涉御史，一方面由於權臣能影響君主，使御史受到貶降之處罰，另一方面亦由於權臣能干預御史的任免，《新唐書》卷一四四〈崔寧傳〉：

（崔寧）俄以平章事為御史大夫，即建白擇御史當出大夫，不宜謀及宰相，因奏李衡、于結等任御史，宰相楊炎怒，寢不行。

景雲中，陸象先爲中書侍郎，與蕭嵩善，引嵩爲監察御史，及象先知政事，嵩又驟遷殿中侍御史[115]，于頎爲御史大夫，更係權臣之安排，《冊府元龜》卷五二一〈憲官部・不稱〉：

于頎德宗建中時為御史大夫，初頎為河南尹，以無政代還。時徵汾州刺史劉暹，暹剛愎嫉惡，歷典數州，皆為廉使畏憚。宰相盧杞恐暹為御史大夫，虧沮己之所建，遽稱薦頎為之，以其柔佞易制也。

由於權臣之干涉，御史自不能發揮監督之功能。

㈣御史之阿附君主權臣

君主與權臣手握榮辱大權，御史抗命，易招災禍，因此，部分儒弱畏勢或貪求富貴之御史遂阿附君主與權臣，順從旨意，而未能善盡監察之職責，如中宗時，御史大夫李承嘉阿附於武三思[116]；玄宗時，李林甫欲排擠韋堅，「乃潛令御史中丞楊愼矜陰伺堅隙。」天寶八載「咸寧太府趙奉章告林甫罪狀二十餘條，告未上，林甫知之，諷御史台逮捕，以爲妖言，重杖決殺。」[117]代宗時，御史張著受楊炎之命彈劾京兆尹嚴郢[118]。均是御史扮演了權臣的爪牙。

御史希君主旨意而不顧正義者更多，如高宗時，御史大夫崔義玄「希密旨陰中長孫無忌等罪，立皇后武氏。」[119]武后時之酷吏均屬希武后旨意而肆行殺戮。

《唐大詔令集》卷一〇〇〈誡飭御史制〉云：「御史之職，邦憲是司，先正其身，始可行事，當須舉直措枉，不避親讎，糾慝繩違，務從公正。如聞愆過，陰自鼓動，不即彈射，自樹恩私，曾無忌憚，仍有請託，將何以寄之鷹隼，用屏豺豹，如此當官，深負所委。」詔書切責御史應「糾慝繩違，務從公正。」但御史並無職位與生命安全之保障，若公正而違反君主與權臣旨意，流貶立至，甚而被殺。在缺乏安全保障之下，御史僅能憑一股知識分子守道不屈的精神盡其監督之責，倘稍有所顧忌，則不得不希君主旨意或扮演權臣之附庸。

六、結論

唐代御史台組織龐大，職掌繁多，對後世影響甚大[120]，然而唐代御史制度實未能發揮其對文武百寮的監察功能，下列三點實堪注意：

㈠御史之職掌繁雜，於所有行政事務幾無所不管，但御史對各項任務之作用實僅限於糾舉彈劾一途，糾舉彈劾是一種對君主上奏之行爲，君主對御史所提之糾舉彈劾可作兩種處置：⑴交付其他官員（或三司，或指定某些官員）按驗，再將按驗結果呈報君主；⑵君主對糾舉彈劾事件直接裁定。此兩種處置方式不論那一種，最後決定權均操於君主之手。按中國歷代雖均有律法，但君主卻超乎律法之上，因此，君主無須守法，遂不易培養出守法精神[121]，君主對事件之決定往往不據律法而依自己之好惡，御史之糾舉彈劾倘不合君主之所好，往往被君主否決。御史之糾彈根據律法而君主之判決依據好惡，遂往往使御史之糾彈成爲無效。

㈡唐代御史台雖爲一獨立機構，台官地位尊，高但御史之職位與生命均無安全之保障，遂使御史難於人人盡責。且御史之職常由行政官兼任[122]，使御史失去超脫行政系統之獨立地位，而與行政機關利害相纏，亦難於公正地執行監察之任務。

㈢唐代御史所監察之事項均屬違法失職，實爲事後之監察，且偏重消極性，對整個政局之轉向無所助益，故唐代御史監察百寮，無所不管，卻未能防止宦官之干政，朋黨之爭鬥，藩鎮之弄權。尤其當行政系統腐化之後，御史制度更無法去腐生新，薩孟武先生云：「監察權並不能糾正行政權的腐化。只能幫助行政權肅清官邪，行政權若已腐化，監察權雖然獨立，也是沒有用處的。」[123]御史制度在協助李唐王朝鞏固其政權，但李唐王朝由傾斜而崩潰，御史制度亦難消解其間危機，可見唐代御史制度有其基本弱點存在。

註釋

1 朱禮《漢唐事箋，後集》卷之二，宛委別藏本，臺灣商務印書館印行。

2 參閱《中華民國監察制度之研究》上冊，賀凌虛撰第一章第一節，頁三。

3 章如愚《山堂考索續集》卷三六，台諫。

4 《唐會要》卷六十〈御史台〉：「景雲三年二月二日，廢右台。」《唐六典》則作「延和元年廢右台。」按《舊唐書》卷七〈睿宗紀〉：「（景雲）三年春正月……己丑，大赦天下，改元爲太極。……二月……辛酉，廢右御史台官員。」景雲三年合西元七一二年，該年共有四個年號，原爲景雲三年，正月己丑改元太極，五月辛未改元延和，八月庚子睿宗傳位于玄宗，甲辰改元先天，廢右御史台在二月，年號當爲太極。

5 《唐會要》以先天元年九月一日復置右台，《六典》則作二月復置。按《舊唐書・玄宗紀》《通鑑》均作先天二年九月復置，故從《會要》。

6 御史大夫龍朔二年二月改爲大司憲，咸亨年間復爲御史大夫，御史台改名肅政台時，御史大夫亦改爲肅政大夫，並分左右。

7 御史大夫，武德初爲從三品，武宗會昌二年十二月昇爲正三品。見《舊唐書》卷四十四〈職官三・御史大夫〉

註文。

8 御史中丞，武德初，沿隋制稱治書御史，貞觀末，改名爲御史中丞，龍朔時改稱司憲大夫，咸亨時復爲御史中丞。見《舊唐書》卷四十四〈職官三·御史中丞〉註文，《唐會要》卷六十〈御史台·御史中丞〉。

9 武德因隋制，御史中丞秩從五品，會昌二年十二月昇御史中丞爲正四品下，見《舊唐書》卷四十四〈職官三·御史中丞〉註文，《唐會要》卷六十〈御史台·御史大夫〉。

10 《舊唐書·職官志》，《唐六典》卷一三，《通典》卷二四均作四人，惟《新唐書·百官志》作六人。《新唐書》所記恐係唐末所增。

11 《舊唐書·職官志》作令史十七人，《新唐書·百官志》註文作令史七十八人，似以十七人較合理。

12 《舊唐書·職官志》作書令史二十三人，《新唐書·百官志》作書令史二十五人。

13 台院有亭長，掌固見於《新唐書·百官志》註文及《冊府元龜》卷五一二〈憲官部·總序〉。

14 貞元八年，御史台增法直一員，《唐會要》卷六十〈御史台〉：「（貞元）八年正月，御史台奏，伏以台司推事，多是制獄，其中或有准勑，便須處分，要知法理，又緣大理寺刑部斷獄，亦皆申報台司，儻或差錯，事須詳定，比來卻令刑部大理寺法直較勘，必恐自相扶會，縱有差失，無由辯明，伏請置法直一員，冀斷結之際，事無闕遺，有糧料請取台中諸色錢物量事支給，其功優等，請準刑部大理處分，敕旨依奏。」法直一員未言隸屬御史台何院，今權置於台院內。

15 參閱《舊唐書》卷四十四〈職官志·御史台〉；《新唐書》卷四十八〈百官志·御史台〉；《通典》卷二十四〈御史台〉。

16 《舊唐書·職官志》、《通典》，均作六人，《唐六典》卷一三：「殿中侍御史六人，從七品上。」註文：「武德五年置四人，正八品上，貞觀二十三年加員品。」《新唐書·百官志》作九人，恐係唐末所增置。

17 《舊唐書・職官志》、《唐六典》卷一三均作十人，正八品上，《新唐書・百官志》則作十五人，正八品下。

18 《唐六典》卷一三。又趙璘，《因話錄》卷五，亦記御史台三院各有院長。

19 《唐大詔令集》卷一〇〇〈誡飭御史制〉。

20 《唐大詔令集》卷一〇〇〈令御史錄奏內外官職事詔〉。

21 《唐會要》卷六十〈御史台・御史大夫〉。

22 《唐會要》卷六十〈御史台・御史中丞〉。

23 《舊唐書》卷一六五〈溫造傳〉。

24 《新唐書》卷一七四〈牛僧孺傳〉。

25 《唐會要》卷六十一〈御史台・彈劾〉，龍朔二年三月條。

26 《舊唐書》卷九十〈李景伯傳〉。

27 參閱《新唐書》卷二〇九〈來俊臣傳〉。

28 閱《舊唐書》卷九十二〈韋抗傳〉。

29 《唐大詔令集》卷一一八〈遣裴敦復往江東招討海賊敕〉。

30 《舊唐書》卷九十三〈婁師德傳〉。

31 《舊唐書》卷九十七〈郭元振傳〉。

32 《唐會要》卷六十〈御史台・侍御史〉：「武德四年，李素立爲監察御史，丁憂，高祖令所司奪情，授一七品清要官，所司擬雍州司錄參軍，上曰：「此官要而不清。」又擬秘書郎，上曰：「此官清而不要。」遂授侍御史。

33 《舊唐書・職官志》，《新唐書・百官志》，《唐六典》均言「侍御史掌糾舉百寮。」

34 《舊唐書》卷七十七〈柳亨傳〉。
35 《新唐書》卷四十八〈百官三〉。
36 見《金石萃編》七十四，崔湜撰〈御史台精舍碑〉。
37 《舊唐書》卷一六三〈崔元略傳〉。
38 《舊唐書》卷一三七〈趙涓傳〉。
39 《舊唐書》卷一七六〈楊虞卿傳〉。
40 見張金鑑，《中國文官制度史》，華岡出版有限公司印行，頁二一一。
41 見《新唐書》卷一七九〈舒元輿傳〉。
42 《新唐書》卷二〇九〈周利貞傳〉：「（利貞）朝集京師，與魏州長史敬讓皆奏事。讓，暉之子也，以父冤越次而奏曰『周利貞希姦臣意，任枉殺先臣暉，惟陛下正罰以謝天下。』左台御史翟璋劾讓不待監引，請行法。玄宗曰『訴父之枉，不可不矜也，朝廷之議，不可不肅也。』奪讓俸三月，復貶利貞邕州長史。」
43 《舊唐書》卷一〇〇〈解琬傳〉。
44 見《新唐書》卷四十八〈百官志〉。
45 《大唐六典》卷一三，並參閱《唐會要》卷六十〈御史台．殿中侍御史〉，貞元十年四月敕。
46 《舊唐書》卷一一八〈李少良傳〉。
47 見《新唐書》卷四十八〈百官志〉。
48 見《冊府元龜》卷五一六〈憲官部．振舉一〉，開成元年二月條。
49 見《舊唐書》卷一〇五〈楊慎矜傳〉。
50 見《大唐新語》卷四〈持法第七〉。

51 見《新唐書・百官志》及《大唐六典》卷十三。
52 見《唐會要》卷六十一〈御史台・彈劾〉。
53 見《冊府元龜》卷五二〇上　憲官部・彈劾三上〉。
54 《舊唐書》卷七十八〈高季輔傳〉。
55 《新唐書》卷四十八〈百官志〉。
56 《大唐六典》卷一三。
57 見兩唐〈書官志〉，《大唐六典》卷十三。
58 見《唐會要》卷六十二〈御史台・出使〉。
59 見《冊府元龜》卷五二二〈憲官部・譴讓〉。
60 見《新唐書・百官志》，《大唐六典》卷一三。
61 見《唐會要》卷六十二〈御史台・推事〉。
62 《舊唐書》卷一〇〇〈裴漼傳〉。
63 《唐會要》卷六十二〈御史台・推事〉。
64 據拙著《唐代藩鎮與中央關係之研究》所附「唐代藩鎮總表」頁八七八，崔穆應為黔中觀察使。
65 《唐會要》卷六十〈御史台・監察御史〉。
66 《舊唐書》卷九十八〈杜暹傳〉。
67 《唐會要》卷六十二〈御史台・雜錄〉垂拱三年條：「舊制有御史監軍。」又同書卷六十〈御史台〉：「光宅元年九月五日改為左肅政台，專管在京百司及監軍旅。」
68 閱《舊唐書》卷九十二〈魏元忠傳〉。

69 閱《舊唐書》卷九十四〈李嶠傳〉。

70 閱《唐會要》卷六十二〈御史台・推事〉《舊唐書》卷一〇〇〈蘇珦傳〉。

71 閱《舊唐書》卷九十三〈張仁愿傳〉。

72 閱《舊唐書》卷一八五下〈裴懷古傳〉。

73 閱《新唐書》卷一一二〈韓琬傳〉。

74 《唐文拾遺》卷十八，盧兼愛撰〈寧州豐義縣令鄭府君墓誌〉：「（開元初）監軍御史元公欽君器能，相邀入幕。」按《唐會要》卷六十五〈內侍省〉監軍條：「垂拱三年十二月停御史監軍事，左御史台卷，神龍元年以後，始用中官爲之。」時間似有疑問。

75 《通典》卷二十九〈職官十一・監軍〉：「隋末或以御史監軍事，大唐亦然，時有其職，非其官也。開元二十年後，並以中官爲之，謂之監軍使。」

76 兩唐〈書官志〉，《大唐六典》卷一三均稱監察御史按屯田，審功糾過。

77 《舊唐書》卷九十八〈杜暹傳〉。

78 《舊唐書・職官志》，《大唐六典》卷一三均稱監察御史「知太府、司農出納。」《新唐書》卷四十八〈百官志〉：「開元十九年，以監察御史二人莅太倉、左藏庫。三院御史，皆初領繁劇外府推事。其後，以殿中侍御史上一人爲監太倉使，第二人爲監左藏庫使。」

79 《冊府元龜》卷五一六〈憲官部・振舉一〉：「開成元年正月，御史中丞李珝奏，御史台舊制，大藏（太倉）左藏庫以殿中侍御史兩人分監令，珝請以監察二人代之，仍放朝參，本俸外依舊加給三十千出納小差，委以彈舉。從之。」

80 兩唐〈書官志〉與《大唐六典》卷一三均稱監察御史職按鑄錢。

81 兩唐〈書官志〉均云監察御史職監祭祀，《新唐書》卷四十八〈百官志〉（《大唐六典》卷十三同）：「國忌齋，則〈監察御史〉與殿中侍御史分察寺觀。」
82 《唐會要》卷六十〈御史台　監察御史〉。
83 《冊府元龜》卷五二〇下〈憲官部・彈劾三下〉。
84 《冊府元龜》卷五一六〈憲官部・振舉一〉：「敬宗寶曆元年，閏七月，監察御史劉寬夫上言：「近日攝祭，多差王府官僚，位望既輕，有乖嚴敬，伏請以後攝太尉差尚書省三品以上及保傅賓詹等官，如人少，即請取丞郎攝」從之。
85 見《舊唐書》卷四十四〈職官志〉。
86 見《新唐書》卷四十八〈百官志〉。
87 參閱《唐會要》卷六十一〈御史台〉館驛條。
88 《舊唐書》卷九十三〈張仁愿傳〉。
89 《舊唐書》卷九十六〈宋璟傳〉。
90 《舊唐書》卷一〇〇〈王志愔傳〉。
91 《舊唐書》卷一〇〇〈李朝隱傳〉。
92 安史亂時，淮西節度使來瑱，江東節度使韋陟，淮南節度使高適共誓討安史，三節度使均帶御史大夫銜，見《舊唐書》卷九十二〈韋陟傳〉。
93 《舊唐書》卷十二〈德宗紀〉：「（建中元年）自兵興以來，方鎮重任，必兼台省長官，以至外府僚佐，亦帶台省銜。」
94 《舊唐書》卷一七二〈牛徽傳〉。

95 《舊唐書》卷一七三〈李回傳〉。
96 《舊唐書》卷一七四〈李德裕傳〉。
97 《金石萃編》卷七十三〈大唐北岳府君碑〉，碑陰題記帶御史銜者有：
義武支度副使檢校秘書少監前易州刺史兼御史大夫高述第左贊善大夫兼御史中丞遇
義武節度掌書記監察御史裏行周載
節度衙推將仕郎守試秘書省秘書郎兼殿中侍御史前定州大都督府錄事參軍鄭志
攝易定等州觀察判官文林郎前試大理評事兼監察御史崔元藻
98 諸葛武侯祠堂碑見《金石萃編》卷一〇五〈碑陰記〉見《八瓊寶金石補正》卷六十八。
99 唐撫州寶應寺鐘款，見《金石萃編》卷一一七。
100 《舊唐書》卷一〇六〈楊國忠傳〉。
101 《舊唐書》卷一二三〈劉晏傳〉。
102 《舊唐書》卷一五五〈穆寧傳〉。
103 《舊唐書》卷一〇八〈崔渙傳〉。
104 《舊唐書》卷一〇五〈宇文融傳〉。
105 《舊唐書》卷一五四〈呂元膺傳〉。
106 《舊唐書》卷一七四〈李德裕傳〉。
107 《舊唐書》卷八十八〈韋思謙傳〉。
108 《舊唐書》卷九十九〈嚴挺之傳〉。
109 《舊唐書》卷一〇〇〈王志愔傳〉：「神龍年，累除左台御史，加朝散大夫，執法剛正，百寮畏憚，時人呼爲『皁鵰』言其顧瞻人使，如鵰鶚之視燕雀也。」

110 均見《冊府元龜》卷五一二〈憲官部・選任〉。

111 見《新唐書》卷一二六〈張仲方傳〉。

112 見《舊唐書》卷一六五〈王凝傳〉。

113 《舊唐書》卷一七七〈崔縱傳〉。

114 均見《舊唐書》卷一八六上〈酷吏傳〉。

115 《舊唐書》卷九十九〈蕭嵩傳〉。

116 見《舊唐書》卷九十一〈恒彥範傳〉。

117 《舊唐書》卷一〇六〈李林甫傳〉。

118 《舊唐書》卷一一八〈楊炎傳〉。

119 《冊府元龜》卷五二一〈憲官部・希旨〉。

120 關於唐代御史制度對後世之影響，參閱賀凌虛撰〈中國監察制度之沿革〉，載《中華民國監察院之研究》上冊，頁四十四。

121 漢文帝、唐太宗係歷史上極少數願守律法之君主，彼等願守法乃出自其觀念認爲守法對社稷有利，而非外力強制彼等必須守法。中國古代絕大多數君主是以己意而判斷，並未處處尊重律法。

122 唐代行政官員兼任御史職之事例甚常見，如第五琦爲戶部侍郎兼御史中丞專判度支（《舊唐書》卷一二三〈第五琦傳〉）；畢諴爲職方郎中兼侍御史知雜（《舊唐書》卷一七七畢諴傳〉）；鄭棨爲兵部郎中知台雜（《舊唐書》卷一七九〈鄭棨傳〉）。外台制度尤其明顯表示行政官兼任御史之普遍。

123 薩孟武，《中國社會政治史》第三冊，頁三三〇。

唐代的州制

一、州的名稱演變與等級

州乃是唐代地方行政系統中的主要骨幹，在表面上，州始終是唐代最高的地方行政單位，然而，在事實上，自中唐以後，州以上又出現了道，州權因此被大大地削弱，州的地位大爲降低。

唐代的州實際上是從隋代的郡演變而來，唐玄宗時亦一度改州爲郡，《唐會要》卷六十八〈刺史上〉：

> 武德元年六月十九日，改郡為州，置刺史、別駕、治中各一人，天寶元年正月二十日改州為郡，改刺史為太守，至德元載十二月十五日又改郡為州，太守為刺史。

自天寶元年（七四二）至德元載（七五六）共十五年，[1]在李唐王朝的二百八十九年中爲時甚短，然而，唐人卻每喜將州稱爲郡，安史亂中地名均用郡名，如汝州稱臨汝，虢州稱弘農，曹州稱濟陰，鄆州稱東平均是，固然此時正是稱郡時期，但在安史之亂前後仍多稱郡，如高適於長壽元年撰〈陳留郡上源新驛記〉，[2]長壽元年乃行州制之時，但不稱汴州而稱陳留郡，此外，唐人碑傳墓誌亦常用郡而不稱州，如陳子昂爲袁州參軍李夫人撰墓誌，稱：「夫人諱某，清河郡東武城人也。」[3]盧藏用稱光楚客「樂安郡人也」，[4]陳子昂、盧藏用均初唐人，時行州制，卻稱郡名，類此者甚多，可見唐人常將州名與郡名混用。

唐代的州數說法不一，大概是由初唐至唐末，其間疆域變動甚大，以致州數前後不等。徐堅的《初學記》卷八引〈括地志〉曰：「唐貞觀十三年大簿凡州府三百五十八。」此三百五十八之數新舊唐書〈地理志〉所載均同。《唐六典》記開元二十五年的州數爲三百一十五州，[5]新舊唐書〈地理志〉記開元二十八年戶部帳凡郡府三百二十有八，而《通典》云天寶中天下總三百二十七州[6]。《唐會要》則云貞觀元年凡天下三百六十州，天寶三百三十一州，[7]至元和八年李吉甫〈上元和郡縣志〉時州數二百九十七。總之，唐代州數前後多有變動。

唐代州分等級，原可分爲上、中、下等三級，《舊唐書．職官志》記戶滿四萬以上者爲上州，戶滿二萬以上者爲中州，戶不滿二萬者爲下州，[8]《通典》卷三十三〈職官十五．郡太守〉註文：

按武德令，三萬戶以上為上州。永徽令二萬戶以上為上州。顯慶元年九月敕，戶滿三萬以上為上州，二萬以上為中州，先以為上州、中州者仍舊，至開元十八年三月敕，太平時久，戶口日殷，宜以四萬戶以上為上州，二萬五千戶為中州，不滿二萬戶為下州。

《唐會要》卷七十〈量戶口定州縣等第例〉：

武德令，三萬戶以上為上州。永徽令，二萬戶以上為上州。至顯慶元年九月十二日敕，戶滿三萬以上為上州，二萬以上為中州，先已定為上州中州者仍舊。至開元十八年三月十七日敕，太平時久，戶口日殷，宜以四萬以上為上州，二萬五千戶為中州，不滿二萬戶為下州。其六雄十望州三輔等及別敕同上州都督及畿內州並同上州，緣邊州三萬戶以上為上州，二萬戶以上為中州，其親王任中州下州刺史者亦為上州，王去任後，仍舊。

唐有所謂輔、雄、望、緊之州，乃是依據地理位置形勢而予以一特稱，《通典》卷三十三〈職官十五〉：

開元中，定天下州府自京都及都督、都護府之外，以近畿之州為四輔（原註：同、華、岐、蒲四州謂之四輔），其餘爲六雄（原註：鄭、陝、汴、絳、懷、魏六州爲六雄），十望（原註：宋、亳、滑、許、汝、晉、洛、虢、衛、相十州爲十望），十緊（原註：初有十緊州，後入緊者甚多，不復具列）。

《唐六典》卷三戶部載四輔州、六雄州、十望州之名除望州中有沴州無毫州外，餘均與《通典》同。

由上所述可知唐代州之等級稱謂有七種，即：輔、雄、望、緊、上、中、下，然而，實際上的等級只有三種，即：上、中、下。輔、雄、望、緊不過是上州中另一別稱而已，因此，新舊唐書〈職官志〉惟列上、中、下州刺史而無輔、雄、望、緊州刺史之號。茲將唐代州之等級區分列表如下：

州之等級	分等之條件
上　州	1. 四輔州 2. 六雄州 3. 十望州 4. 緊州 5. 特別敕令列入上州 6. 親王任刺史者 7. 戶四萬以上者
中　州	戶二萬五千
下　州	戶二萬以下

根據《通典》卷三十三〈職官十五．郡太守〉項之記載，天寶中通計天下凡上州一百九，中州二十九，下州一百八十九。然而，上中下州等級經常可以變動，不僅因戶口增減而可升降，親王任刺史可以升降，而且還可以特別敕令而使之升降，如李惠登爲隋州刺史，爲政有美譽，山南東道節度使于頔以其績上聞，遂升隋州爲上州，[9]《唐會要》卷七十〈州縣分望道〉中，州之升等者甚多，因此，唐代上州、中州、下州之數常變動不拘。

二、刺史的職權

唐天寶年間改刺史爲郡太守，於是刺史與郡守常被互用，其實一也，本節所言刺史含郡太守在內，刺史爲一州之首長，其職權相當廣泛，茲分析如下。

㈠在民政方面，刺史爲一州民政長官，有關戶口民情風俗之事無所不管，唐六典記刺史之職云：「掌清肅邦畿，考覈官吏，宣布德化，撫和齊人，勸課農桑，教諭五教，每縣一巡屬縣，觀風俗，問百姓，錄囚徒，恤鰥寡，閱丁口，務知百姓之疾苦，內有篤學異能聞於鄉閭者舉而進之，有不孝悌悖禮亂常不率法令者，糾而繩之。……符瑞之尤異，亦以上聞，其常則申於尚書省而已，若孝子順孫、義夫節婦、志行聞於鄉閭者，亦隨實申奏，表其門閭，若精誠感通，則加優賞，其孝悌力田者，考使集日，具以名聞，其所部有須改更，得以便宜從事。」[10]《舊唐書》所載略同。[11]

在民政中，教化風俗爲一重要工作，中國從秦漢以來便受儒家政治學說之影響，禮教之施行與風俗之改良被認爲是政治上居上位者所最應該重視之工作，因此，唐代刺史對於本州之教化與風俗之事極爲重視，以養成一州的善良社會風氣，茲舉數例如下：

馬燧為懷州刺史，乘兵亂後，其夏，大旱，人失耕種，燧乃務教化，將吏有父母者，燧輒造

之，施敬，收瘞暴骨，去其煩苛，至秋——田中生櫓禾，人頗便之。（《冊府元龜》卷六七六〈牧守部・教化〉）

陽城，德宗時為道州刺史，在州以家人法為理，吏人宜罰者罰之，宜賞者賞之，一不以簿書介意。（同上）

曹華為沂州刺史，初，李正已盜有青鄆十二州，傳襲四世垂五十年，人俗頑驁，不知禮教，華令將吏曰：「鄒魯，儒者之鄉，不宜忽於禮教。」乃躬禮儒士，習俎豆之容，春秋釋奠於孔子廟，立學講經，儒冠四集，出家財贍給，俾成名入仕，其往者如歸。（同上）

張文琮，高宗永徽中為建州刺史，州境素尚淫祀，不修社稷，文琮下教書曰：「春秋二社，蓋本為農，唯獨此州，廢而不立，祀典既闕，風俗何觀，近年已未，田多不熟，抑不祭先農所致乎，神在於敬，何以邀福。」於是示其節限條制，百姓欣而行之。（《冊府元龜》卷六八四，牧守部，條教）

于頔為蘇州刺史，吳俗事鬼神，頔痛淫祀廢生業，廟宇皆撤，唯吳太伯、伍員等三數廟存焉。（《冊府元龜》卷六八九〈牧守部・革弊〉）

孔戣爲廣州刺史，至郡，禁絕賣女口。（同上）

欲使教化與風俗淳美，除刺史本身實行「身教」，及鼓勵吏民遵行道德規律之外，尚有兩項重要工作，一是重學校，一是重農業，凡是知道「勸學務農」者，常被「稱爲善政」。[12]唐代刺史多重視本州之學風，例如高智周於高宗時爲壽州刺史，「每行部，必先召學官、見諸生，試以講誦，訪以經義及時政得失。」[13]張鎰爲濠州刺史，「招經術之士講訓生徒，比去郡，升明經者四十餘人。」[14]提倡農業，使本州生產增加，乃是刺史重要職責之一，因此，唐代刺史多注意勸課農桑，平均賦稅，鼓勵墾田，以使戶口增加，糧食有餘，茲舉數例如下：

蘇幹為魏州刺史，時河北饑饉，主吏苛酷，百姓多有流散，乃督察姦吏，務勸農桑，繇是逃散者皆復業。（《冊府元龜》卷六七八〈牧守部・勸課〉）

李融為鄭州刺史，作賦稅法，得其條貫，無兼并豪奪之家，而農者競勸，境內無荒田，人到于今賴之。（同上）

張儉為朔州刺史，廣營屯田，歲致數十萬斛，邊糧益饒，及遭喪亂，儉勸百姓相贍，遂免饑餒，州境獨安。（《冊府元龜》卷六七八〈牧守部・興利〉）

蕭定累為袁、信、胡、女、睦、潤六州刺史，所莅皆有聲，大曆中，有司條天下牧守課績，唯定與常州刺史蕭復、濠州刺史張溢為理行第一，其勸農桑、均賦稅、逋亡歸復、戶口增加，定又冠焉。（《冊府元龜》卷六八四〈牧守部・課最〉）

李惠登為隋州刺史，在州二十年，田疇闢，戶口加，于頓頁為山南東道節度使，以其績上聞，加御史大夫，升其州為上。（同上）

韓滉，德宗建中初繼為蘇州、潤州刺史，安輯百姓，均其租稅，未及踰年，境內稱理。（《冊

府元龜》卷六九二〈牧守部・招輯〉）

爲了使農業生產增加，不能不講求水利，因此，唐代刺史多注意其本州之農田灌溉情形，於是刺史興建水利工程之事，史不乏書，茲舉數例如下：

元和八年，孟簡為常州刺史，開漕古孟瀆，長四十里，得沃壤四千餘頃，觀察使舉其課，遂就賜金紫焉。（《唐會要》卷八十九〈疏鑿利人〉）

（元和）十三年，湖州刺史于頔復長城縣方山之西湖，西湖南朝疏鑿，溉田三十頃，歲久堙廢，至是復之，沅稻蒲魚之利，賴以濟。（同上）

長慶二年，溫造為朗州刺史，奏開復鄉渠九十七里，溉田二千頃，郡人利之，名為右史渠。至太和五年七月，造復為河陽節度使，奏浚懷州古渠枋口堰，役功四萬，溉濟源河內溫武陟四縣田五千頃。（同上）

薛大鼎為滄州刺史，界有無棣河，隋末填廢，大鼎奏開之，引魚鹽於海，百姓歌之曰：「新河得通舟楫利，直達滄海魚鹽至，昔日徒行今聘駟，美哉薛公德滂被。」大鼎又以州界卑下，遂決長蘆及漳衡等三河分洩夏潦，境內無獲水災。（《冊府元龜》卷六七八〈牧守部・興利〉）

嗣楚王靈龜為魏州刺史，開永濟渠入新市，控引商旅，百姓利之。（同上）

李栖筠為常州刺史，時寇亂之後，旱暵仍歲，編戶轉徙虛井半空，乃濬河渠導江流，以資灌

溉，是歲大稔，流民畢復。（同上）

李景略，貞元中為豐州刺史西受降城使，鑿感應、永清二渠，溉田數百頃，公私利焉。（同上）

(二)在監察方面：刺史須監察本州吏民不得濫權爲姦，欺壓善良，如《冊府元龜》卷六九〇〈牧守部・強明〉：

張亮歷懷州刺史，歷夏幽麟三州都督府長史，所莅之職，潛遣左史伺察善惡，發擿姦隱，動若有神，抑豪強而恤貧弱，故所在見稱。

(三)在治安方面，刺史負安輯盜賊之責，此事例甚多，任舉數例如下：

于邵為巴州刺史，時歲儉，夷獠相聚山澤為盜，數千百人，來圍州城，邵撫勵州兵，與之拒戰，凡旬有二日，間遣使說喻，示以善惡，山盜邀邵出，乃以儒服出城，致之不疑，因皆降之。（《冊府元龜》卷六八〇〈牧守部・推誠〉）

馮元常，則天時授眉州刺史，劍南先時火光賊夜掠居人，晝潛山谷。元常至，喻以恩信，許其首露，仍切加捕逐，賊徒捨器仗面縛自陳者相繼。（《冊府元龜》卷六九二〈牧守部・招輯〉）

薛登，本名謙光，中宗時檢校常州刺史，屬宣州狂寇鍾大臣作亂，百姓奔走，謙光嚴備安輯，合境肅然。（同上）

姜蕃為秦州刺史，至州，撫以恩信，盜賊悉來歸首，士庶安之。（同上）

楚王靈龜為魏州刺史，為政嚴肅，姦盜屏絕。（《冊府元龜》卷六九五〈牧守部・屏盜〉）

左難當，太宗貞觀初為江州刺史，時以江中盜賊劫掠，為商旅之弊，詔以難當為靜江大使，自是江路肅清。（同上）

李栖筠代宗時為常州刺史，時草賊帥張度因荒饉聚徒於陽羨西山，且地接宣城，逼之則烏散坡谷，緩之則公行寇掠，累歲為四境之患，莫能翦除，栖筠既至，部設權略，不踰時而覆其巢穴，度子六七人一朝伏辜，繇是邵界無犬吠之虞而人知敬讓。（同上）

㈣在軍事方面：刺史以守土有責，平日雖無權調動兵馬，然遇外寇來襲或盜賊作亂，刺史常得領兵抗禦，茲舉數例如下：

任環為穀州刺史，王世充遣其將郭士衡步騎數千來侵，環逆擊，大破之，俘斬且盡。（《冊府元龜》卷六九四〈牧守部・武功二〉）

許紹為硤州刺史，蕭銑遣其將楊道生來侵，紹擊破之。（同上）

開緒為朔州刺史，劉武周遣其將牛讓來侵，開緒擊走之。（同上）

獨孤開遠為遼州刺史，劉黑闥擾亂山東，所在多陷沒，開遠率厲百姓，保其州境，屢將兵斷賊糧道，賊竟不敢侵逼。（同上）

公孫武達貞觀初為肅州刺史，歲餘，突厥數千騎輜重萬餘人侵肅州，欲戰，虜稍卻，急攻之，遂大潰，犄之於張掖河。又命軍士於上流以楅渡兵，擊其餘眾，賊半濟，兩岸夾攻之，

斬溺略盡，降璽書慰勉之，拜右監門將軍。又突厥犯西偏，武達與甘州刺史成仁重擊大破之，俘其男女千餘口，雜畜數千計。（同上）

崔義玄以高宗永徽中為婺州刺史，時睦州女子陳碩貞作亂，寇東陽，義玄發兵拒之，……士卒齊力，賊眾大潰，斬首數千級，餘眾悉許其歸，進至睦州界，歸者萬計，房仁裕之軍與義玄相會，遂獲碩貞等斬之，餘黨悉平。（同上）

劉麟為南海太守，以玄宗天寶三載破海賊吳令光，永嘉郡平。（同上）

高晃為汝州刺史，破逆賊史思明賊眾三千，生擒賊帥八十人及馳馬器械不可勝數。明年，又破逆賊五千眾，生擒二千人。（同上）

李抱玉為澤州刺史，史思明圖澤州，抱玉夜出軍大破之。（同上）

邢濟寶應初為桂州刺史，討西原賊帥吳功曹等，平之。（同上）

裴虬為道州刺史，代宗永泰五年，湖南都團練使崔灌為其兵馬使玠所殺，玠據潭州，出軍討玠。（同上）

張萬福攝廬壽二州制史，州送租賦詣京師，至潁州界，為盜所劫，萬福領輕兵入潁州界討之，賊不意萬福至，忙迫不得戰，萬福悉聚而誅之，盡得其所亡物。（同上）

李澄為滑州刺史，破李希烈逆眾於鄭州南境，擒賊黨四十七人，戎器二千餘事。（同上）

辛秘以憲宗元和中為湖州刺史，屬李錡阻命，將收支郡，以大將守之，遂分兵取五州刺史，蘇常抗睦或先以戰破，或先被拘執，賊黨以為秘儒懦甚，易之，秘密遣牙門將丘知二勒兵數百人，候賊將動，逆戰，大破之，知二中流矢墜馬，起而復戰，斬其將，焚其營，一州遂安。（同上）

李憲為絳州刺史，澤州沁水縣妖賊李有經聚眾三千餘人來寇翼城縣，憲以州兵及神策鎮軍擊破之，擒有經以獻。（同上）

李听為楚州刺史，李師道反，鄆人素易淮南之卒，听潛訓練，出其不意，趨海州，據險要，破沭陽，降朐山戍，懷仁東海兩城望風乞降。（同上）

實易直以穆宗長慶中為潤州刺史，部將王國清以所部八百人為亂，易直自將牙兵拒之，國清眾潰，斬於京口。（同上）

除率兵對抗盜賊與外患之外，刺史尚可修本州之武備，訓練士卒，茲舉數例如下：

張鎰為濠州刺史，屬李靈曜反於汴州，鎰訓練鄉兵，嚴守禦之備，詔書褒異。（《冊府元龜》卷六九六〈牧守部・修武備〉）

李芃為陳州刺史，時李靈曜反於汴州，永平節度使李勉署芃兼亳州防禦使，練達軍事，兵備甚肅。（同上）

關播為淮南節度使李少遊判官攝滁州刺史，時李靈曜阻兵跋扈於汴州，少遊自領兵鎮淮上，所在盜賊蜂起，播調閱州兵，令其守備。（同上）

嗣曹王皋為洪州刺史，……繕甲兵、具戰艦，將軍二萬焉。（同上）

張建封為壽州刺史，時李希烈陷汴州，……建封於霍丘堅柵嚴加守禁。（同上）

韓滉為潤州刺史，屬輿駕巡幸，河汴騷然，滉訓練士卒，鍛鑈戈甲，稱為精勁。（同上）

李景略為豐州刺史，廩儲備，器械具，二歲後，軍聲雄冠北邊。（同上）

(五)在司法方面，刺史職掌有「錄囚徒」之事，[15]而且「州縣皆有獄」，[16]故刺史有司法權，可以審判犯人，平反冤獄，如李憲歷絳衛二州刺史，即「平反冤獄，全活無辜者數百人。」[17]

(六)在人事方面，刺史對本州屬佐可以有相當大之任用權，茲舉數例如下：

（方希聲）博學善屬文，……商州刺史鄭愚表為屬。（《新唐書》卷一一六〈陸元方傳〉）

（齊抗）少隱會稽剡中讀書，為文長於箋奏，大曆中，壽州刺史張鎰辟為判官。（《舊唐書》卷一三六〈齊抗傳〉）

有時品位較高之僚佐須奏請任用，如：

潤州刺史韋元甫……視事有疑獄，不能決，（杜）佑時在旁，元甫試訊於佑，佑口對響應，皆得其要，元甫奇之，乃奏為司法參軍。（《舊唐書》卷一四七〈杜佑傳〉）

三、州的組織

州的首長為刺史，其屬佐甚多，《舊唐書》卷四十四〈職官三〉：

上州，刺史一員（從三品），別駕一人（從四品下），長史一人（從五品上），司馬一人（從五品下），錄事參軍事一人（從七品上），錄事三人（從九品上），司功、司倉、司戶、司兵、司法、司士六曹參軍各一人（並從七品下）、參軍事四人，典獄十四人，問事八人，白直二十四人，市令一人（從九品上），丞一人，佐一人，史二人，帥三人，倉督二人，經學博士一人（從八品下），助教二人，學生六十人，醫學博士一人（正九品下），助教一人，學生十五人。

中州，刺史一員（正四品上），別駕一人（正五品下），長史一人（正六品上），司馬一人（六品上），錄事參軍事一人（正八品上），錄事一人（從九品上），司功、司倉、司戶、司法、司士六曹參軍事各一人（並正八品下，隨曹有佐史人數），參軍事三人（正九品上），執刀十人，典獄十二人，問事六人，白直十六人，市令一人，丞、佐各一人，史、帥、倉督各二人，經學博士一人（正九品上），助教一人，學生五十人，醫學博士一人（從九品下），助教一人，學生十二人。

下州，刺史一員（正四品下），別駕一人（從五品下），司馬一人（從六品下），錄事參軍事一人（從八品上），錄事一人（從九品下），司倉、司戶、司法三曹參軍各一人（從八品下，隨曹有佐史人數），參軍事二人（從九品下），典獄八人，問事四人，白直十六人，市令一人，佐史、各一人，帥二人，倉督一人，經學博士一人（正九品下），助教一人，學生四十人，醫學博士一人（從九品上），學生十人。

然而，關於州的組織常有變遷，例如別駕一職，即曾屢置屢廢，《唐會要》卷六十九〈別駕〉：

武德元年六月，置別駕。貞觀二十三年七月五日改別駕為長史。上元二年十月十日又置別駕，其長史如故，上州從四品，中州五品，下州從五品，止以諸王子為之。至永隆元年又廢。至永淳元年七月八日，復置別駕官。至景雲元年，始用庶姓為之。至開元六年二月十二日敕，舊例，別駕皆是諸親，近年已來，頗多諸色，先授者未能頓輟，已後者自循舊章，去冬，有因計入朝，不可更令卻往，宜並量材敘用。至天寶八載八月二十六日敕，諸郡各置三官，別駕不煩更置，以存省要，豈在多員，其別駕隨缺便停，下州置長史一員。上元二年九月二十一日赦文，其別駕依卻置。

大和元年正月，宰相韋處厚奏，請復置六雄十望十緊三十四州別駕。先是，貞元中，宰相齊抗奏減冗員，罷諸州別駕，其京百司，合入別駕，多處之朝列，及元和已後，兩河用兵，偏裨立功者，率以儲寀士官雜補之，處厚乃復請置別駕以處焉。

同時，有職官記載的各種史籍如《新唐書》、《舊唐書》、《唐六典》、《通典》等，對州之組織每有不同說法。茲將州之組織列表如下，如各書有不同說法時，予以註出。

職稱	上州 人數	上州 品秩	上州 佐史人數	中州 人數	中州 品秩	中州 佐史人數	下州 人數	下州 品秩	下州 佐史人數	備註
刺史	一人	從三品		一人	正四品上		一人	正四品下		註18
別駕	一人	從四品下		一人	正五品下		一人	從五品上		註19
長史	一人	從五品上		一人	正六品上		無			註20
司馬	一人	從五品下		一人	正六品下		一人	從六品上		註21
錄事參軍事	一人	從七品上	史二人	一人	正八品上	史二人	一人	從八品上		
錄事	二人	從九品上		一人	從九品上		一人	從九品下		註22
司功參軍事	一人	從七品下	佐三人 史六人	一人	正八品下	佐二人 史四人	無			註23
司倉參軍事	一人	從七品下	佐三人 史六人	一人	正八品下	佐二人 史四人	一人	從八品下	佐二人 史四人	註24
司戶參軍事	二人	從七品下	佐三人 史七人 帳史一人	一人	正八品下	佐三人 史五人 帳史一人	一人	從八品下	佐三人 史五人 帳史一人	註25
司田參軍事	一人	從七品下	佐二人 史五人	一人	正八品下	佐二人 史三人	一人	從八品下	佐二人 史三人	註26
司兵參軍事	一人	從七品下	佐三人 史六人	一人	正八品下	佐三人 史四人	無			註27

司法參軍事	二人	從七品下	佐四人 史八人	一人	正八品下	佐三人 史六人	一人	從八品下	佐二人 史四人	註28
司士參軍事	一人	從七品下	佐三人 史六人	一人	正八品下	佐一人 史四人	無			註29
參軍事	四人	從八品下		三人	正九品下		二人	從九品下		註30
經學博士	一人	從八品下	助教二人 學生六十人	一人	正九品上	助教一人 學生五十人	一人	正九品下	助教一人 學生四十人	註31
醫學博士	一人	從九品下	助教一人 學生十五人	一人	從九品上	助教一人 學生十二人	一人	從九品下	學生十人	註32
市令	一人	從九品上	丞一人 佐一人 史二人 帥三人 倉督二人 史二人	一人	從九品上	丞一人 佐一人 史二人 帥三人 倉督二人 史二人	一人	從九品上	佐一人 史二人 帥三人 倉督二人 史二人	註33
典獄	十四人			十二人			八人			
問事	八人			六人			四人			
白直	二十人			十六人			十六人			註34
執刀	十五人			十人			十人			註35

以上爲唐代州之組織，至於刺史以下各官員之職掌舉其要者說明如下：

㈠別駕、長史、司馬：係刺史副貳之職，通判列曹，唐六典卷三十：（《舊唐書》卷四十四〈職官志〉同）

別駕、長史、司馬、掌貳府州之事，以紀綱眾務，通判列曹，歲終則更入奏計。

㈡錄事參軍事《唐六典》卷三十：

司錄錄事參軍事，掌付事勾稽省署抄目，糾正非違，監守符印，若列曹事有異同，得以聞奏。

又《通典》卷三十三〈職官十五・總論郡佐〉：

大唐武德元年復為錄事參軍，……掌府事，勾稽省署抄目，糾彈部內非違，監印、給紙筆之事。

可知錄事參軍事頗似今日秘書處之工作。

㈢司功參軍事：《唐六典》卷三十：

功曹司功參軍掌官吏考課、假使、選舉、祭祀、禎祥、道佛、學校、表疏、書啟、醫藥、陳設之事。

又《通典》卷三十三〈職官十五・總論郡佐〉：

（司功參軍）掌官員祭祀、禮樂、學校、選舉、表疏、醫筮、考課、喪葬之事。

㈣司倉參軍事：《唐六典》卷三十：

倉曹司倉參軍掌公廨度量、庖廚、倉庫、租賦徵收、田園、市肆之事。

因此，司倉參軍事實爲州內主管經濟之單位。

㈤司戶參軍事：《唐六典》卷三十：

戶曹司戶參軍掌戶籍、計帳、道路逆旅、田疇、六畜、過所蠲符之事。

《通典》卷三十三則稱司戶參軍事「掌戶口籍帳、婚嫁、田宅、雜徭、道路之事。」可見司戶參軍事之要職掌在民政與地政之事。

㈥司兵參軍事：《唐六典》卷三十：

兵曹司兵參軍掌武官選舉、兵甲器杖、門戶管鑰、烽候傳驛之事。

《通典》卷三十三載司兵參軍尙掌「田獵儀仗」之事。

㈦司法參軍事：《唐六典》卷三十：

法曹司法參軍掌律令格式、鞫獄定刑，督捕盜賊、糾逖姦非之事。

㈧司士參軍事：《唐六典》卷三十：

士曹司士參軍掌津梁、舟車、舍宅、百工、眾藝之事。

《通典》卷三十三云司士參軍事「掌管河津、營造、橋樑、廨宇之事。」則知司士參軍事乃掌建設、營造、交通、工程諸事。

㈨參軍事：《唐六典》卷三十云：

參軍事掌出使檢校及導引之事。

《通典》卷三十三則云：「無常職，有事則出使。」

㈩經學博士：《唐六典》卷三十云：

經學博士以五經教授諸生。

㈪醫學博士：《唐六典》卷三十云：

醫學博士以百藥救療平人有疾者。

由上所述可見唐州之組織不算龐大，上州約八十人，中州六十三人，下州五十二人（不包括佐、史、助教、學生等），而所管事務甚多，可知地方官吏甚爲辛苦，因此，甚難羅致人才於州內。

註　釋

1 《資治通鑑》卷二二〇至德二載十二月戊午，郡名復舊，仍爲州。新、舊唐書本紀均同。則唐代以郡爲名共十六年。

2 見《全唐文》卷三五七。

3 《全唐文》卷二一六，陳子昂〈唐故袁州參軍李府君妻張氏墓誌銘〉。

4 《全唐文》卷二三八，盧藏用〈景星寺碑銘〉。

5 閱《唐六典》卷〈戶部〉。

6 閱《通典》卷三十三〈職官五・郡太守〉。但《通典》卷一七二〈州郡二〉，則又云天寶初大凡郡府三百二十有八。

7 閱《唐會要》卷七十〈州縣分望道〉。

8 閱《舊唐書》卷四十四〈職官志〉上州、中州、下州之原註。

9 閱《冊府元龜》卷六七七〈牧守部・能政〉。

10 《唐六典》卷三十。

11 《舊唐書》卷四十四〈職官三〉。

12 閱《冊府元龜》卷六七七〈牧守部・仁政〉田仁會條。

13 《冊府元龜》卷六七六〈牧守部・教化〉。

14 同上註。

15 《舊唐書》卷四十四〈職官志三〉。

16 《新唐書》卷五十六〈刑法志〉。

17 《冊府元龜》卷六九〇〈牧守部・強明〉。

18 《新唐書》卷四十九下〈百官志〉中州刺史正四品下，但《舊唐書》職官志及《唐六典》均作正四品上。

19 《新唐書》〈百官志・中州漏別駕〉。

20 《新唐書》〈百官志・中州漏長史〉。

21 《新唐書》〈百官志・十州漏司馬〉。又《六典》稱中州司馬為正六品下，《舊志》則為六品上，從《六典》。又《新志》、《六典》下州司馬均作從六品上，《舊志》作從六品下。

22 《新志》，上州錄事從九品下，《舊志》及《唐六典》均作從九品上。《舊志》上州錄事三人，《新志》及《唐六典》均作二人。《新志》、《舊志》中州錄事從九品上，《唐六典》作從九品下。

23 《新志》上州司功參事事有佐二人、史五人，《唐六典》作佐三人、史六人。《新志》中州司功參軍事有佐二人、史三人，《唐六典》作佐二人、史四人。《舊志》闕佐史。

24 《新志》，上州司倉錄事參軍事佐二人、史五人，《唐六典》作佐三人、史六人。《新志》，中州司倉參軍事佐二人、史三人，《唐六典》作佐二人、史四人，《舊志》闕佐史。

25 《新志》，上州司戶參軍事二人，有佐四人、史六人、帳史一人，《唐六典》有佐三人、史七人、帳史一人，《舊志》則作司戶參軍事一人，缺佐史及帳史。《新志》，下州司戶參軍事有佐二人、史四人、帳史一人，《唐六典》則作佐三人、史五人、帳史一人。《舊志》佐史及帳史均缺。

26 上中下州之司田參軍事只見於《新志》，《唐六典》及《舊志》均缺。按《唐會要》卷六十九〈判司〉：「景雲三年八月二日敕，諸州置司田參軍一員，唐隆元年七月十九日廢。上元二年九月二十一日又置。

27 上州司兵參軍事，《新志》云有佐二人、史五人，《唐六典》云有佐三人、史六人，《舊志》缺佐史。中州司兵參軍事，《新志》云有佐二人、史三人，《唐六典》云有佐三人、史四人，《舊志》缺司兵參軍事。

28 上州司法參軍事，《新志》作二人，有佐四人、史七人，《唐六典》亦作二人，有佐四人、史八人，《舊志》作一人，缺佐史。中州司法參軍事，《新志》云有佐一人、史四人，《唐六典》云有佐三人、史六人，《舊志》缺佐史。下州司法參軍事，《新志》云有佐一人、史三人，《唐六典》云有佐二人、史四人，《舊志》佐史員數不明。

29 上州司士參軍事，《新志》云有佐二人、史五人，《唐六典》云有佐三人、史六人，《舊志》缺佐史。中州司士參軍事，《唐六典》不載。

30 中州參軍事，《舊志》云正九品上，《新志》及《唐六典》均作正九品下。

31 經學博士，《新志》未載，《新志》上州有文學一人，從八品下，助教一人，中、下州無文學。按《唐會要》卷六十九，判司：「大曆十四年十二月五日諸州府學博士改爲文學，品秩同參軍，位在參軍上。」

32 上州醫學博士，《舊志》及《唐六典》均作正九品下，有助教一人、學生十五人，《新志》則作從九品下，有助教一人，無學生。中州醫學博士，《舊志》及《唐六典》均作從九品下，有助教一人、學生十二人，《新志》無學生。下州醫學博士，《唐六典》云從九品下，學生十人，《舊志》云從九品上，學生十人，《新志》云從九品下，未言及學生。

33 州之市令及其佐史員數各書略有小異，今從《新志》。

34 上州白直，《舊志》云二十四人，《新志》及《唐六典》均作二十人。

35 《舊志》無上州執刀。《唐六典》及《舊志》中州執刀十人，《新志》作十五人。下州，《新志》有執刀十五人，《唐六典》有執刀十人，《舊志》無執刀。

唐代的府制

一、府的種類

唐代所稱之「府」有二，一爲軍事上之「折衝府」，一爲行政上之「府」。本文所論限於行政上之「府」。

唐代地方行政單位有「府」，而府的設置大別可分爲三類：

㈠京都及行在府

唐之京都在長安，本稱雍州，開元時改稱京兆府，又號爲西京，《通典》卷一七三〈州郡三〉：

京兆府……隋初置雍州，煬帝改為京兆郡，大唐初復為雍州，開元三年改為京兆府。

然而，《新唐書》則稱開元元年改爲京兆府，「天寶元年曰西京，至德二載曰中京，上元二年復曰西京，肅宗元年曰上都。」1《舊唐書．地理志》與《新唐書》所載同，惟《唐會要》則略有差異，《唐會要》卷七十〈州縣改置上．關內道〉：

京兆府，武德已來稱京城，開元元年十二月三日稱西京，至德二年十二月十五日改為中京，上元二年九月二十一日停中京之號，肅宗元年建卯月一日改為上都。

除京都外，唐又將洛陽置爲東都，作爲陪都，在玄宗以前，唐代諸帝常幸臨之，名稱雖常有變更，而其政治上重要地位則始終不變。東部之設置爲河南府在玄宗開元元年，《舊唐書》卷三十八〈地理志．河南府〉載河南府名稱之演變：

河南府，隋河南郡，武德四年討平王世充，置洛州總管府，……其年十一月罷總管府，置陝東道大行臺。九年，罷行臺，置洛州都督府，……（貞觀）十八年廢都督府，……顯慶二年置東都，官員準雍州，……光宅元年改東都為神都，……神龍元年改神都復為東都。……開元元年改洛州為河南府。

除京都、東都外，尚有北都，北都乃太原，爲李唐起事前之根據地，開元十一年爲太原府，《通典》卷一七九〈州郚九．太原府〉：

并州，……高祖匡隋室，起義兵，於長壽元年置北都，後復為并州，開元十一年改為太原府，天寶元年加號為北京。

《舊唐書》卷三十九〈地理志〉：

北京太原府，隋為太原，武德元年改為并州總管，……三年，廢總管，……四年，又置總管，……其年改為上總管，五年，……改上總管為大總管……，七年，改為大都督府，……天授元年置北都兼都督府，開元十一年又置北都改并州為太原府，天寶元年改北都為北京。

《新唐書》卷三十九〈地理志〉：

北都，天授元年置，神龍元年罷，開元十一年復置，天寶元年曰北京，上元二年罷，肅宗元年復為北都。

京兆府、河南府、太原府爲三京府，此外，曾被置爲府者尚有七處，茲說明如下：

1. 河中府：本爲蒲州，「開元九年正月八日改爲河中府，號中都，以姜師度爲尹，六月三日停中都，卻爲州，乾元三年二月二十三日改爲河中府，以蕭華爲尹。元年建卯月一日，號爲中都，元和三年三月復爲河中府。」2

2. 鳳翔府：本爲岐州，「天寶元年正月二十日改爲扶風郡，刺史爲太守，至德元載七月二十七日改爲鳳翔郡，二載十二月十五日改爲鳳翔府，稱西京，以李煜爲尹，上元元年九月停西京之號，元年建卯月一日改爲西都。」3

3. 成都府：本爲益州，安史之亂，玄宗幸蜀，至益州，「至德二載十二月十五日改爲成都府，稱南京，以裴冕爲尹，上元元年九月七日去南京之號。」4

4.興元府：本爲梁州，建中四年涇原兵變京師，德宗倉卒出奔梁州，「興元元年六月十四日改爲興元府，以嚴震爲尹。」5

5.江陵府：本爲荊州，天寶元年改爲江陵郡，「自至德後，中原多故，襄鄧百姓、兩京衣冠，盡投江湘，故荊南井邑十倍其初，乃置荊南節度使，上元元年九月置南都，以荊州爲江陵府，長史爲尹，觀察制置一準兩京。」6

6.興德府：本爲華州，垂拱元年十月七日改稱太州，神龍元年二月五日改爲華州，四月二十八日又改爲太州，唐隆元年七月八日復爲華州，肅宗元年改爲太州，寶應元年又稱華州。光化元年六月昇華州爲興德府，刺史爲尹，韓建爲府尹。7

7.興唐府：本爲陝州，天佑元年，昭宗幸陝，乃以陝州爲興唐府，哀帝初仍爲陝州。8

(二)都督府

唐代都督府係由總管演變而來，分大、上、中、下等四級。總管之制始於北周，兼統數州之軍事9，唐初仍用總管之名，至武德七年，始改爲都督10，《唐會要》卷六十八〈都督府〉：

> 武德七年二月十二日，改大總管府為大都督府，管十州以上為上都督府，不滿十州，只為都督府。

至景雲二年，又令全國分置都督府二十四，據《唐會要》卷六十八〈都督府〉載：

> 景雲二年六月二十八日制，敕天下分置都督府二十四，令都督糾察所管州刺史以下官人善惡。

此二十四都督府之議，太子右庶子李景伯、舍人盧俌等上言：「都督專生殺柄，權任太重，或用非其人，爲害不細。」於是竟罷之[11]。二十四都督府雖罷，然而景雲以後，舊日之都督府仍存，開元元年且著令「戶滿二萬以上爲中都督府，不滿二萬爲下都督府。」[12]至於大、上、中、下都督府之名號，新舊唐書〈地理志〉均詳載，但兩志所記互有出入，新舊唐書〈地理志〉所載都督府名稱與數目之不同，乃是因爲唐代中央政府常以命令改變都督府之等級，或升或降，或置或廢，並無定制之故。

㈢都護府

唐在安史之亂以前，國劫鼎盛，四方蠻夷降附者眾多，唐於是各就其部落置羈縻府州，各委其部落酋長充都督、刺史，並允其世襲，以爲籠絡，此種羈縻府州對唐中央政府之關係只有臣屬之名，而無租賦之實。爲了安撫眾多的蠻夷異族，唐代遂在沿邊地區置都護府、唐之都護府首先設置者爲永徽中之安南、安西大都護[13]，其後陸續增置，又分爲大、上之等級[14]，茲將唐之各都護府分述如後：

1. 單于都護府：永徽元年九月八日，右驍衛中郎將高侃執車鼻可汗，分其地置單于、瀚海二都護府，單于領狼山、雲中、桑乾三都督府，蘇農等十四州[15]。龍朔三年置雲中都護府，麟德元年又改稱單于都護府。[16]

2. 安北都護府：貞觀末鐵勒回紇等部內附，乃置燕然都護府於金山（今科布多境），以統攝之。《唐會要》卷七十三〈安北都護府〉：

（貞觀）二十一年正月九日，以鐵勒回紇等十三部內附，置六都督府、七州，並各以其酋帥為都督刺史，給元金魚，黃金為字，以為符信，於是回紇等請於回紇以南、突厥以北，置郵驛，總六十六所，以通北荒，是為參天可汗道，俾通貢焉，以貂皮充賦稅，至四月十日，置燕然都護府。

燕然都護府後改稱瀚海都護府，再改稱安北都護府，《唐會要》卷七十三〈安北都護府〉：

龍朔三年二月十五日移燕然都護於回紇部落，仍改名瀚海都護府，其舊瀚海都護府移置雲中古城，改名雲中都護府。仍以磧為界，磧北諸蕃州悉隸瀚海，磧南並隸雲中。

總章二年八月一十八日改瀚海都護府為安北都護府。

3.安東都護府：高宗時平高麗，於是置安東都護府，《新唐書》卷三十九〈地理志〉：

安東上都護府，總章元年李勣平高麗國，得城百七十六，分其地為都督府九、州四十二、縣一百，置安東都護府於平壤城以統之，用其酋渠為都督刺史縣令。

4.北庭都護府：長安二年置，與西安都護以天山爲界分治南北，《新唐書》卷四十〈地理志〉：

北庭大都護府，本庭州，貞觀十四年平高昌，以西突厥泥伏沙鉢羅葉護阿史那賀魯部落置，……長安二年為北庭都護府。

5.安西都護府：《舊唐書》卷四十〈地理志〉述安西都護府設置經過甚詳：安西大都護府，貞觀十四年侯君集平高昌，置西州都護府，治在西州。顯慶二年十一月蘇定方平賀魯，分其地置濛池、崑陵二都護府，分其種落，別置州縣，於是西盡波斯國，皆隸安西都護府，乃移安西都護府理所於高昌故地，三年五月移安西府於龜茲國。舊安西府復為西州，龍朔元年西域吐火羅欵塞，乃於于闐已西、波斯以東十六國皆置都督，督州八十、縣一百一十、軍府一百二十六，仍立碑於吐火羅以誌之。咸亨元年四月，吐蕃陷安西都護府，至長壽二年收復安西四鎮，依前於龜茲國置安西都護府、至德後，河西隴右戍兵皆徵集收復兩京，上元元年，河西軍鎮多為吐蕃所陷，有舊將李元忠守北庭、郭昕守安西府，二鎮與沙陀回鶻相依，吐蕃久攻不下，建中元年，元忠、昕遣使間道奏事，德宗嘉之，以元忠為北庭都護，昕為安西都護，其後吐蕃急攻沙陀回鶻部落，北庭、安西無援，貞元三年竟陷吐蕃。

6.安南都護府：高宗調露元年於交趾置安南都護府，統今越南東北沿海諸府州兼控海南諸國。至德二載改名曰鎮南都護府，大曆三年，復舊稱爲安南都護府。[17]

以上單于、安北、北庭、安西、安東、安南等六都護府爲唐代最主要之都護府。

前述之三種府：京都及行在府、都督府、都護府，均是州的同級單位，換言之，府只是州的另一形態而已。

二、京都及行在府

京都及行在府唐代先後有十個，已如前述，十府之中，興唐設置最晚，旋即撤銷府名，因此，一般論唐之府制者多僅言九府。

京兆府通稱西都，河南府通稱東都，太原府通稱北都，由於地位特別重要，此三府之首長爲牧，以親王任之，多不出閤，不任事，僅爲一榮譽銜之首長。實際負責者爲尹。至於其餘六府：成都府、鳳翔府、河中府、江陵府、興元府、興德府，則不置牧，但以尹爲首長。《新唐書》卷四十九下〈百官志〉：

西都、東都、北都，牧各一人，從二品。西都、東都、北都、鳳翔、成都、河中、江陵、興元、興德府尹各一人，從三品，掌宣德化，歲巡屬縣，觀風俗，錄囚，恤鰥寡。

府尹主持一府之行政，並須監督所轄之縣，政務之煩自非一人所能獨理，必須僚佐助理，茲據《新唐書．百官志》所載將府之組織與職掌列表說明如下：

職稱	員額（二府）	員額（六府）	品秩	職掌	佐理人員	備註
牧	一	無	從二品			親王遙領
尹	一	一	從三品	掌宣德化，歲巡屬縣，觀風俗，錄囚，恤鰥寡。		
少尹	二	二	從四品下	掌式州府之事，歲終則更次入計。		
司錄參軍事	二	一	正七品上	掌正違失，莅符印。	錄事四人 （從九品上）	
功曹參軍事	二	一	正七品下	掌考課、假使、祭祀、禮樂、學校、表疏、書啓、祿食、祥異、醫藥、卜筮、陳設、喪葬。	府四人 史十人	
倉曹參軍事	二	一	正七品下	掌租調公廨、庖廚、倉庫、市肆。	府五人 史十三人	
戶曹參軍事	二	一	正七品下	掌戶籍計帳、道路、過所蠲符、雜徭逋負、逆旅、婚姻、田訟、旌別孝弟。	府八人 史十六人 帳史二人	
田曹參軍事	二	一	正七品下	掌園宅、口分、永業及蔭田。	府四人 史十人	

兵曹參軍事	二	一	正七品下	掌武官選、兵甲器仗、門禁管鑰、軍防烽候、傳驛畋獵。	府六人 史十四人	
法曹參軍事	二	一	正七品下	掌鞫獄，督盜賊，知贓賄沒入。	府六人 史十四人	
士曹參軍事	二	一	正七品下	掌津梁舟車舍宅工藝。	府五人 史十一人	
參軍事	六	五	正八品下	掌出使贊導。		
文學	一	一	從八品上	掌以五經授諸生。	三都助教二人 學生八十人	
醫學博士	一	一	從九品上	掌療民疾	三都助教一人 學生二十人	

府尹與刺史地位相埒，因此，其職權與州刺史略同，惟京兆尹之任較其他府尹、刺史更爲艱鉅，因京兆府乃中央政府所在地，宦官禁軍巨宦豪強極多，常不守法，京兆尹如欲維持法紀，必須抑制豪強人物，因此，京兆尹常堅毅敢爲，不懼豪強，例如：

楊於陵為京兆尹，先是禁車影占編戶，無以別白，於陵請置挾名敕，每五丁者得兩丁入軍，四丁三丁者差以條限，繇是京師豪強復知所畏。（《冊府元龜》卷六九〇〈牧守部・強明〉）

劉栖楚為京兆尹，摧抑豪右，不顧患難，事無大小，必設餉距，故時人異之。（同上）

> 許孟容，憲宗元和四年為京兆尹，神策軍吏李昱假貸長安富人錢八千貫，滿三歲不償，孟容遣吏收捕械繫，剋日命還之曰：不及期，當死。自興元以後，禁軍有功，又中貴人猶有恩渥者方得護軍，故軍士益橫，府縣不能制，孟容剛正不懼，以法繩之，一軍盡驚，冤訴於帝，帝命中使宣旨，令送本軍，孟容繫之不遣，中使再至，乃執奏曰：臣誠知不奉詔當誅，然臣職司輦轂，合為陛下彈抑豪強，錢未盡輸，昱不可得。帝以其守正，許之。自此豪右斂跡，威望大震。（《冊府元龜》卷六九六〈牧守部・抑豪強〉）

然而，由於京兆府豪門巨宦太多，京兆尹剛正不阿，難免得罪權勢人物，如李勉爲京兆尹而得罪宦官魚朝恩：崔珙爲京兆尹，開成三年二月，盜發親仁里，欲殺宰相李石，其賊出於禁軍，珙捕之不獲，坐奪俸[18]。可見京兆尹不易爲。

三、都督府

唐代都督府之等級及置廢已在前文說明，都督府的確「前後制置，改易不恆，難可備敘。」[19]都督之職掌與刺史相同，蓋都督府亦爲一行政機構，《舊唐書》卷四十四〈職官志〉載都督之職掌云：

> 京兆、河南、太原牧及都督、刺史，掌清肅邦畿，考覈官吏，宣布德化，撫和齊人，勸課農

桑，敦敷五教，每歲一巡屬縣，觀風俗，問百年，錄囚徒，恤鰥寡，閱丁口，務知百姓之疾苦。部內有篤疾，才學異能，聞於鄉閭者，舉而進之，有不孝悌，悖禮亂常，不率法令者，糺而繩之，其吏在官公廉正己，清直守節者，必謹而察之，其貪穢諂諛，求名狥私者，亦謹而察之，皆附於考課，以為褒貶，若善惡殊尤者，隨即奏聞，若獄訟疑議，兵甲興造便宜，符瑞尤異，亦以上聞，其常則申於尚書省而已。若孝子順孫，義夫節婦，精誠感通，志行聞於鄉閭者，亦具以申奏，表其門閭，其孝悌力田，頗有詞學者，率與計偕，其所部有須更改，得以便宜從事。

若爲大都督府，大都督由親王遙領，「大都督府之政長史主之」[20]，因此，大都督府之長史即一府之長官，與中、下都督府之都督同，握有行政大權，茲舉《冊府元龜》中數例以見大都督府長史或都督職掌之廣泛：

李君球為揚州大都督府長史，政尚嚴肅，人吏憚之，盜賊屏跡。（卷六七三）

武士彠武德末為揚州都督府長史，開闢田疇，示以刑禮，收月之間，歌謠載路。（卷六七七）

李襲譽為揚州大都督府長史，江都俗好商賈，不事農業，襲譽乃引雷陂水，又築句城塘以溉田八百頃，百姓獲其利。（卷六七八）

高士廉為益州大都督府長史，秦時李冰守蜀，導引汶江創浸灌之利至今地居水側者頃直千金，富強之家，多相侵奪，士廉乃於故渠外別更疏決，蜀中大獲其利。（同上）

裴行方簡較幽州都督，引澶溝水廣開稻田數千頃，百姓賴以豐給。（同上）

王晙景龍末為桂州都督，桂州糧匱乏，晙始改築羅城，奏罷屯兵及轉運，又堰江水，開屯田數千頃，百姓賴之。（卷六八三）

黨仁弘為戎州都督，夷獠之俗，賣親鬻子，仁弘制法禁斷，百姓便之。（卷六八九）

李暉簡較雍州長史，糾發姦豪無所容貨，甚為吏人畏服。（同上）

都督爲本府之行政長官，因此常兼所督數州之首州刺史，前例之桂州都督實兼桂州刺史，戎州都督實兼戎州刺史，茲以《全唐文》所載冊文舉數例如下：

維顯慶元年……張允恭……為使持節都督鄯蘭河儒廓淳等州諸軍事鄯州刺史。（卷十四，冊張允恭鄯州都督文）

維顯慶三年，……段寶元……為使持節都督越臺括婺泉建六州諸軍事越州刺史（卷十四，冊段寶元越州都督文）

既云都督諸州軍事，則對諸州若干軍事措施有監督之權，《新唐書》稱：「都督掌督諸州兵馬甲械城隍鎮戍糧廩，總判府事。」[21]惟唐行府兵制度，惟有中央命將始得指揮府兵出征調動，若無符契而發兵，是爲「擅興」，因此，都督監督諸州軍事不過在中央指揮之下爲之，平日只能顧及軍需用品及民防募兵而已。

至於都督府之組織與職掌，茲依據新舊唐書及《唐六典》資料，列表說明如下：

等級	職稱	員額	品秩	職掌	備註
大都	都督	一	從二品	掌清肅邦畿，考覈官吏，宣布德化，撫和齊人，勸課農桑等，並督諸州兵馬甲械城隍鎮戍糧廩，總制府事。	
	長史	一	從三品	大都督由親王遙領，長史領府事。	
	司馬	二	從四品下	掌弼戎政，居則習蒐狩，有役則申戰守之法。器械、糧備、軍籍、賜予皆專焉。	
	錄事參軍事	二	正七品上	掌正違失，莅符印。	《新志》作一人，《舊志》、《六典》均作二人。
	錄事	二	從九品上		有史四人佐之。
	功曹參軍事	一	正七品下	掌考課、假使、祭祀、禮樂、學校、表疏、書啓、祿食、祥異、醫藥、卜筮、陳設、喪葬。	《新志》：「府三人，史六人。」《六典》：「府四人，史六人」。
	倉曹參軍事	二	正七品下	掌租調、公廨、庖廚、倉庫、市肆。	《新志》作一人，《舊志》、《六典》均作二人。有府四人，史六人，《新志》、《六典》有府四人，史八人。

督府

戶曹參軍事	二	正七品下	掌戶籍、計帳、道路、過所蠲符、雜徭逋負、良賤芻藁、逆旅、婚姻、田訟、旌別、孝弟。	《新志》作一人，《六典》、《舊志》均二人。《新志》有府四人，史七人、帳史二人。《六典》有府五人，史十人，帳史一人。
田曹參軍事	一	正七品下	掌園宅、口分、永業及蔭田。	《新志》有，《六典》、《舊志》均無。有府二人，史六人。
兵曹參軍事	二	正七品下	掌武官選，兵甲器仗，門禁管鑰，軍防烽候，傳驛畋獵。	《新志》一人，《六典》、《舊志》均二人。府四人，史八人。
法曹參軍事	一	正七品下	掌鞫獄，麗法，督盜賊，知贓賄沒入。	《新志》、《六典》均一人，《舊志》二人。《新志》府三人，史八人，《六典》府四人，史八人。
士曹參軍事	一	正七品下	掌津梁、舟車、舍宅、工藝。	府四人，史八人。
參軍事	五	正八品下	掌出使贊導。	
經學博士	一	從八品上	掌以五經授諸生。	《新志》作「文學」。《新志》有助教一人，《六典》有助教二人。《舊志》有助教二人，學生六十人。

	醫學博士	一	從八品下	掌療民疾	《新志》作「從八品上」。助教一人，學生十五人
	市令	一	從九品上	掌市內交易，禁察非爲，通判市事	有市丞、佐、史、帥、倉督等。
中都	都督	一	正三品	掌同大都督。	
	別駕	一	正四品下	掌式府州之事，以綱紀眾務，通判列曹，歲終則更入奏計。	
	長史	一	正五品上		
	司馬	一	正五品下	（同大都督府）	
	錄事參軍事	一	正七品下	（同大都督府）	
	錄事	二	從九品上		史三人。
	功曹參軍事	一	從七品上	（同大都督府）	《新志》：府二人，史三人，《六典》府三人，史六人。
	倉曹參軍事	一	從七品上	（同大都督府）	《新志》：府三人，史五人，《六典》府三人，史六人。

督府				
戶曹參軍事	一	從七品上	（同大都督府）	《新志》：府三人，史五人，帳史一人。《六典》：府四人，史七人，帳史一人。
田曹參軍事	一	從七品上	（同大都督府）	《六典》、《舊志》均無田曹。府二人，史二人。
兵曹參軍事	一 註22	從七品上	（同大都督府）	《新志》：府三人，史六人。《六典》：府四人，史八人。
法曹參軍事	一	從七品上	（同大都督府）	《新志》：府三人，史六人。《六典》：府四人，史八人。
士曹參軍事	一	從七品上	（同大都督府）	府三人，史六人
參軍事	五	從八品上	（同大都督府）	
市令	一	從九品上	（同大都督府）	有市丞、佐、史、帥、倉督等。
經學博士	一	從八品下	（同大都督府）	註23
醫學博士	一	正九品下	（同大都督府）	助教一人，學生十五人。

下府				
都督	一	從三品	（同大都督府）	
別駕	一	從四品下	（同中都督府）	
長史	一	從五品上		
司馬	一	從五品下	（同大都督府）	
錄事參軍事	一	從七品上	（同大都督府）	
錄事	二	從九品上		
功曹參軍事	一	從七品下	（同大都督府）	《新志》：府一人，史二人。《六典》：府二人，史二人。
倉曹參軍事	一	從七品下	（同大都督府）	《新志》：府三人，史五人。《六典》：府三人史六人。
戶曹參軍事	一	從七品下	（同大都督府）	《新志》：府二人，史五人，帳史一人。《六典》：府四人，史七人，帳史一人。
田曹參軍事	一	從七品下	（同大都督府）	惟《新志》有田曹。府一人，史二人。

督府				
兵曹參軍事	一	從七品下	（同大都督府）	《新志》：府二人，史五人。《六典》：府三人，史六人。
法曹參軍事	一	從七品下	（同大都督府）	《新志》：府二人，史五人。《六典》：府三人，史六人。
士曹參軍事	一	從七品下	（同大都督府）	《六典》無士曹。府三人，史六人
參軍事	三	從八品下	（同大都督府）	
經學博士	一	從八品下	（同大都督府）	《新志》稱「文學」。助教一人，學生五十人。
醫學博士	一	正九品上	（同大都督府）	助教一人，學生十二人。
市令	一	從九品上	（同大都督府）	《新志》無市令。有丞、佐、史、帥、倉督等。

自上表中可見大、中、下都督府之組織與職掌，惟都督府本有四級，即大、上、中、下，其中「上都督府」之組織新舊唐書〈百官志〉及《唐六典》均闕，一般認爲上都督府與中都督府之組織相同，故爲略去也。

四、都護府

唐之都護府置於邊疆，目的即在安撫蠻夷諸蕃，並抗外寇，《新唐書》卷四十九〈百官志〉云：

> 都護掌統諸蕃撫慰征討，敘功罰過，摠判府事。

《舊唐書》卷四十四〈職官志〉云：（《唐六典》卷三十同）

> 都護之職掌撫慰諸蕃，輯寧外寇，覘候姦譎，征討攜式。

徵諸史實，都護之職確爲安撫蕃落，並施教化，例如《新唐書》卷一八四〈馬植傳〉：

> 開成初，為安南都護，精吏事，以文雅絢飾，其政清淨不煩，洞夷便安，羈縻諸首領皆來納款，遣子弟詣府，請賦租約束。

都護府之組織亦有長史、司馬及諸曹，長史、司馬爲都護、副都護之式，「諸曹如州府之職」[24]。

茲將唐代大都護府、上都護府組織列表如下，因其職掌如同州府，故不再列出各官職之職掌。

等級	職稱	員額	品秩	備註
	大都護	一人	從二品	

大　都

大都護	一人	從二品	
副大都護	二人	從三品	
副都護	二人	正四品上	《舊志》作四人，《新志》、《六典》均作二人。
長史	一人	正五品上	
司馬	一人	正五品下	
錄事參軍事	一人	正七品上	
錄事	二人	從九品上	有史二，人爲之佐。
功曹參軍事	一人	正七品下	《新志》云「府一人，史二人」，《六典》：「府二人，史二人」。
倉曹參軍事	一人	正七品下	府二人，史二人。
戶曹參軍事	一人	正七品下	《新志》：「府二人，史二人，帳史一人」。《六典》：「府三人，史三人，帳史一人」。
兵曹參軍事	一人	正七品下	府三人，史四人。
法曹參軍事	一人	正七品下	府三人，史四人。

都護府			
參軍事	三人	正八品下	
都護	一人	正三品	
副都護	二人	從四品上	
長史	一人	正五品上	
司馬	一人	正五品下	
錄事參軍事	一人	正七品下	
錄事	二人		史三人。
功曹參軍事	一人	正七品上	《新志》：「府一人，史一人」，六典：「府二人，史二人」。
倉曹參軍事	一人	正七品上	府二人，史二人。
戶曹參軍事	一人	正七品上	《新志》：「府二人，史二人，帳史一人」。《六典》：「府三人，史三人，帳史一人」。
兵曹參軍事	一人	正七品上	府三人，史四人。
參軍事	三人	正八品上	

上表所列乃一標準型態，但事實上有時各都護府組織亦略有出入，如《唐六典》卷三十云「單于（大都護府）惟有兵曹、倉曹兩員。」則單于大都護府之組織較法定組織人員爲少。

註釋

1 《新唐書》卷三十七〈地理志〉。
2 《唐會要》卷六十八〈諸府尹〉。
3 同註二。
4 同註二。
5 同註二。
6 《舊唐書》卷三十九〈地理志〉。
7 同註二。
8 《新唐書》卷三十八〈地理志〉。
9 閱嚴耕望先著《中國地方行政制度史》上編，卷中，〈魏晉南北朝地方行政制度〉，頁五二九。
10 《唐六典》卷三十云：「隋改爲總管府，皇朝武德四年又改爲都督府。」按武德六年六月尚以高滿政爲朔州總管，十月又以秦武通爲朔州總管。（均見《資治通鑑》卷一九〇武德六年）可見六典云四年改爲都督恐誤。
11 《資治通鑑》卷二一〇景雲二年六月壬午條。

12 《唐會要》卷六十八〈都督府〉。

13 見《唐六典》卷三十〈都護〉。

14 《新唐書・地理志》安南爲中都護府，然《六典》及兩唐書〈職官志〉均未云有中都護府。

15 見《唐會要》卷七十三〈單于都護府〉。

16 參閱新《舊唐書・地理志》。

17 閱《新唐書》卷四十三上〈地理志〉。

18 均見《唐會要》卷六十七〈京兆尹〉。

19 《通典》卷三十二〈職官十四〉。

20 《新唐書》卷四十九下〈百官志〉。

21 同上註。

22 《唐六典》，中都督府兵曹參軍事二人，「若管內無軍團，雖有軍團唯管三州已下者，有兵曹一人。」見卷三十。

23 《新志》作「文學」，其品秩「從八品上」。《六典》及《舊志》有助教二人，學生六十人。

24 《唐六典》都護條。

唐代的縣制

一、唐縣的等級

縣爲唐代地方行政系統中的基層組織，在府、州之下均有轄縣，因此，全國縣的數目甚多，開元時的統計，全國有縣一千五百七十三[1]，然而，唐代的縣常有廢置變動，此一千五百七十三縣之數並非整個唐代的定制[2]。

陸宣公曰：「今縣邑有七等之異。」[3]唐縣的七種等級的名稱，依據唐人歐陽詹的說法是：「第一曰赤，次赤曰畿，次畿曰望，次望曰緊，次緊曰上，次上曰中，次中曰下。」[4]《通典》卷三十三〈職官十五・縣令〉，述唐縣的等級云：

> 大唐縣有赤（三府，共有六縣）、畿（八十二）、望（七十八）、緊（百一十一）、上（四百四十六）、中（二百九十六）、下（五百五十四）七等之差。

以上歐陽詹和《通典》將唐縣分爲赤、畿、望、緊、上、中、下七等之說，證之其他史料，略有出入，蓋唐縣除上述七等級外，尚有「中下」一等級。《冊府元龜》卷七〇一〈令長部〉：

> 唐制有赤縣、畿縣、望縣、緊縣、上縣、中縣、中下縣、下縣之差。……其後又有次赤、次畿之名。

《冊府元龜》中所言之「中下縣」，在兩唐書職官、《新唐書・地理志》、《唐會要》卷七十、《唐六典》卷三〈戶部〉，均有詳細記載，「中下縣」爲唐縣等級之一，似無可懷疑。

赤縣、畿縣、次赤縣、次畿縣、望縣、緊縣大概係按地位與戶口來分，《唐六典》卷三〈戶部〉：

> 凡三都之縣在城內曰「京縣」，城外曰「畿縣」，又望縣有八十五焉。

《唐六典》所謂「京縣」實即「赤縣」，唐人文章中常將赤縣、京縣通用，《通典》卷三十三〈職官十五・縣令〉：

> 京都所治為赤縣，京之旁邑為畿縣，其餘則以戶口多少、資地美惡為差。

《舊唐書》卷四十四〈職官志三〉：

> 長安、萬年、河南、洛陽、太原、晉陽六縣謂之京縣。……京兆、河南、太原所管諸縣謂之畿縣。

可知所謂赤（京）、畿、望、緊乃因地位重要，戶口多少而予分別，其實，赤、畿、望緊均是上縣5。

至於上縣、中縣、中下縣、下縣之分，其標準一般按戶數多寡來決定。至於究竟以多少戶數分等，各書所載並不盡同。《唐六典》卷三〈戶部〉：

六千戶以上為上縣，二千戶以上為中縣，一千戶已上為中下縣，不滿一千戶皆為下縣。

《舊唐書》之說法與《唐六典》同6。然而，《唐會要》所載武德時與開元時之制度與《唐六典》不同，《唐會要》卷七十〈量戶口定州縣等第例〉：

武德令，戶五千以上為上縣，二千戶以上為中縣，一千戶以上為中下縣。至開元十八年三月七日，以六千戶以上為上縣，三千戶以上為中縣，不滿三千戶為中下縣。

《唐會要》缺下縣之戶數標準，據《通典》卷三十三〈職官十五・郡太守〉：

至開元十八年三月敕，太平時久，戶口日殷，宜以……六千戶以上為上縣，三千戶以上為中縣，不滿二千戶為下縣。

《通典》所載缺中下縣之戶數標準，但合《唐會要》與《通典》兩項資料而觀之，則大致可以看出開元十八年縣的等級劃分是：六千戶以上爲上縣，三千戶至六千戶爲中縣，二千戶至三千戶爲中下縣，二千戶以下爲下縣。

由上所述，可知唐縣之等級在名義上可分爲赤（京）縣、畿縣、次赤縣、次畿縣、望縣、緊縣、上縣、中縣、中下縣、下縣等。至於唐一千餘縣，每縣屬何等級，《新唐書・地理志》每縣縣名之下多有註明，惟至季世所置之縣不列等級[7]。同時，各縣等級時有升降[8]，故無法將全國各縣之等級一一列出。

二、縣令的品級其屬官

唐縣的等級名義上雖有赤（京）縣、畿縣、次赤縣、次畿縣、望縣、緊縣、上縣、中縣、中下縣、下縣等，然而，實際組織上只有赤縣、畿縣、上縣、中縣、中下縣、下縣六個等級，次赤縣與次畿縣可能分別屬於赤縣與畿縣，望縣與緊縣則同為上縣。無論何種等級的縣，其長官均稱縣令，但不同等級的縣，其縣令品級也不同，根據兩唐書〈職官志〉、《唐六典》卷三十〈縣令〉之記載，縣令品級如下：

赤縣縣令：正五品上

畿縣縣令：正六品上[9]

上縣縣令：從六品上

中縣縣令：正七品上

中下縣縣令：從七品上

下縣縣令：從七品下

至於縣令的屬官，依縣等級之不同而略有差異，茲列表如下：

縣等	職稱	丞	主簿	尉	錄事	佐	史	司功佐	史
赤（京）縣	員額	二人	二人	六人	二人	二人	二人	三人	六人
	品秩	從七品上	從八品上（註11）	從八品下	從九品下				
畿縣	員額	一人	一人	二人	二人		三人	三人	五人
	品秩	正八品下	正九品上	正九品下					
上縣	員額	一人	一人	二人	二人		三人		
	品秩	從八品下	正九品下	從九品上（註13）					
中縣	員額	一人	一人	一人	一人		二人（註15）		
	品秩	從八品下（註10）	從九品上	從九品下					
中下縣	員額	一人	一人	一人	一人				
	品秩	正九品上	從九品上	從九品下					
下縣	員額	一人	一人	一人	一人				
	品秩	正九品下	從九品上（註12）	從九品下（註14）					

	司倉佐	史	司戶佐	史	帳史	司兵佐	史	司法佐	史	司士佐	史
	四人	八人	五人	十人		四人（註20）	六人	五人	十人	四人	八人
	四人	七人	四人（註16）	七人	一人			四人（註21）	八人	四人（註24）	八人
			四人（註17）	七人	一人			四人（註22）	八人		
			三人（註18）	五人	一人			三人（註23）	六人		
			二人	四人（註19）	一人			二人	四人		
			二人	四人	一人			二人	四人		

經學博士	一人		一人		一人		一人		一人		一人	
助教	一人		一人		一人		一人		一人		一人	
學生	五十人		四十人		四十人		二十五人		二十五人（註25）		二十人（註26）	
典獄	十四人		十人（註27）		十人		八人		六人		六人	
問事	八人		四人		四人		四人		四人		四人	
白直	十八人		十人		十人		八人		八人		八人	
市令			一人		一人		一人（註28）		一人（註29）		一人	
佐			一人		一人		一人		一人		一人	
史			一人		一人		一人		一人		一人	
帥			二人		二人		二人		二人		二人	
倉督					二人		一人					

以上表列乃是唐縣的標準典型組織，其實，唐縣屬官常有個別性的變動[30]。

縣令的屬官中，丞爲最高僚佐，乃縣令之副貳[31]，「通判縣事」[32]，因此，丞實爲縣府之幕僚長。

主簿之職乃「掌付事句稽、省署抄目、糾正非違、監印給紙筆雜用之事」[33]，大約主簿所管略似今日之秘書、事務、視察諸事。

尉有時稱縣正[34]，「親理庶務，分判眾曹，割斷追徵，收率課調。」[35]其職掌甚廣。

三、縣令的職掌

縣令爲一縣的最高行政長官，其職掌相當廣泛，《新唐書》卷四十九下〈百官志〉：

縣令掌導風化，察冤滯，聽獄訟，凡民田收授，縣令給之，每歲季冬行鄉飲酒禮、籍帳、傳驛、倉庫、盜賊、隄道，雖有專官，皆通知。

《唐六典》卷三十亦云：

京畿及天下諸縣令之職皆掌導揚風化，撫字黎氓，敦四人之業，崇五土之祠，養鰥寡，恤孤窮，審察冤屈，躬親獄訟，務知百姓之疾苦，所管之戶，量其資產，類其強弱，定為九等，其戶皆三年一定，以入籍帳，若五九、三疾及中丁多少、貧富強弱，蟲霜旱澇、年收耗實、過負形狀及差科簿，皆親自注定，務均齊焉，若應收受之田皆起十月里正勘造簿曆，十一月縣令親自給授，十二月內畢。至於課役之先後，訴訟之曲直，必盡其情理。每歲季冬之月行鄉飲酒之禮，六十以上坐堂上，五十以下立侍於堂下，使人知尊卑長幼之節。若籍帳、傳驛、倉庫、盜賊、河隄、道路，雖有專當官，皆縣令兼綜焉。

由上所述，可知縣令所管甚廣，如教化、訴訟、社會救濟、農業、地政、賦稅、戶口、傳驛、倉庫、治安、防洪、水利、交通等等均在職掌之內。

至於有關店代縣令職掌的具體實例，由於唐人對縣令一職不甚重視，在唐人的傳記碑誌中，如果曾任縣令，多是輕輕帶過一筆，有時給以虛美的褒辭，有時給以不著邊際的「政聲優美」之類的評語，有時僅在歷官中提及曾任縣令而已，因此，唐代縣令實際工作的情形所遺留下來的史料不多，茲根據所能獲得的唐代縣令實際工作的史料以說明唐代縣令的若干職掌。

中國古代政治深受儒家思想的影響，儒家主張治民應注重禮德之教化，因此，中國古代的地方官常以教民化民爲最重要的工作，前引《新唐書・百官志》及《唐六典》有關縣令的職掌中，第一項均爲「導風化」，能夠做到移風易俗，使一縣風俗淳美，崇尚道德，便是一個成功的縣令，所以，馮伉爲醴泉縣令，便著書向縣民宣揚教化：

馮伉，貞元中為醴泉令，患百姓多昏猾，為著諭家十四篇，大指明忠孝仁義，勸學務農，每鄉給一卷，俾其傳習。（《冊府元龜》卷七〇三〈令長部・教化〉）

韋景駿爲貴鄉縣令，即勸人行孝以圖影響風俗：

開元中，（韋景駿）為貴鄉令，人有母子相訟者，景駿謂之曰：「吾少孤，每見人養親，自恨終天無分，汝幸在溫凊之地，何得如此？錫類不行，令罪也。」因垂泣嗚咽，仍取孝經付令習讀之，於是母子感悟，各請改悔，遂稱孝慈。（《舊唐書》卷一八五上〈韋景駿傳〉）

縣令爲親民之官，所謂「政理之本必在於親人，親人之官莫切於長令。」[36]因此，縣令除注重百姓之教化外，養民亦是重要工作，楊德幹於咸亨時爲洛陽縣令，以嚴酷立威，洛州長史賈敦頤止之曰：「政在養人，傷生過多，雖能不足貴也。」[37]每遇災荒，安輯流民，救濟貧弱，乃是縣令緊要的工作，韋景駿爲肥鄉縣令，「時河北饑，景駿躬撫合境，村閭必通，贍恤貧弱，獨免流離，及去任，人吏立碑頌德。」[38]張知古爲雒縣令，更以種種方法以招輯流民，《全唐文》卷二一五，陳子昂〈漢州雒縣令張君吏人頌德碑〉：

初，官戶版圖者萬有五千餘家，歷政侵残，逃者過半，歲月永久，廬井湮蕪，蠨蛸在堂，蟋蟀空歎。先是有敕天下逃人歸復舊業者免當年租庸，公以柔遠能邇，政之大端，乃下令曰：「於歲，天子誠憫斯人，是用命我，其訖有濟，若逋不及惠，幽不能明，吾之罪人，部內有逃越他境能相率歸者，免一歲租及征徭，若惸嫠貧窶不能自濟者，當別異優之，其長正耆老可明喻此誠，使被幽谷。」令既下，克己示信，逃者引首而歸，公親循寧慰，贍理其業，於是小大悅賚，遠近承風，四封諸通，一朝景從，夫負妻戴子，荷蓑提笠，首尾郊郭者凡七千餘家，熙乎若鴻鷹之得春也。既至矣，則勞來之，既止矣，則安輯之，或三年，或十年，舊館已無，喬木猶在，公緝屋塗室，薙陌開阡，為其井疆，人得其居矣，田畯失業，農野榛荒，此邦膏腴，利在江浸，有金鷹、白魚二水，是其朝雲，澤麓無虞，溝畛填塞，公濬其塗洫，川澮始通，人得就耕矣，流亡初復，貧鞠兼半，食不糊口，力未贍農，公又假富資貧，耦耕分種，助其銍剣，歲以有年，人得其食矣。曩者征稅橫斂，商旅不行，貿遷有無，鑒肆半絕，公阜其貨財，交易復通，日中噬嗑，人得其利矣，乃種樹畜牧，蠶漁工賈，什伯之器，車服之庸，婚姻之時，喪祭之禮，莫不盡為度數，制其權衡，征賦既均，千室如一，於是百姓允賴，鼓舞而歌。

「安輯流亡」成為縣令重要工作之一，不僅因於「政在養民」的理想，而且關係到縣令考績的優劣，唐代縣令的考績中，戶口的增加是極重要的一個項目，陸宣公曾說當時長吏被認為有能者大概有四個條件，「一曰戶口增加，二曰田野墾闢，三曰稅錢長數，四曰徵辦先期。」[39]戶口的增減對縣令的考績極為有影響，玄宗時即有詔敕云：「其縣令在任，戶口增益，界內豐稔，清勤著稱，賦役均平者，先與上考，不在當州考額之限也。」[40]武宗會昌六年五月又有敕文：「自今以後，縣令非因災旱，交割之時失走二百戶以上者，殿一選，三百戶以上者，書下考；如增加二百戶以上者，減一選，五百戶以上者，書上考，減兩選，可減者優與進改。」[41]

戶口的增加對縣令的考績有密切的關係，欲戶口增加必須給予人民一個良好的生產環境，中國古代生產以農業爲主，農業收成的好壞靠灌溉系統的有無，因此，縣令的重要職掌之一便是從事水利工程的建設，許多受人民歌頌的好縣令常是在縣內有水壩、溝渠等水利工程建設的政績，前文引張知古在漢州雒縣的「頌德碑」，張知古即在雒縣疏通金鷹、白魚二水，而利耕種。敬宗時，劉仁師爲高陵縣令，爲高陵縣力爭灌溉之水源，開渠立堰，高陵百姓感恩而請立遺愛碑[42]。不過，以一縣之力從事水利建設，並非易事，因此，唐代縣令興水利之事不如州刺史多。

欲百姓在縣內安居，縣內的治安息須注意，治安不良，縣內戶口不易增加，因此，治安的維持也是縣令的重要職掌之一，例如王方翼於永徽中，「授安定令，誅大姓皇甫氏，盜賊止息，號爲善政。」[43]李大亮「武德初爲土門令，躬捕寇盜，所擊輒平。」[44]張允濟爲武陽令，更是使縣內「路不拾遺」[45]。

除治安外，縣令對於屬下的行動有加以監督的責任，如果屬下有犯贓私，縣令連坐，其罪減所犯官一等[46]。

縣令乃是一縣的長官，縣內一切政務均由縣令總攬，職掌十分廣泛，然而，縣令常不能抗拒州、道以及中央政府權貴勢家的力量，以致使縣令職掌大受限制。縣令的任命常受州刺史或道長官（節度觀察使）的控制，州刺史和道長官對本州、道內的縣令人選常有決定之力，如吉旼受京兆尹季同的提拔而任京兆府渭南縣令[47]，山南西道觀察使李勉引其故丈王晬爲興元府南鄭縣令[48]劍南節度使裴冕引杜濟爲成都府成都縣令[49]，京兆尹李實怒王播，奏播爲京兆府三原縣令而將折之[50]，類此情形極多，不勝枚舉，有時州刺史或道長官且派州吏、軍將或幕職攝縣令，如開元二十九年河西節度使奏授歐陽琟晉昌郡戶曹參軍攝晉昌令[51]，張迭以成德節度隨軍攝藁城縣令[52]，祖○以幽州節度要藉攝安○縣令[53]，關播爲河南府兵曹，「攝職數縣」[54]，此類以州吏、軍將、幕職攝縣令之例亦甚多，因此，縣令實受州刺史及道長官的直接控制，縣令如與其州、道長官不和，除辭官外，別無對抗之法[55]。縣令名義上由皇帝制授，因此，中央權貴對縣的直接控制，縣令有時亦大有影響力。關於縣令受制於州、道及權貴之實例甚多，例如解縣有鹽池，而縣令對鹽務卻不得專[56]；侯遵於德宗時爲富平令，罰縣人李載，載妹婿乃昭得皇后之弟，奏之，侯遵逐被停官[57]；盧坦仕壽安縣令，爲准許縣人稍延後徵賦而竟受罰：

（盧坦）為壽安令，時河南尹徵賦限窮，而縣人訴以機織未就，坦請延十日，府不許，坦令戶人但織而輸，勿顧限也，違之不過罰令俸耳。既成而輸，坦亦坐罰。（《舊唐書》卷一五三〈盧坦傳〉）

有時縣令會遭到道的官吏凌辱[58]，有時州府官吏直接干預縣政，更是使縣令職掌授損[59]。因此，擔任縣令欲盡責而不奉承州府及權貴，則本身將遭不保，王晬爲南鄭縣令，受權倖之誣幾被冤殺，幸得觀察使李勉救之，始得免：

（李勉）尋遷梁州都督山南西道觀察使，勉以故吏前密縣尉王晬勤幹，俾攝南鄭令，俄有詔處死，勉問其故，乃為權倖所誣，勉詢將吏曰：「上方藉牧宰為人父母，豈以譖言而殺不辜

乎？」即停詔拘晬，飛表上聞，晬遂獲宥，而勉竟為執政所非。（《舊唐書》卷一三一〈李勉傳〉）

裴寰爲下邽縣令，以不曲奉五坊小使，下獄將論罪，幸賴裴度相救，始免：

（裴度於元和）九年十月改御史中丞。宣徽院五坊小使每歲秋按鷹犬於畿甸，所至，官吏必厚邀供餉，小不如意，即恣其須索，百姓畏之如寇盜。先是貞元末此輩橫暴尤甚，乃至張網羅於民家門及井，不令出入汲水，曰：「驚我供奉鳥雀。」又群聚於賣酒食家，肆情飲啖，將去，留蛇一篋，誡之曰：「吾以此蛇致供奉鳥雀，可善飼之，無使飢渴。」主人賂而謝之，方肯攜蛇篋而去。至元和初，雖數治其弊，故態未絕，小使曾至下邽縣，縣令裴寰性嚴刻，嫉其兇暴，公館之外，一無曲奉，小使怒，構寰出慢言，及上聞，憲宗怒，促令攝寰下獄，欲以大不敬論。宰相武元衡等以理開悟，帝怒不解，度入延英奏事，因極言論列，言寰無罪，上愈怒曰：「如卿之言，寰無罪，即決五坊小使，如小使無罪，即決裴寰。」度對曰：「按罪誠如聖旨，但以裴寰為令長，憂惜陛下百姓，如此豈可加罪。」上怒色遽霽，翌日令釋寰。（《舊唐書》卷一七〇〈裴度傳〉）

崔發爲鄠縣令，以得罪宦官而受辱幾死，《資治通鑑》卷二四三，唐敬宗寶曆元年：

春，正月辛亥，上祀南郊，還御丹鳳樓，赦天下，改元。先是鄠縣令崔發聞外喧囂，問之曰：「五坊人毆百姓。」發怒，命擒以入，曳之於庭，時已昏黑，良久，詰之，乃中使也。

上怒，收發，繫御史臺，是日，發諸囚立金雞下，忽有品官數十人，執挺亂捶發，破面折齒，絕氣乃去，數刻而蘇，復有繼來求擊之者，臺吏以席蔽之，僅免，上命復繫發於臺獄，而釋諸囚。

武元衡爲華原縣令，苦於軍將干擾而辭官：

（武元衡）為華原縣令，時畿輔有邊軍督將恃恩矜功者，多撓吏民，元衡苦之，乃稱病去官，放情事外。（《舊唐書》卷一五八〈武元衡傳〉）

由上所述，可知唐代縣令在理論上有廣泛的職掌，然而，受種種外界的限制，其權力常不能發揮。

四、縣令的選任與政風

馬周曰：「自古以來，國之興亡，不由積蓄多少，惟在百姓苦樂。」又曰：「欲令百姓安樂，唯在刺史縣令。」[60]縣令爲親民之官，直接與百姓利害相關，所謂「任事之官親於人者，莫切於令長也，非其才則百里告病，得其人則元元獲安。」[61]因此，歷來政府對縣令無不表示重視，唐政府在表面上對縣令亦表示重視，例如玄宗即曾一再表明郎官御史有缺先於縣令中選取[62]，以鼓勵縣令。雖然詔書上有時冠冕堂皇地說此政府重視縣令的話，但是實際上，唐中央政府對縣令的選任相當馬虎。唐自武德以來，政治上便形成內重外輕之，人人以任京官爲榮，而不願任地方長令，於是選擇地方官時使無法嚴愼，太宗時，馬周已明言「今朝廷獨重內官，縣令刺史頗輕其選。」[63]神龍元年正月舉人趙冬曦上疏指出當時重內輕外之弊：

> 京職不稱者，乃左為外任，大邑之負累者，乃降為小邑，近官之不能，乃遷為遠官。（《唐會要》卷六十八〈刺史上〉）

陳子昂上言縣令之選太輕，不可以化人：

> 竊見吏部選人，補一縣令，如補一縣尉爾，但以資次考第從官遊歷即補之，不論賢易德行，可以化人。（《全唐文》卷二一一，陳子昂〈上軍國利害事：牧宰〉）

景龍二年，兵部尚書韋嗣立亦上疏曰：

> 刺史縣令，治人之首，近年已來，不存簡擇，京官有犯罪聲望下者，方遣牧州，使部選人，暮年無手筆者，方擬縣令。（《唐會要》卷六十八〈刺史上〉）

玄宗時，更是無人願就縣令之官[64]，玄宗曾有一次親試縣令，即因程度太差而淘汰甚多，《舊唐書》卷八十八〈韋思謙傳〉：

> 時有人密奏玄宗曰：「今歲吏部選敘太濫，縣令非材，全不簡擇。」及縣令謝官日，引入殿庭問安，人策一道，試者二百餘人，獨（韋）濟策第一，或有不書紙者，擢濟為醴泉令，二十餘人還舊官，四、五十人放歸習讀。

玄宗雖有淘汰縣令之舉，但似乎並未因此造成愼選縣令的風氣，元和十五年八月，元稹尚上疏批評選擇縣令辦法不當：

吏部以停年課資之格取宰邑字人之官，公幹強白者拘以考試，疾廢耄聵者得在選中，倒置是非，無甚於此。（《全唐文》卷六五一，元稹〈中書省議舉縣令狀〉）

由於朝廷對縣令選擇的輕率，以致縣令常不人，玄宗之世，雖稱昇平，但已有「刺史縣令多不得人，致令戶口未能安業」[65]的現象，玄宗且在詔書中指責當時縣令「不遵法式，自紊紀綱，貿遷營利，或縱親識，侵暴下人，或在郵傳，規求貨馬，諸如此類，不可具言。」[66]「俾其宰邑，便爲棄地，或以煩碎而不專意，或以僻遠而不畏法，或以徇己而貪婪，或以畏法而巽懦，浸染成俗，妨奪爲常，嗷嗷下人，於何寄命！」[67]肅宗也曾同樣以詔書指責縣令之弊政，令刺史加以詳察：

且諸縣令員數應多，如聞處理之間，廉平者少，或使司所奏以功見稱，或主司所擬，循資而授，儻乖任用，空忝親人，或有案牘之間曾未閑於令式，征賦之際，皆委任於胥徒，繇是吏轉生奸，遂為蠹政，人不堪命，因而失業。……其天下縣令各仰本州府長官審加評察，如有衰耄暗弱，或貪財縱暴，不閑時政，為害於人，並具名錄奏。（《全唐文》卷四十三，肅宗〈申戒刺史考察縣令詔〉）

到武宗時，仍有詔書指責縣令之弊政：

會昌元年三月制節文，如聞比者，縱情杯酒之間，施刑喜怒之際，致使簿書停廢，刑獄滯

冤，其縣令每月非假日，不得輒會賓客遊宴。（《唐會要》卷六十九〈縣令〉）

孔戢形容嶺南各州縣令「貞廉者懸不願去，貪求者苟務徇私。」[68]皇甫湜亦敘述廬陵縣令的情形：

> 廬陵戶餘二萬，有地三百餘里，駢山貫江，扼嶺之衝，材竹鐵石之贍殖，苞篚輯緝之富聚，土沃多稼，散粒荊揚，故官人率以貪敗。……縣之故習，令將之邑，佐發斂盛粻縎具車航，千里迎拜。……縣之故習，令始至，取官羨物益備器用圍鄉次役以供芻栗。（《全唐文》卷六八六，皇甫湜〈吉州廬陵縣令廳壁記〉）

大致說來，唐代縣令的貪婪無能乃是普遍而長期的現象，這種現象的產生，除前述唐代政治上因內重外輕而不重視縣令的選擇外，縣令的不能久任一地，也是弊政造成的一大原因。

唐制官吏考滿而後遷官，通常「四考即遷官」[69]，貞元九年七月制：「縣令以四考爲限，無替者宜至五考。」[70]然而，實際上縣令調任甚速，如李承「除德清令，旬日，拜監察御史。」[71]王播爲「長安令，歲中，遷工部郎中。」[72]類此情形甚多，盧懷慎即以地方官任職太短而不專心政務爲言：

> 臣竊見比來州牧上佐及兩畿縣令下車布政，罕終四考，在任多者一、二年，少者三、五月，遽即遷除，不論課最，或有歷時未改，便傾耳而聽，企踵而望，爭求冒進，不顧廉恥，亦何暇為陛下宣風布化，求瘼恤人哉，禮義未能興行，風俗未能齊一，戶口所以流散，倉庫所以虛空，百姓凋弊日更滋甚，職為此也，何則？人知吏之不久，則不從其教，吏知遷之不遙，

又不盡其力，偷安爵祿，但養資望，陛下雖勤勞之懷，宵衣旰食，然僥倖路啟，上下相蒙，共為苟且而已，寧盡至公乎？此國之病也。（《全唐文》卷二七五，盧懷慎〈陳時政得失疏〉）

玄宗時，皇帝詔書亦指兩畿縣令改轉太速，以致弊生，令滿四考後改轉：

比來兩畿縣令經一兩考即改其行，苟且罕在政要，百姓弊於迎送，典吏因而隱欺，自今以後，皆令四考滿，滿日聽依京官例選，仍不得輒續於前勞。（《全唐文》卷二十七，玄宗〈更定兩畿縣令考滿詔〉）

其實不止兩畿縣令，各州縣令的改轉也太快速，宣宗時詔令明白指出其弊，造成縣政不安、勞民傷財，因此規定縣令必須滿三十六個月始得更換，《唐會要》卷六十九〈縣令〉：

大中元年正月敕，守宰親民，職當撫字，三載考績，著在格言，貞元之中，頻有明詔，縣令五考，方得改移，近者因循，都不遵守，諸州縣令得三考，兩府畿亦罕及二年，以此字民，望成其化，簿書案牘，寧免姦欺，道路有迎送之勞，鄉里無蘇息之望，自令以後，刺史縣令除授後，一例滿三十六個月，方得更換，其責受遷擢，即不在此限。

宣宗以後，已是唐末，地方政局混亂，軍閥割據，縣令的任免恐已不是中央政所能控制，「一例滿三十六個月方得更換」的詔令是否能行，大有問題。

五、結語

元結曾作「縣令箴」，以爲縣令的座右銘，其文曰：

> 古今所貴，有土之官，當其選授，何嘗不難，為其動靜，是人禍福，為其噓噏，作人寒燠，頻則人怨，猛則人懼，勿以賞罰，因其喜怒，太寬則慢，豈能行令，太簡則疎，難與為政，既明且斷，直焉無情，清而且惠，果然必行。（《全唐文》卷三八二元結〈縣令箴〉）

唐代縣令能行元結之箴者恐怕很少，實際上，唐代縣令的選任並不慎重，縣令能以生民爲重者並不多，唐太宗曰：「爲君之道，必須先存百姓。」[73]然而，選任縣令的輕率導致縣政的敗壞，何以能「存百姓」？地方吏治的不良乃是唐代普遍的現象，縣令爲親民之官，一般百姓將縣令視爲政府的代表人，縣令的不良，必然造成百姓對政府的不滿，從懿宗咸通元年浙東裘甫之亂開始，全國盜賊蠭起，形成大規模的民變，其實乃是百姓對地方吏治長期不滿的大反抗。如果自唐初起便重視縣令的選任和地方基層政治，使地方政風淳良，則唐末的民變未必會如此猖獗，李唐王朝的國祚也許可以作更長時期的延續。

註釋

1 《新唐書》卷三十七〈地理志一〉：「開元二十八年戶部帳，凡郡府三百二十有八，縣千五百七十三。」《舊唐書》卷三十八〈地理志一〉，與《新唐書・地理志》所述全國。《通典》卷三十三〈縣令〉，所載縣數亦爲一千五百七十三。

2 《唐會要》卷七十至七十一「州縣改置」內可唐代縣之廢置無常，並無定制。

3 《全唐文》卷四七五，陸贄〈論朝官闕員及刺史等改轉倫序狀〉。

4 《全唐文》卷五九七，歐陽詹〈同州韓城縣西尉廳壁記〉。

5 《唐會要》卷七十〈量戶口定州縣等第例〉：「其赤、畿、望緊等縣不限戶數，並爲上縣。」

6 閱《舊唐書》卷四十三〈職官二・戶部郎中〉。

7 《新唐書》卷三十七〈地理志〉，「渭州」條內云：「及其季世所置州縣，又不列上中下之第。」

8 縣的等級升降不定，可自《唐會要》卷七十至七十一〈州縣分望道〉內各條中看出。

9 畿縣縣令的品級，《新唐書・百官志》與《唐六典》均成「正六品上」，《舊唐書》卷四十四〈職官志〉三畿縣令條作「正六品下」，按《舊唐書》卷四十二〈職官志一・官品〉，正第六品上階有「京兆、河南、太原府諸縣令」，可知畿縣縣令品級應爲正六品上。

10 按中縣縣丞品級，《唐六典》作「正九品上」，《舊唐書》與《新唐書》官志均作「從八品下」。

11 京縣主簿品級，新舊唐書均作「從八品上」，《唐六典》作「作七品上」。又《唐六典》稱：「主簿，皇朝京縣置二人，太原、晉陽各一員。」

12 下縣主簿品級，《新唐書》與《唐六典》均作「從九品上」，《舊唐書・職官志》縣令條件作「從九品下」，按《舊唐書・職官志・官品》，從第九品上階有「諸州中下縣主簿」，而從第九品下階內並無縣主簿，可見下縣主簿當係從九品上。

13 上縣尉品級，新舊唐書《職官志》均作「從九品上」，《唐六典》則作「從九品下」。

14 下縣尉品級，《新唐書》與《唐六典》均作「從九品下」，《舊唐書・職官志下》縣令條作「從九品上」。按《舊唐書・職官志》，官品，從第九品下階有「諸州中縣下縣尉」，又中縣與中下縣尉已為「從九品下」，下縣尉不可能反為「從九品上」。

15 《唐六典》，中縣錄事有史二人，《舊唐書》作史四人，按上縣錄事有史三人，中縣不可能有四人。

16 《唐六典》卷三十，畿縣「司戶佐四人、史七人、帳史一人。萬戶以上增置佐二人，史四人、帳史一人。」

17 同註十六。

18 《唐六典》卷三十，中縣「司戶佐三人、史五人。四千戶增置佐一人、史二人、帳史一人。」

19 《唐六典》作四人，《舊唐書》作三人。按下縣有四人，則中下縣不應為三人，故從《唐六典》。

20 《唐六典》作「四人」，《舊唐書》作「三人」。

21 《唐六典》云：「萬戶以上增置佐一人、史二人。」

22 同上註。

23 《唐六典》作三人，《舊唐書》作二人。又《唐六典》云：「四千戶增置佐一人，史二人。」

24 畿縣司士佐、史，《唐六典》有，《舊唐書》無。

25 中下縣學生人數，《唐六典》作二十人，新舊唐書均作二十五人。

26 下縣學生人數，《新唐書》作二十五人，《舊唐書》與《唐六典》均作二十人。

27 《唐六典》作十人，《舊唐書》作十四人。

28 《舊唐書》職官志中縣無市令及佐史帥，只有倉督。

29 中下縣及下縣之市令、佐、史、帥等如無市則闕，見《唐六典》卷三十。

30 關於唐縣屬官的個別變動情形，可參閱《唐會要》卷六十九《州府及縣加減官》。

31 閱《唐六典》卷三十，縣令；《新唐書》卷四十九下〈百官志・縣令〉。

32 《通典》卷三三〈職官十五・縣丞〉。

33 閱《唐六典》卷三十〈縣令〉；《通典》卷三十三〈職官十五・縣主簿〉。

34 《新唐書》卷四十九下，〈百官志・縣令〉註：「武德元年改書佐曰縣尉，尋改曰正……七年，改縣正曰尉。」

35 《唐六典》卷三十〈縣令〉。

36 《冊府元龜》卷七〇一〈令長部・選任〉貞元一年正月詔。

37 《新唐書》卷一九七〈賈敦頤傳〉。

38 《新唐書》卷一八五上〈韋景駿傳〉。

39 《全唐文》卷四六五陸贄〈均節賦稅恤百姓六條〉。

40 《全唐文》卷二十七玄宗〈勸獎縣令詔〉。

41 《唐會要》卷六十九〈縣令〉。

42 閱《全唐文》卷六〇九，劉禹錫〈高陵令劉君遺愛碑〉。

43 《舊唐書》卷一八五上〈王方翼傳〉。

44 《冊府元龜》卷七〇五〈令長部・武功〉。

45 閱《舊唐書》卷一八五上〈張允濟傳〉。

46 《唐會要》卷六十九〈縣令〉：「上元元年正月敕，丞簿等有犯贓私，連坐縣令，其罪減所犯官一等，使遞相管轄，不敢爲非。」

47 閱《全唐文》卷六四九，元稹〈授吉旼京兆府渭南縣令制〉。

48 閱《舊唐書》卷一三一〈李勉傳〉。

49 閱《全唐文》卷三四四，顏眞卿〈京兆尹杜公神道碑〉。

50 閱《新唐書》卷一六七〈王播傳〉。

51 閱《全唐文》卷三四三，顏眞卿〈歐陽使君神道碑〉。

52 閱《八瓊室金石補正》卷四十二。

53 閱《唐文拾遺》卷三十二，徐膠〈大唐故幽州節度要藉祖君夫人宏農楊氏墓誌〉。

54 閱《舊唐書》卷一三〇〈關播傳〉。

55 《全唐文》卷五六五，韓愈〈河南令張君墓誌銘〉：「（張署爲河南縣令）河南尹適君平生所不好者，君年且老，當日日拜走仰望階下，不得已就官數月，大不適，即以病辭免。」即是其例。

56 閱《全唐文》卷七三六，沈亞之〈解縣令廳壁記〉。

57 閱《冊府元龜》卷七〇七〈令長部・酷暴〉。

58 例如荊南監軍使呂令琮從人擅入江陵縣毀罵縣令韓忠，閱《舊唐書》卷一七六〈魏謩傳〉。

59 例如尹思貞即以州吏而干預縣的司法權，《舊唐書》卷一〇〇〈尹思貞傳〉：「尹思貞，……補隆州參軍。時晉安縣有豪族蒲氏，縱橫不法，前後官吏莫能制，州司令尹思貞推按，發其姦贓萬計，竟論殺之，遠近稱慶。」

60 《舊唐書》卷七十四〈馬周傳〉。

61 《全唐文》卷七二六，崔嘏〈授蔣邕濟源縣令制〉。

62 《唐會要》卷六十八〈刺史上〉開元八年六月二十八日敕：「其臺郎下除改亦於上佐縣令中通取，即宜詮擇，以副朕懷。」開元十二年六月二十四日敕：「自今以後……郎官缺，先求曾令縣令者。」同書卷六十九〈縣令〉：「天寶九載三月十二日敕，親民之官，莫過於縣令，比來選司取人，必限書判，且文政事本是異科，求備一人，百中無一，況古來良宰，豈必文人，自今以後，郎官御史，先於縣令中三考以上有政績者取，仍永爲常式。」

63 《全唐文》卷一五五，馬周〈請簡擇縣令疏〉。

64 《全唐文》卷二十七，玄宗〈勸獎縣令詔〉：「撫字之道，在於縣令，……每年選補，皆不就此官。」

65 《全唐文》卷三十五，玄宗〈戒牧宰敕〉。

66 《全唐文》卷三十一，玄宗〈戒州縣牧守詔〉。

67 《全唐文》卷二八四，張九齡〈敕處分縣令〉。

68 《全唐文》卷六九三，孔戣〈奏加嶺南州縣官課料錢狀〉。

69 《舊唐書》卷八十一〈劉祥道傳〉。

70 《唐會要》卷八十一〈考上〉。

71 《舊唐書》卷一一五〈李承傳〉。

72 《舊唐書》卷一六四〈王播傳〉。

73 《貞觀政要》卷一〈論君道第一〉。

唐代文官任用制度

一、緒論

唐代文官任用制度相當紛亂，蓋唐代文官不僅任用方式與種類繁多，且有散官、職事官、勳官、爵號之別，甚易使人迷惑。

唐代官品分九品三十等，《新唐書》卷四十六〈百官志〉云：

凡文官九品，有正有從，自正四品以下有上下，爲三十等。

九品三十等爲「流內」，其未入九品者尚有視流內、流外、視流外。《通典》卷十九《職官一．官品》：

隋置九品，品各有從，自四品以下每品分為上下，凡三十階，謂之流內，流內自此始焉。又置視正二品至九品，品各有從，自行臺尚書令始焉，謂之視流內自此始。大唐自流內以上並因隋制。又置視正五品、視從七品，以署薩寶及正祓，謂之視流內。又置勳品九品，自謂（疑為「諸」之誤）衛錄事及五省令史始焉，謂之流外，流外自此始。

又《通典》卷四十〈職官二十二〉唐官品中有流內、視流內、流外及視流外諸官稱號，名目繁多，不予贅述。

凡文官「流內」皆有其「階」，「階」即是「散官」，唐代文「散官」共二十九階：

階	散官	備註
從一品	開府儀同三司	
正二品	特進	
從二品	光祿大夫	武德時有左右光祿大夫，左光祿大夫從一品，右光祿大夫正二品，貞觀之後唯有光祿大夫，從二品。
正三品	金紫光祿大夫	
從三品	銀青光祿大夫	武德時以散騎常侍爲從三品，貞觀之後改爲銀青光祿大夫
正四品上	正議大夫	武德時稱太中大夫，貞觀改。
正四品下	通議大夫	武德時稱通直散騎常侍，貞觀改。

從四品上	太中大夫	武德時以中大夫從四品上，貞觀改。
從四品下	中大夫	武德時以員外散騎常侍從四品下，貞觀改。
正五品上	中散大夫	
正五品下	朝議大夫	
從五品上	朝請大夫	武德時以通直散騎侍郎從五品上，貞觀改。
從五品下	朝散大夫	武德時以員外散騎侍郎從五品下，貞觀改。
正六品上	朝議郎	
正六品下	承議郎	
從六品上	奉議郎	武德時稱通議郎，貞觀改。
從六品下	通直郎	
正七品上	朝請郎	
正七品下	宣德郎	
從七品上	朝散郎	
從七品下	宣義郎	

正八品上	給事郎	
正八品下	微事郎	
從八品上	承奉郎	
從八品下	承務郎	
正九品上	儒林郎	
正九品下	登仕郎	
從九品上	文林郎	
從九品下	將仕郎	

說明：本表據《舊唐書．職官志》、《新唐書．百官志》、《唐六典》及《通典》編成。

至於「流外」，則「品秩卑微，誣告收坐，與白丁無異。」1故「流外」地位卑下，不受重視。至於視流內、視流外，官數甚少，視流內惟有薩寶、薩寶府祆正等二官，視流外惟有薩寶祓祝、薩寶率府、薩寶府史等三官，且均爲宗教性質，乃更不受重視。

除「散官」外，又有「職事官」，所謂「職事官」，據《唐律疏議》云：「依令有執掌者爲職事官，無職掌者爲散官。」2《舊唐書》云：「職事者，諸統領曹事，供命王命、上下相攝，以持庶績。」3可見「職事官」乃是可以執行業務之官職，「職事官」亦分九品三十等，自正一品太師、太傅、太保、太尉、司徒、司空等起至從九品下內侍省主事、諸州中縣下縣尉等官職繁多，[4]「職事官」有職、有位、有權、有責，乃是眞正的「文官」，不過，每一「職事官」必帶「散官」，「職事官」乃是現職，通稱「官」，「散官」則爲銓敘階級，亦稱「階」。如此現行文官制度類比，則「職事官」近於現行之官職（如某部某司司長，某處某科科員等），而「散官」近於現行之官階（如委任若干級，薦任若干級，簡任若干級，特任等）。「職事官」可隨時調動，而「散官」則須按部就班升級，《舊唐書》卷四十二〈職官一〉：

> 凡九品以上職事，皆帶散位，謂之本品。職事則隨才錄用，或從閑入劇，或去高就卑，遷徙出入，參差不定，散位則一切以門蔭結品，然後勞考進敘。

因此，在唐人官銜中經常可以發現一人之「職事官」與「散官」之品階不同之例。

除「散官」「職事官」之外，尚有「勳」及「爵」。勳本爲獎勵戰功，《唐六典》卷二載勳之等級（新舊唐書官志略同）：

> 凡勳十有二等，十二轉為上柱國比正二品，十一轉為柱國比從二品，十轉為上護軍比正三品，九轉為護軍比從三品，八轉為上輕車都尉比正四品，七轉為輕車都尉比從四品，六轉為上騎都尉正五品，五轉為騎都尉比從五品，四轉為驍騎尉比正六品，三轉為飛騎尉比從六品，二轉為雲騎比正七品，一轉為武騎尉比從七品。

然而，其後文官並無戰功亦可得勳，如《金石萃編》卷五十「萬年宮銘」碑陰題名中之文官多有勳：黃門侍郎韓○爲護軍、太常卿柳亨上柱國、衛尉卿許敬宗上柱國、宗正卿李緯上護軍、殿中監趙元楷上柱國、兵部尚書唐臨上輕車都尉。甚至宦官亦有勳。[5]勳官既濫，人不以爲榮，及至唐末，「上述柱國，恥轉輕車」，[6]已失獎勵之功能。

「爵」分九等，《唐六典》卷二〈吏部尚書〉：

司封郎中、員外郎，掌邦之封爵，凡有九等，一曰王，正一品，食邑一萬戶；二曰郡王，從一品，食邑五千戶；三曰國公，從一品，食邑三千戶；四曰郡公，正二品，食邑二千戶；五曰縣公，從二品，食邑一千五百戶；六曰縣侯，從三品，食邑一千戶；七曰縣伯，正四品，食邑七百戶；八曰縣子，正五品，食邑五百戶；九曰縣男，從五品，食邑三百戶。（原注：隋氏始立王公侯以下制度，皇朝因之，然戶邑率多虛名，其言食封者乃得眞戶。）

兩唐書列傳及唐人碑誌中「食封」（實封）之例極多，如代宗即位，郭子儀加實封七百戶，[7]德宗時，李晟封西平郡王加食邑實封至一千五百戶，[8]李光弼於至德二載「封鄭國公，食實封八百戶」，寶應元年進封臨淮郡王，廣德元年「加實封三百戶，通前後凡二千戶」[9]《通典》稱唐爵分九等，「並無其土，加實封者乃給租庸。」[10]趙翼《陔餘叢考》卷十六「漢唐食封之制」條：

唐書霍王元軌常遣國令督封租，令請貿易取贏，王曰：「汝當正吾失，反誘吾以利耶？」王嗣立傳，中宗時恩降食邑者眾，封戶凡五十四州縣，皆據天下上腴，隨土所宜，牟取利入，爲封戶者，急於軍興，嗣立極言其弊，請以丁課盡送大府，封家詣左藏支給，禁止自徵，以息重困。宋務光亦言滑州七縣而分封者五，國賦少於侯租，入家倍於輸國，乞以封戶均餘州，並附租庸使歲送，停封使息驛傳。是徵租者並乘驛矣。宋璟傳，武三思封戶在河東，遣大水，璟奏災地皆蠲租，有諂三思者謂穀雖壞而蠶桑故在，請以代租，為璟所折。張廷珪傳，宗楚客、紀處訥、武廷秀、韋溫等封戶在河南北，諷朝廷，詔兩道蠶產所宜，雖水旱得以蠶折，廷珪固爭得免。可見唐時封戶之受困雖國賦不至此也。憲宗時始定實封節度使兼宰相者每食實封百戶歲給絹八百匹、綿六百兩，不兼宰相者每百戶給絹百匹，諸衛大將軍每百戶給三十五匹，蓋至是始改制，封家不得自徵而一概盡給於官矣。

唐代文官既有職事官、散官、勳官、爵號之別，每一職事官必帶散官之階銜，有時又帶勳、爵（低級職事官有時無勳、爵）因此常形成唐人官銜之繁雜紊亂。

唐人勳、爵常有濫授，而散官階銜亦常由天子特恩超升，[11]因此，中唐以後，勳、爵，甚至散官均以太濫而人不以為榮，尤其每當戰亂之時，朝廷財力困竭，不得不以勳、爵、散階等「虛名」誘人，於是官爵之賞賜更濫。《通鑑》卷二一九至德二載五月癸丑條（《文獻通考》卷四十七〈職官一〉略同）：

> 是時（按：通考作「肅代以後，盜起兵興」）府庫無蓄積，朝廷專以官爵賞功，諸將出征，皆給空名告身，自開府、特進、列卿、大將軍，下至中郎郎將，聽臨事注名。其後又聽以信牒授人官爵，有至異姓王者。諸軍但以職任相統攝，不復計官爵高下。至清渠之敗（按：在至德二

載四月），復以官爵收散卒，由是官爵輕而貨重，大將軍告身一通，才易一醉，凡應募入軍者一切衣金紫，至有朝士僮僕，衣金紫，稱大官，而執賤役者，名器之濫，至是而極焉。

德宗時，朱泚之亂，德宗在奉天，亦以官爵誘人，《舊唐書》卷一三四〈渾瑊傳〉：

（德宗被圍於奉天）召瑊勉諭之，令齎空名告身，自御史大夫實封五百戶以下者千餘軸，募諸軍突將敢死之士以當之，兼賜瑊御筆一管，當戰勝，量其功伐，即署其名授之，不足者筆書其身，因命以位。

趙翼認爲爵賞太濫致失馭人之柄，《陔餘叢考》卷十七「唐時王爵之濫」條：

古來王爵之濫，未有如唐中葉以後之甚者。唐初如李靖、李勣、尉遲敬德、秦叔寶等，戰功皆衹封公，其膺王爵，惟外番君長內附，如突利封北平郡王，思摩封懷化郡王，以及群雄中有來降者，如高開道封北平郡王，羅藝封燕郡王而已。自武后欲大其族，武氏封王者二十餘人，於是王爵始賤。中宗復位，遂亦封敬暉張柬之等五王，並李多祚亦王，韋后外戚追王者亦五人，然不久皆革除。開元以來，無復此事，直至天寶末，安祿山封北平郡王，哥舒翰封西平郡王，火拔歸仁封燕山郡王，於是又有圭爵之制，然亦尚未濫也。自肅宗起兵靈武，其時府庫空竭，專以官爵賞功，諸將出征，皆給空名告身，自開府、特進、列卿、大將軍，皆聽臨事注授，有至異姓王者。及德宗奉天之難，危窘萬狀，爵賞尤殷，嘗授渾瑊詔書千餘，自御史大夫實封五萬（按：乃「百」之誤）戶以下，募士擊賊，又賜瑊筆，使量功署詔，又不足則署衣以授，是時王爵幾遍天下，稍有宣力，無不王者矣。……張巡守雍州，不過一真源令，其下大將六人，官皆開府、特進，可見是時爵命雖榮，人皆不以為貴，即身受者，亦不以為榮，故大將軍告身纔易一醉，爵賞馭人之柄於是乎窮。

散官本應計考而升，然而中唐以後，常由天子恩授而升，如德宗時即屢有「恩赦敘階」，或天子郊廟亦以恩授三品五品階，不復計考。[12]洪邁《容齋續筆》卷五〈銀青階〉：

唐自肅代以後，賞人以官爵，久而浸濫，下至州郡胥吏軍班校伍，一命便帶銀青光祿大夫階，殆與無官者等。

《容齋續筆》中所言散官之濫，乃使散官地位低賤，尤其六品以下散官更受人鄙視，《舊唐書》卷二十二〈職官一〉：

舊制，開府及特進雖不職事，皆給俸祿，預朝會，行立於本品之次，光祿大夫以下朝散大夫以上衣服依本品，無祿俸，不預朝會。朝議郎以下黃衣執笏，於吏部分番上下，承使及親驅使，甚為猥賤，每當上之時，至有為主事令吏守局鑰執鞭帽者。

按唐制，庶人服黃，[13]則六品以下未任職事之散官與庶人無異。

陸贄曰：「命秩之載于甲令者，有職事官焉，有散官焉，有勳官焉，有爵號焉，雖以類而分，其流有四，然其掌務而授俸者唯繫於職事之一官，以序才能，以位賢德，此所謂施實利而寓之虛名者也，其勳、散、爵號三者所繫大抵止於服色資蔭而已。」[14]可見職事官才是眞正的文官，尤其自武后始，勳、爵、散官常可濫授，人不以爲貴，實際上，勳、爵、散官乃是榮譽虛銜，並無職任，惟有職事官乃負政治上之實際責任，最爲重要，本文所稱文官亦指職事官而言。

二、唐代文官任用形態的種類與任用方式

唐代文官任用形態的種類甚多，主要有拜、遷、轉、擢、進、除、改、左遷、左除、授、左授、貶等。均表示任用時新官職與舊官職在秩位上的升降關係。茲分別說明如下：

㈠拜：「拜」係唐代任官之通稱，意即正式任命，少有官職升降的含義，因此「拜」較常用於初任，例如陸質以經學聞名，陳少游愛其才，薦於朝，拜左拾遺，[15]崔敦禮武德中拜通事舍人。[16]然而，「拜」有時也用在屢任之後，例如許敬宗於高宗嗣位時任禮部尚書，後轉任他官，永徽六年「復拜禮部尚書」[17]陸贄初權知兵部侍郎，後「眞拜兵部侍郎知貢舉」[18]總之，「拜」是唐人任官常用之辭，一般純指任官，不含品秩升降之意。但是，如在拜之前加一「擢」字，則表示升遷之意，茲舉二例以見之：

馬懷素……遷考功員外郎，時貴戚縱恣，請託公行，懷素無所阿順，典舉平充，擢拜中書舍人。（《舊唐書》卷一〇二〈馬懷素傳〉）

唐李綱初為太子詹事，以太子建成漸狎無行之徒，有猜忌之謀，不可諫止，頻乞骸骨……於

是握拜太子少保。（《冊府元龜》卷七〇八〈宮臣部・選任〉）

按考《舊唐書》卷四十二職官志、官品，考功員外郎（尚書諸司員外郎）爲從六品上，中書舍人爲正五品上，太子詹事爲正三品，太子少保爲從二品，馬懷素由考功員外郎「擢拜」中書舍人，李綱由太子詹事「擢拜」太子少保，均是品秩升級。此外，「超拜」亦是官職升遷之意，例如杜元潁由司勳員外郎（從六品上）「超拜中書舍人（正五品上）」，[19]與前引馬懷素「擢拜」事例相同。

㈡遷：由一官職調任另一同品級或高品級的官職，通稱爲「遷」。唐人改官，常喜用「遷」，史料中隨處可見。茲舉由一官職遷同品級官職之三例如下（括號內之品級依《舊唐書》職官志官品）：

（劉林甫）擢拜中書侍郎（正四品上），賜爵樂平男，貞觀初，再遷吏部侍郎（正四品上）。（《舊唐書》卷八十一〈劉祥道傳〉）

李中敏，……累遷諫議大夫（正五品上），……遷給事中（正五品上）。（《新唐書》卷一一八〈李中敏傳〉）

江夏郡王道宗……貞觀元年召拜鴻臚卿（從三品），遷大理（從三品）。（《新唐書》卷七十八〈江夏郡王道宗傳〉）

再舉由一官職遷另一較高品級官職三例如下：

（崔敦禮）貞觀元年擢拜中書舍人（正五品上），遷兵部侍郎（正四品下）。（《舊唐書》卷八十一〈崔敦禮傳〉）

（韋見素）改右丞（正四品下），（天寶）九載遷吏部侍郎（正四品上）。（《舊唐書》卷一〇八〈韋見素傳〉）

（苗晉卿）授萬年縣尉（從八品下），遷侍御史（從七品上）（《舊唐書》卷一一三〈苗晉卿傳〉）

㈢左遷：「左遷」與「遷」不同，「左遷」乃是由一較高官職調降較低官職之意，玆舉數例如下：

（韋嗣立）開元初，入為國子祭酒（從三品）……為憲司所劾，左遷岳州別駕（正五品下）。（《舊唐書》卷八十八〈韋嗣立傳〉）

（褚遂良）進拜尚書右僕射（從二品）……武氏立，乃左遷遂良潭州都督（正三品）。（《新唐書》卷一〇五〈褚遂良傳〉）

（盧承慶）出為益州大都督府長史（從三品），（褚）遂良俄又求索求承慶在雍州舊事奏之，由是左遷簡州司馬（從六品上）。（《舊唐書》卷八十一〈盧承慶傳〉）

按，遷與左遷均爲唐人所常用，凡改官均稱「遷」（或「左遷」），《唐律疏議》曰：「遷官者，但改官者即是，非獨進品始名遷官。」[20]因此，「遷」所用的範圍極廣。

㈣轉：轉亦是改官之稱，然所改之官或同品級或較高之品級，茲舉數例如下：

韋湊……出為陝州刺史（從三品），無幾轉汝州刺史（從三品）。（《舊唐書》卷一〇一〈韋湊傳〉）

（盧承慶）左遷簡州司馬（從六品上），歲餘轉洪州長史（從五品上）。（《舊唐書》卷八十一〈盧承慶傳〉）

（于琮）遷中書舍人（正五品上），閱五月，轉兵部侍郎（正四品下）。（《新唐書》卷一〇四〈于琮傳〉）

㈤擢：是謂升之意，即由低品級升任高品級之官職，茲舉數例如下：

（蔣乂）再遷王屋尉（從九品上）充太常禮院修撰，貞元九年擢右拾遺（從八品上）。（《新唐書》卷一三二〈蔣乂傳〉）

（李勉）召為大理少卿（從四品上），然天子素其正，擢太常少卿（正四品上）。（《新唐書》卷一三一〈李勉傳〉）

（解琬）聖曆初，遷侍御史（從六品下）……以功擢拜御史中丞（正四品上）。（《舊唐書》卷一〇〇〈解琬傳〉）

（盧承慶）轉洪州長史（從五品上），會宗將幸汝州之溫湯，擢承慶為汝州刺史（從三品上）（《舊唐書》卷八十一〈盧承慶傳〉）

㈥進：是晉升官職之意，有時品級未升而職位較優亦曰進，茲舉數例如下：

（姚崇）睿宗立，拜兵部尚書（正三品）同中書門下三品，進中書令（正三品）。（《新唐書》卷一二四〈姚崇傳〉）

（魏元忠）遷兵部尚書（正三品）知政事如故，尋進拜侍中（正三品）兼檢校兵部尚書。（《舊唐書》卷九十二〈魏元忠傳〉）

㈦除：其意與「拜」同，然而，「除」極少用於初任，茲舉數例如下：

（徐彥伯）入為工部侍郎（正四品下），尋除衛尉卿（從三品）。（《舊唐書》卷九十四〈徐彥伯傳〉）

（班宏）遷刑部侍郎（正四品下）……尋除吏部侍郎（正四品上）。（《舊唐書》卷一二三〈班宏傳〉）

（王紹）拜兵部尚書（正三品），尋除檢校吏部尚書（正三品）東都留守。（《舊唐書》卷一二三王紹傳）

（穆寧）坐貶泉州司戶（正八品下）……詔書召寧除右諭德（正四品下）。（《舊唐書》卷一五五〈穆寧傳〉）

由以上數例可見，「除」多爲官職的平調或升調，但是如果稱稱「左除」，則爲降官之意，例如：

（王珪）遷侍中（正三品）……坐漏禁近語，左除同州刺史（從三品）。（《新唐書》卷九

十八〈王珪傳〉）

㈧改：即調任他職之意，可由低職調高職，亦可由高職調低職，可由同級調優缺，亦可調劣缺，茲舉數例如下：

（裴寬）遷吏部侍郎（正四品上），及玄宗還京，又改蒲州刺史（從三品）……遷河南尹（從三品）……改左金吾衛大將軍（正三品）。（《舊唐書》卷一〇〇〈裴漼傳〉）

（李叔明）以本官（檢校戶部尚書，正三品）兼右僕射（從二品），乞骸骨，改太子太傅（從一品）致仕。（《舊唐書》卷一二二〈李叔明傳〉）

（劉栖楚）又宣授刑部侍郎（正四品下）……改京兆尹（從三品）。（《舊唐書》卷一五四〈劉栖楚傳〉）

（李漢）坐宗閔黨，出為汾州刺史（從三品），宗閔再逐，改州司馬（按：不知何州，上州司馬從五品下，中州司馬正六品下，下州司馬從六品下）。（《新唐書》卷七十八〈淮陽壯王傳〉）

（關播）為都官員外郎（從六品上）……改兵部員外郎（從六品上）。（《舊唐書》卷一三〇〈關播傳〉）

（韋見素）尋檢校尚書工部侍郎（正四品下），改右丞（正四品下）。（《舊唐書》卷一〇八〈韋見素傳〉）

㈨授：即授予官職之意，「授」可用於初任，亦可用於轉任，茲舉數例如下：

（苗晉卿）判入高等，授萬年縣尉。（《舊唐書》卷一一三〈苗晉卿傳〉）

（元稹）判入第四等，授秘書省校書郎。（《舊唐書》卷一六六〈元稹傳〉）

（韋挺）貞觀初，王珪數舉之，由是遷尚書右丞（正四品下），俄授吏部侍郎（正四品上），輔黃門侍郎，進拜御史大夫（從三品）……尋改授銀青光祿大夫（散官，從三品）行黃門侍郎。（《舊唐書》卷七十七〈韋挺傳〉）

因此，「授」與「拜」「除」相似，可作任官之通稱。此外，「左授」則爲由較高職位降任較低職位或由較優職位改任較劣職位之意。茲舉數例說明如下：

（高適）兼御史大夫（從三品）揚州大都督府長史（從三品）淮南節度使……李輔國惡適敢言，短於上前，乃左授太子少詹事（正四品上）。（《舊唐書》卷一一一〈高適傳〉）。

侍中（正三品）穎川縣公韓瑗左授振州刺史（正四品下），中書令（正三品）兼太子詹事南陽侯來濟左授臺州刺史（從三品），皆坐諫立武昭儀為皇后救褚遂良之貶也。（《舊唐書》卷四〈高宗紀〉顯慶二年八月丁卯）

㈩貶：即調任較低的官職，較「左遷」「左轉」「左授」更爲明顯而強烈，唐人稱「貶」官多係指由中央高官調地方卑官，或中央勢要之官調邊地閑散之官（不論品級，但去其勢要），或由距京師較近之官職調較遠之官職，茲舉數例如下：

（盧杞）擢門下侍郎同中書門下平章事……貶為新州司馬（從六品上）。（《新唐書》卷二二三下〈盧杞傳〉）

（劉幽求）以太子少保（從二品）爵……貶睦州刺史（從三品）。（《新唐書》卷一二一〈劉幽求傳〉）

（鍾紹京）改太子詹事（正三品），不為姚崇所喜，與（劉）幽求並以怨望得罪，貶果州刺史（正四品上），賜封邑百戶，後坐他事，貶懷恩尉，悉奪階封。（《新唐書》卷一二一〈鍾紹京傳〉）

（錢徽）入拜禮部侍郎（正四品下）……貶江州刺史（從三品）。（《新唐書》卷一七七〈錢徽傳〉）

（劉禹錫）轉屯田員外郎（從六品上）……（王）叔文敗，坐貶連州刺史（正四品下），在道，再貶朗州司馬（從六品上）。（《舊唐書》卷一六〇〈劉禹錫傳〉）

以上所述爲唐代文官任用形態的種類，惟唐人對任官種類之稱呼除降官必稱貶、左轉、左遷、左授外，其他多無嚴格之區分，拜、遷、轉、擢、進、除、改、授等辭常有混淆參用的現象。

唐代文官任用方式相當複雜，凡由皇帝正式任命爲占員缺之職事官稱爲正拜、正授、正除（「正」字常省略）。有時先被試守而後正式任命爲占員缺之職事官亦稱爲正拜（或眞拜、正授）如杜兼「授河南少尹，知府事，尋正拜河南尹。」[21]杜審權大中初時「遷司勳員外郎，轉郎中，知雜，又以本官知制誥，正拜中書舍人。十年，權知禮部貢舉，選士三十人，後多至達官，正拜禮部侍郎。」[22]有時，已有出身或前資官如遇有員缺時可不必經過試守即行正拜，例如諸州府醫博士缺員時，州府長官訪求選取，已出身人及前資官便與正授，如未有出身，則令權知，四考後州司奏與正授。[23]

除正拜外，唐代文官任用方式中尚有守、行、試、攝、檢校、知（權知）、判（權判）、充、領、兼、監、同、員外、勾當、裏行、版授等名稱，其含意各有不同，茲分別說明如下：

㈠守：凡階卑而官高者稱「守」。《唐六典》云：「凡任官階卑而擬高則曰守。」[24]《通典》云：「階卑而官高者稱守。」[25]貞觀令，以職事高者爲守。[26]可舉下列二例以見之：

銀青光祿大夫（散官從三品）守兵部尚書（職事官正三品）平章事上柱國河東縣開國男食邑三百戶畢諴……（《全唐文》卷八十三，懿宗〈授蔣伸畢諴節度使制〉）

開府儀同三司（散官從一品）守司空（職事官正一品）……王摶。（《全唐文》卷九十昭宗〈貶王摶工部侍郎制〉）

在石刻史料中常可見碑末、碑陰有題名，在姓名上多刻有全部官銜，其中「守」者頗多，任擇數則以見之：

正議大夫（散官正四品上）守中書令（職事官正三品）兼太子左庶子馬周。
（《金石萃編》卷四十六，太宗〈祭比干文〉碑末題名）

朝散大夫（散官從五品下）使持節渝州諸軍事守渝州刺史（職事官正四品下）李邕，正議大夫（散官正四品上）使持節宋州諸軍守宋州刺史（職事官從三品）張庭珪。（《金石萃編》卷七十二〈修孔子廟碑〉，按李邕為撰文，張庭珪為撰書）

正議大夫（散官正四品上）使持節易州諸軍事守易州刺史（職事官從三品）田仁畹，朝散大夫（散官從五品下）守易州別駕（職事官從四品下）周憲。（《金石萃編》卷八十三，玄宗〈御注道德經〉，經末奉敕立者具名）

亞獻將仕郎（散官從九品下）守易州滿城縣令（職事官正七品上）攝曲陽縣令顧文賞。（《金石萃編》卷七十三〈北岳府君碑〉，薛鍛等題名）

徵事郎（散官正八品下）守內寺伯（職事官正七品下）借緋魚袋王忠謹。（《金石續編》卷五〈花塔寺馮鳳翼等造象題名〉）

從以上所舉諸例可見「守」者乃是散官低而任較高之職事官之方式。

(二)行：散官高而任較低職事官者，稱爲「行」，《唐六典》云：「階高而擬卑則曰行。」[27]貞觀令以職事卑者爲行。[28]《通典》云：「其階高而官卑者稱行。」[29]茲舉二例以見之：

（李敬玄於咸亨三年）加銀青光祿大夫（散官從三品）行吏部侍郎（職事官正四品上）。（《舊唐書》卷八十一〈李敬玄傳〉）

儀鳳二年，加金紫光祿大夫（散官正三品）行太子左庶子（職事官正四品上）。（《舊唐

書》卷八十四〈郝處俊傳〉）

在石刻史料中，「行」之稱謂案例極多，茲引數段以見之：

特進（散官正二品）行尚書左僕射（職事官從二品）（中兼官及勳封略）臣林甫・光祿大夫（散官從二品）行左相（職事官正三品）（中兼官及勳封略）臣李適之・光祿大夫（散官從二品）行門下侍郎（職事官正四品上）（中兼官及勳封略）臣陳希烈・正議大夫（散官正四品上）行中書舍人（職事官正五品上）（中兼官及勳封，略）臣韋斌・太中大夫（散官從四品上）行給事中（職事官正五品上）臣李巖・正議大夫（散官正四品上）行國子司業員外置同正員（職事官從四品下）臣張倜・正議大夫（散官正四品上）行兵部侍郎（職事官正四品下）（賜勳，略）臣張均・正議大夫行兵部侍郎（賜勳略）臣宋鼎。（《金石萃編》卷八十七〈石臺孝經〉，碑末題名）

朝散大夫（散官從五品下）行華陰縣令（職事官從六品上）上柱國裴穎，朝議郎（散官正六品上）行華陰縣令（職事官從六品上）裴貴。（《金石萃編》卷八十〈華嶽題名〉）

施碑石主弟子朝散大夫（散官從五品下）行華原縣令（職事官正六品上）劉同。（《金石萃編》卷八十一〈大智禪師碑陰記〉）

銀青光祿大夫（散官從三品）行黃門侍郎（職事官正四品上）護軍潁川縣開國公臣韓○・銀青光祿大夫行中書侍郎（職事官正四品上）監修國史學士臣來濟・金紫光祿大夫（散官正三

品）行衛尉卿（職事官從三品）上柱國高陽縣開國男臣許敬宗・金紫光祿大夫行宗正卿（職事官從三品）上護軍高都縣開國男臣李緯・金紫光祿大夫行殿中監（職事官從三品）上柱國武強縣開國男臣趙元楷・金紫光祿大夫行司農卿（職事官從三品）宋城縣開國伯臣蕭欽。

（《金石萃編》卷五十〈萬年宮銘〉，碑陰題名）

朝議郎（散官正六品上）行櫜城縣令（職事官從六品上）柳浩・宣義郎（散官從七品下）行丞（職事官從八品下）衛岳彥・給事郎（散官正八品上）行主簿（職事官正九品下）張昌・丞（承）務郎（散官從八品下）行尉（職事官從九品上）鄭迪。（《八瓊室金石補正》卷四十三〈開元寺三門樓題刻〉）

(三)試：試任是正式任命之外的一種任用方式，《通典》云：「試者，未爲正命。」[30]唐初無試官，試官之置始自武后，《唐會要》卷六十七〈試及邪濫官〉：

天授二年二月十五日，十道使舉人石艾縣令王山輝等六十一人並授拾遺補闕，懷州錄事參軍霍獻可等二十四人並授侍御史，並州錄事參軍徐昕等二十四人並授著作郎，魏州內黃縣尉崔宣道等二十三人授衛佐校書，蓋天后收入望也。故當時諺曰：「補闕連車載，拾遺平斗量，把椎侍御史，腕脫校書郎。」試官自此始也。

自天授二年以後試官盛行，例如張守瑜以軍功「官至試太常卿」、張獻甫亦「以軍功累授試光祿卿」[31]，楊嗣復以西川節度推官試太常寺協律郎，宇文籍以西川節度巡官試秘書省校書郎。[32]李寬以義武節度逐要試邑王府長史並攝曲陽縣令。[33]以上所舉之試官似乎並未蒞官臨事，只是一種虛銜而已，正如陸宣公所言「試官虛名，無損於事。」[34]然而，也有些試官似乎眞任職事，例如杜欽賢以朝議大夫試易州司馬。[35]裴倚以殿中侍御史試守萬年縣令，[36]房琯「天寶元年拜主客員外郎，三年遷試主客郎中，五年正月，擢試給事中，賜爵漳南縣男。」[37]則又似實任職事。不過，不論試官爲虛銜抑爲任事、試官終非正式官職，[38]至多臨時試用而已。

㈣攝：爲代理之意，攝某官即代理此官職之意，唐代攝官盛行，史料中隨處可見，如薛僅爲江陽丞，以清廉正直爲長史王易從、李朝隱等所信任，乃攝江陽、江都、海陵三縣令；[39]薛鍛攝義武節度巡官，顧文賞以易州滿城縣令攝曲陽縣令，辛次儒攝曲陽縣尉，李寬以義武節度逐要攝曲陽縣尉，崔元藻攝易定等州觀察判官，苗紃攝易定館遞迎（?疑爲「巡」）官。[40]許環以鄭縣丞攝縣尉，[41]關播「大曆中爲河南府兵曹，攝職數縣，皆有政能。」[42]攝官既非正式眞拜，因此，有時可不必經由吏部補授，而由長官決定，中唐以後，州縣地方官不經吏部補授而由長官差人攝任之事例尤其普遍，張廷賞任荊南、劍南西川節度使即明言此種攝官情形：

延賞奏議請省官員曰：「……臣在荊南、劍南，所管州縣闕官員者少不下十數年，吏部未嘗補授，但令一官假攝。」（《舊唐書》卷一一九〈張延賞傳〉）

張廷賞任劍南西川節度使在代德之時，任荊南節度使在代宗大曆十一年至十四年，[43]此時荊南與劍南西川對中央均極恭順，竟然州縣闕官員十數年派人攝官，至於河北地區跋扈之藩鎮，其所管州縣官員闕，更是由藩帥擇人攝代。[44]自安史之亂以後，藩鎮多差藩府親信攝州縣官以增加其對州縣之控制力，例如劉昌以宣武行營諸軍馬步都虞候攝濮州刺史。[45]張汾以西川安撫巡官攝廣德縣令，[46]張萬福以淮南節度副使攝濠州刺史，[47]李芃以永平節度判官攝陳州刺史，[48]張遼以成德節度隨軍攝槀城縣令。[49]郭鈞以義武軍事判官攝易州長史，[50]李商隱有爲滎陽公桂州署防禦等官牒，其中差人攝州縣官者甚多；李文儼攝豐水縣令、盧韜攝靈川縣主簿、李克勤攝修仁縣令、韋重攝柳州錄事參軍、曹讜攝昭州錄事參軍、陳積中攝荔蒲縣令、李遇攝嚴州刺史。[51]

不僅在地方政府攝官甚爲普遍，即使中央政府亦有由詔命而攝官者，如杜如晦爲兵部尚書、「檢校侍中、攝吏部尚書。」[52]戴冑爲民部尚書，「詔令兼攝吏部尚書」[53]高季輔爲太子石庶子兼吏部侍郎攝戶部尚書。[54]

以上所述，「攝」官無論地方或中央均實掌職事，此外，玄宗時尚有虛銜之攝官，玄宗時沿邊置經略安撫、節度等使，職位隆崇，玄宗常令攝御史大夫或御史中丞，其意似爲尊其榮寵，茲舉數例如下：

虔瓘俄轉安西副大都護攝御史大夫四鎮經略安撫使。（《舊唐書》卷一〇三〈郭虔瓘傳〉）

開元七年（張說）檢校并州大都督府長史兼天兵軍大使攝御史大夫兼修國史，仍賚史本隨軍修撰。（《舊唐書》卷九十七〈張說傳〉）

（王忠嗣於開元）二十八年以本官兼代州都督攝御史大夫兼充河東節度。（《舊唐書》卷

一〇三〈王忠嗣傳〉）

（天寶六載，哥舒翰）為鴻臚卿兼西平郡太守攝御史中丞代（王）忠嗣為隴右節度支度營田副大使知節度事。（《舊唐書》卷一〇四〈哥舒翰傳〉）

（天寶六載）制授仙芝鴻臚卿攝御史中丞代夫蒙靈詧為四鎮節度使。（《舊唐書》卷一〇四〈高仙芝傳〉）

（天寶十一載）以常清為安西副大都護攝御史中丞持節充安西四鎮節度經略支度營田副大使知節度事（《舊唐書》卷一〇四〈封常清傳〉）

以上所舉數人均身在邊陲，雖有攝御史大夫或攝御史中丞之職銜，實際上並不能在京師執行御史大夫或御史中丞之職務。因此，此種「攝」官不過是一種虛銜，由玄宗時藩帥「攝」一中央虛銜逐漸演變爲安史亂後全國藩鎮均帶虛名之中央官銜，不過，安史亂後，已漸由「攝」而改稱「檢校」或「兼」。

(五)檢校：檢校一詞，唐代之前已有，如劉宋時，劉式之「爲宣城、淮南二郡太守，犯贓貨，揚州刺史王弘遣從事檢校之。」[55]此種「檢校」當是勾檢考校之意。唐代仍習用「檢校」二字，如李粲於唐高祖時「爲左監門大將軍，以年老特令乘馬於官中檢校。」[56]武后時，王及善爲內史，「時張易之兄弟侍寵，每內宴皆無人臣之禮，及善數奏抑之，則天不悅，謂及善曰：『卿既高年，不宜更侍遊讌，但檢校閤中可也。』」[57]龍朔二年「太府寺更置少卿一員，分兩京檢校。」[58]

玄宗詔曰：「縱觀其陝郡太守韋堅，始終檢校，夙夜勤勞。」[59]多寶塔之建，有「檢校塔使」之官。[60]岱岳觀有「專知齋醮檢校官」、「專知檢校醮祭官」，[61]昇仙太子碑之立有「敕檢校勒碑使」，[62]裴光庭碑之立有「奉敕檢校摸勒使」及「奉敕檢校樹碑使」，[63]以上諸例中「檢校」二字均含檢察校閱、巡檢勘校之意。

檢校二字用於官銜，至晚始於隋代，[64]唐代則甚盛行，《通典》稱「檢校者云檢校某官……皆是詔除而非正命。」[65]因此，檢校並非眞拜，故可由而眞拜，如劉仁軌由檢校帶方州刺史而正授帶方州刺史，[66]李懷遠於武后時「拜秋官尚書兼檢校太子左庶子，賜爵平鄉縣男，長安四年以老辭職，聽解秋官尙書，正除太子左庶子。」[67]郭正一於永隆中遷秘書少監檢校中書侍郎，「永淳中，眞遷中書侍郎」，[68]李齊運爲「檢校禮部尙書兼殿中監，尋正拜禮部尙書兼殿中監。」[69]

檢校官之實質在唐代前後期有所不同，在中葉以前，檢校某官雖非正拜該官，但仍能執行該官之職權，與「攝」相似，例如張仁愿於武后時「爲肅政臺中丞，檢校幽州都督，會突厥默啜入寇，攻陷趙定，擁眾迴至幽州，仁愿勒兵出城邀擊之。」可見仁愿檢校幽州都督乃親居幽州執行都督職務，神龍二年，仁愿爲左屯衛大將軍兼檢校洛州長史，「初，高宗時，賈敦頤爲洛州刺史，亦有政績，與仁愿皆爲一時之最，故時人爲之語曰：洛州有前賈後張，可敵京兆三王。」可見仁愿爲檢校洛州長史實親居洛州執行長史之職務。[70]尹思貞「三遷殿中少監，檢校洛州刺史，會契丹孫萬榮作亂，河朔不安，思貞善於綏撫，境內獨無驚擾，則天降璽書褒美之。」[71]可見尹思貞實在洺州執行刺史職務。薛謙光於武后時「累遷給事中，檢校常州刺史，屬宣州犯寇朱大目作亂，百姓奔走，謙光嚴備安輯，闔境肅然。」[72]則薛謙光檢校常州刺史必在常州執行刺史職務。宋璟於中宗時，「檢校貝州刺史，時河北頻遭水潦，百姓飢餒，（武）三思封邑在貝州，專使徵其租賦，璟又拒而不與，由是爲三思所擠。」[73]則宋璟檢校貝州刺史必在貝州任事。以上所舉數例係檢校地方官，其實，檢校中央某官亦同樣可以執行該官的職務，如貞觀十九年，馬周爲中書令「檢校吏部尚書，始奏選人取所由文解，十月一日赴省，三月三十日畢。」[74]可見馬周檢校吏部尚書實主吏部事。高宗時，「左肅機皇甫公義檢校沛王府長史，引（韋）思謙爲同府倉曹。」[75]皇甫公義能引韋思謙爲同府倉曹，可見其檢校沛王府長史實可執行其職務。《唐律》稱：「內外官敕令攝他司事者，皆爲檢校。」[76]可見「檢校」即爲攝代之意。

然而，唐中葉以後，「檢校」之實質與以前大不相同，「檢校」某官並非眞能執行該官之職務，「檢校」成爲一種虛銜，安史之亂後，藩鎮興起，藩鎮及使府僚佐均檢校京官，（職卑者亦帶京官銜，但不言「檢校」）茲舉《八瓊室金石補正》卷六十八，諸葛武侯祠堂碑（元和四年二月廿九日立）碑陰題名中前五名爲例：

劍南西川節度副大使管內支度營田觀察處置○押近○諸蠻及西山八國雲南安撫等使銀青光祿大夫檢校吏部尚書兼門下侍郎同中書門下平章事成都尹臨淮郡開國公食邑三千戶武元衡

行軍司馬中大夫檢校太子左庶子兼成都少尹御史中丞雲騎尉賜紫金魚袋裴堪營田副使朝散大

夫檢校尚書吏部郎中兼成都少尹侍御史賜紫金魚袋柳公綽
觀察判官朝散大夫檢校尚書戶部郎中兼侍御史驍騎尉張正壹
支度判官檢校禮部員外郎兼侍御史上護軍賜緋魚袋崔備

此種藩鎮及使府僚佐檢校京官之事例在兩唐書、碑誌行狀及石刻史料中到處可見，藩鎮與使府僚不可能至京執行該京官之職務。中唐以後，檢校既成虛銜，故加檢校官較為輕率，如李光顏討淮西，無功，元和十一年「先加李光顏等檢校官，而詔書切責，示以無功必罰。」[77]開成四年，文宗「以鹽鐵推官檢校禮部員外郎姚勗能鞫疑獄，命權知職方員外郎，右丞韋溫不聽，上奏稱：『郎官，朝廷清選，不直以賞能吏。』上乃以勗檢校禮部郎中，依前鹽鐵推官。」胡三省曰：「姚勗權知職方員外郎，而韋溫爭之，檢校禮部郎中，而溫不復言者，蓋唐制，藩鎮及諸使僚屬率帶檢校官，而獲知則為職事官故也。」[78]可見「檢校」並不任職事，《唐律》所謂「檢校攝判之處，即是監臨。」[79]乃指中唐以前之情況，中唐以後則檢校並不監臨。

(六)知（兼知、權知）：《通典》云：「知者云知某官事。」[80]即是兼理某官職務之意。「知」並非真拜，乃由詔敕委任而已。唐代文官任用中，「知」之運用甚廣，常以某官知政事或參知政事或參知機務或知軍國政事而成為宰相，如：

（趙仁本）尋轉司列少常伯知政事如故，……俄授尚書左丞罷知政事。（《舊唐書》卷八十一〈趙仁本傳〉）

戊辰，尚書左丞劉洎為黃門侍郎參知政事。（《新唐書》〈宰相表・貞觀十三年十一月〉）

己亥，中書舍人崔仁師為中書侍郎參知機務。（《新唐書》〈宰相表・貞觀二十二年正月〉）

太子右中護樂彥瑋檢校西臺侍郎，西臺侍郎孫處約並同知軍國政事。（《新唐書》〈宰相表・麟德元年十二月〉）

自宰相而下，省臺寺監以至州府縣諸官職事，無不可由敕旨以他官「知」其事，如知某部事、知門下省事、知貢舉、知臺事、知制誥、知雜、知州事、知府事等均有，茲舉數例如下：

（貞觀二十三年六月）癸未，詔司徒揚州都督趙國公（長孫）無忌為太尉兼檢校中書令知尚書門下二省事。（《舊唐書》卷四）

中宗即位，以欽望官僚舊臣，拜尚書左僕射知軍國重事兼檢校安國相王府長史兼中書令知兵部事。（《舊唐書》卷九十〈豆盧欽望傳〉）

（劉祥道）顯慶二年，遷黃門侍郎仍知吏部選事。（《舊唐書》卷八十一〈劉祥道傳〉）

（楊慎矜）拜監察御史知太府出納。（《舊唐書》卷一〇五〈楊慎矜傳〉）

（玄宗）下制改麗正書院為集賢殿書院，而投說院學士知院事。（《新唐書》卷一二五〈張說傳〉）

（大曆）五年，（田神功）兼判左僕射知省事。（《全唐文》卷三三八，顏真卿〈八關齋會報德記〉）

（韓休）判主爵員外郎，進至禮部侍郎，知制誥。（《新唐書》卷一二六〈韓休傳〉）

（李嗣真於）永昌初，以右御史中丞知大夫事。（《新唐書》卷九十一〈李嗣真傳〉）

肅宗授（杜）鴻漸兵部郎中知中書舍人事。（《新唐書》卷一二六〈杜暹傳〉）

光祿大夫行門下侍郎集賢院學士副知院事（中略）陳希烈。（《金石萃編》卷八十七石〈臺孝經〉，題名）

興元元年十月四日敕，知東推西推御史各一人……（《唐會要》卷六十二〈御史臺下・推事〉）

（崔元略）尋除京兆少尹知府事。（《舊唐書》卷一六三〈崔元略傳〉）

（開成）四年三月，中書門下奏：嶺南小州多是本道奏散試官及州縣官，充司馬知州事。（《唐會要》卷六十八〈刺史上〉）

安史之亂以後，各地藩鎮又多有「節度副大使，知節度事」或「知節度留後事」之官銜。[81]除「知」外，尚有「權知」、「兼知」。「兼知」與「知」其實相同，如姚崇於長安四年拜相王府長史，兼知夏官尚書事，[82]李文成以「守中書舍人兼知史官事」。[83]「權知」者乃是「皆緣本資稍優，未合便得藉才，不遽擢用，故且權知。」[84]唐代權知之例甚多，如王播以河南尹權知侍郎銓，[85]楊序以朝散大夫行任城縣令權知乾封縣令，[86]顧少連以戶部侍郎權知禮部貢舉，[87]蔣係以山南西道節度使入遷權知刑部尚書。[88]權知乃暫知之意，故常由權知而眞拜，如陸贄由權知兵部侍郎而眞拜兵部侍郎，[89]衛次公權知中書舍人，後眞拜中書舍人，[90]賈餗以中書舍人權知禮部貢舉，後正拜禮部侍郎。[91]

(七)判（兼判、權判）：《通典》云：「判官者云判某官事。」[92]判即是文書簿籍判行批決之意，例如《舊唐書》卷一七九〈孔緯傳〉所載可見之：

> 大順初，天武都頭李順節恃恩頗橫，不朞年，領浙西節度使，俄加平章事，謝日，臺吏申中書稱天武相公衙謝，準例班見百寮，緯判曰：「不用立班。」

唐制，甲官而判行批決乙官之文書簿籍曰「判乙官」或「判乙官事」。有時用「兼判」，實與「判」無異，「判」之運用甚廣，可判同一衙門事[93]，可判其他衙門事[94]，可以同品互判，可以高官判低官，亦可以低官判高官事，[95]中央官之間互「判」乃是常事，且可以中央官判地方事[96]亦可以地方官判中央事。[97]

「權判」乃是暫時判行批決之意，《唐會要》卷六十七〈員外官〉：

> 天寶六載六月二十四日御史中丞蕭諒奏，近緣有勞人等兼授員外官，多分判曹務，頗多煩擾、前件官伏望一切不許知事，如正員官總闕，其長官簡清幹者權判，並本官到日停。勅旨：依奏。

班宏卒，陸贄推薦李巽、李衡二人繼任財賦度支之職，建議先令李巽「權判」，「若處理稱職，便除戶部侍郎，如材不相當，則待李衡到別商量處分。」[98]可見「權判」實暫代判行之意，故「權判」之後可以正拜，如崔琯以吏部侍郎權判左丞相，旋眞拜左丞。[99]

唐自中葉以後設度支使，以他官領使務，凡領使者多稱「判度支」或「權判度支」。[100]「判」「兼判」「權判」均非正拜，但均可過問所判之官職之事務，故與中唐以後，「檢校」之徒有虛銜者不同。

㈧充：充即充當之意，如楊愼矜於天寶二年以權判御史中丞充京畿採訪使，[101]韋安石於景雲三年拜特進，充東都留守，[102]婁師德於聖曆二年檢校并州長史充天兵軍大總管?[103]中唐以後節度觀察使之設遍及全國，節度觀察使多係檢校中央官而充任。[104]其他如鹽鐵轉運使、水陸運使多以他官充任。[105]「充」亦非正拜，乃係特派性質，充任者對於所充之職可實負其責。

㈨兼：《舊唐書》卷四十二〈職官一〉：

武德令：職事解散官欠一階不至為兼，職事卑者不解散官。貞觀令：以職事高者為守，職事卑者為行，仍各帶散位，其欠一階依舊為兼，與當階者皆解散官。永徽已來欠一階者或為兼，或帶散官，或為守，參而用之，其兩職事者亦為兼，頗相錯亂。

史料中所見之「兼」多係已有本官而兼任他官，如馬周以中書令兼太子左庶子，[106]王摶以開府儀同三司守司空兼門下侍郎同中書門下平章事，[107]張說以檢校并州大都督府長史兼天兵軍大使。[108]

唐代兼官之例極多，史籍中隨處可見，在中唐以前，「兼」是實兼，即可以執行所兼官之職務，如李林甫以左僕射兼右相吏部尚書，李適之以左相兼兵部尚書，陳希烈以門下侍郎兼崇文館大學士，[109]盧承慶於貞觀時以民部侍郎兼兵部侍郎知五品選事，[110]均是實際執行所兼之職務。然而，中唐以後，有實兼，亦有掛名並不執行所兼之職務之虛兼，如鄭畋於乾符元年以中書侍郎兼禮部尚書[111]，韓皋於長慶初以檢校右僕射兼吏部尚書，[112]均是實兼，而藩鎮之兼中央官如來瑱以兼御史中丞爲山南東道節度使，[113]李元素以兼御史大夫爲鄭滑節度使，[114]自不能過問所兼中央官之職務，均爲虛兼，此種虛兼與安史之亂後之「檢校」相似。

㈩領：與兼、充相似，已有本職而兼充另一職，可以實際執行所領之職務，如第五琦以戶部侍郎「領河南等道支度都勾當轉運租庸鹽鐵鑄錢司農太府出納山南東西江淮南館驛等使」[115]裴耀卿以左庶子領崇文館事。[116]然而，中唐以後，諸王常領節度大使，卻未出閤，僅掛名而不執行節度使之職務，另有人知節度事[117]，此乃虛領。

㈩㈠監：乃本職以外，另外監督某項工作之意，非正拜，而屬臨時派遣之工作，唐代「監」職普遍，以監軍[118]與監修國史[119]最爲常見。

㈩㈡同：唐代以前已有儀同三司，即謂加其儀制同於三司也，其後漸演變成開府儀同三司之固定名號，唐代之「同」任多加於高官，三省長官之外，他官可加「同掌機務」、「同知軍國政事」、「同東西臺三品」、「同鳳閣鸞臺平章事」、「同鳳閣鸞臺三品」、「同中書門下三品」、「同中書門下平章事」等銜均成爲宰相。[120]永徽始，又有「同正」官之設置，《舊唐書》卷四，高宗紀永徽六年：

八月，尚藥奉御蔣孝璋員外特置仍同正，員外同正自蔣孝璋始也。

自此以後，「同」亦用於卑官，惟「同正」之官其俸祿賜與正官同，《通典》卷十九〈職官一〉，註文：

至永徽六年，以蔣孝璋為尚藥奉御員外特置仍同正員，自是員外官復有同正員者，其加同正員者，唯不給職田耳，其祿俸賜與正官同。

「同正」之官在武后以後漸多，如李抱玉於乾元二年遷「鴻臚卿員外置同正員」[121]李皋「天寶十一載嗣封（曹王），授都水使者，三遷至秘書少監，皆同正。」[122]中唐以後，內侍省宦官加「同正」者特多，墓誌碑傳及碑記題名中極易發現。

㈢員外：「員外」者正員之外加增之官也，約始於高宗時，《唐會要》卷六十七〈員外官〉：

永徽五年八月，蔣孝璋除尚藥奉御員外特置仍同正員，員外官自此始也。（原注：又顯慶五年五月，授廖紹文檢校書郎員外置同正員。又云：員外官自此始。未知孰是也）

神龍時，李嶠為吏部尚書，「奏置員外官數千人」，[123]玄宗時雖大減員外官，然而員外官仍繼續存在，貶官常以「員外」處之，如姚紹之貶為南陵令員外置，[124]羅希奭貶海東郡海唐尉員外置，[125]來瑱於「寶應二年正月貶播州縣尉員外置」。[126]然而玄宗以後，內侍省宦官人數大量增加，玄宗時宦官已四千人，德宗貞元十五年統計宦官共四千六百一十八人，而內侍省之編制不過五三七人，實際人數超過編制員額數倍，於是編制員額以外的宦官便以「員外」銜而任官了，[127]唐代宦官之碑誌及石刻題名中經常可見其官銜乃「員外」官。[128]「員外」並非正官，因此，其「俸祿減正官之半」。[129]

㈣勾當：唐制於皇帝不豫或臨崩之際，常令太子或諸王勾當軍國事，如順宗病，詔「其軍國政事宜令皇太子勾當」，[130]敬宗遇弒，「蘇佐明等矯制立絳王勾當軍國事」，[131]文宗不豫，「詔立親弟穎王瀍爲皇太帝，權勾當軍國事」，[132]此勾當實乃統攝之意。除此之外，臣下亦有以「勾當」任官之銜，如《新唐書》〈宰相表‧寶應元年〉「五月丙寅，（元）載行中書侍郎勾當轉運租庸支度使」，而《舊唐書》卷十一代宗紀寶應元年五月丙申則稱元載「充度支轉運使」，是則「勾當」與「充」實同。《新唐書》宰相表乾元二年十二月甲午「（呂）諲充勾當度支使」，又《通鑑》同年月日，「呂諲領度支使」，《舊唐書》卷一八五下〈呂諲傳〉則云：「兼充度支使」，《新唐書》卷一四〇〈呂諲傳〉則云「兼判度支」，則「勾當」又與「領」「判」相同。

㈤裏行：裏行乃是正員外以外之官，武后時設，劉餗撰《隋唐嘉話》中有一段記載：

武后初稱周，恐下心不安，乃令人自舉，供奉官正員外，多置裏行拾遺補闕御史符，至有車載斗量之詠。有御史臺令史將入室，值裏行御史數人聚立門內，令史下驢，衝過其間，諸御史大怒，將杖之，令史云：「今日之過，實在此驢，乞先數之，然後受罰。」御史許之，謂驢曰：「汝技藝可知，精神極鈍，何物驢畜，敢於御史裏行。」於是羞而止。

據此可見「裏行」乃是員外官之一種，本武后爲收撫人心而置，惟史料中以「裏行」繫官銜者不多見，武后以後，似仍有以「裏行」任官，至元和時，李虛中尚任西川觀察推官監察御史裏行。[133]

㈥版授：唐沿隋制，常以版授官授年高耋老，如顯慶五年二月曲赦并州及管內諸州，「有耋年八十以上版授刺史縣令」，三月詔皇后「鄉里故舊有耋城內及諸婦女年八十以上各版授郡君。」[134]麟德二年正月高宗封泰山，詔「諸老人百歲以上版授下州刺史，婦人郡君。」[135]景龍二年大赦，詔「天下婦人八十以上版授鄉縣郡等君。」三年十一月又大赦，「高年版授」[136]興元元年六月，以梁州爲興元府，鄭縣爲赤畿，「耆老與版授」，七月，德宗至鳳翔府，詔「耆壽侍老八十以上各與版授刺史，賜紫，其餘版授上佐，賜緋」[137]貞元二十一年正月德宗崩，順宗立，大赦，「百姓九十以上賜米二石，絹兩疋，版授上佐縣君，仍令本部長吏就家存問，百歲以上賜米五石，絹二疋，綿一屯，羊酒，版授下州刺史郡君。」[138]開元寺題刻中有「版授滑州刺史王懷寶」、「版授冀州長史彭處信」[139]版授官乃是君主對年高百姓之一種恩澤，[140]《唐律疏議》曰：「假版授官，不著令式，事關恩澤。」[141]版授既非正官，又不能問事，不過一種榮譽之虛銜而已。

三、唐代文官任用程序

唐代文官之任用必須先行取得任官資格，取得任官資格之途徑頗多，除考試外，尚可因封爵、帝后親戚、勳庸、資蔭等而取得任官資格，《舊唐書》卷四十三〈職官二〉：

凡敘階之法，有以封爵，有以親戚，有以勳庸，有以資蔭，有以秀孝，有以勞考。

其中「勞考」係已任官吏之升階，其他數項則為取得任官之資格，《唐會要》卷八十一〈階〉：

> 舊制，敘階之法，有以封爵，（原注：謂嗣王郡王，初出身從四品下敘，親王諸子封郡公者，從五品上，國公縣公侯及伯子男，遞減一等。）有以親戚，（原注：謂皇帝緦麻以上，及皇太后周親，正六品上敘，皇太后大功親，皇后周親，從六品上，皇帝袒免，皇太后小功緦麻，皇后大功，正七品上，皇后小功緦麻，皇太子妃周親，從七品上，外戚各依本服降二級敘，娶郡主，正六品上，娶縣主，正七品上，郡主子出身，從七品上，縣主子，從八品上敘。）有以勳庸，（原注：謂上柱國正六品上敘，柱國以下遞減一等。）有以資蔭，（原注：謂一品子，正七品上敘，至從三品子，遞降一等，四品五品各有正從之差，亦遞降一等，從五品並國公子，八品下敘，三品以上蔭曾孫，五品以上蔭孫，孫降子一等，曾孫降孫一等，贈官降正官一等，散官同職事，若三品帶勳官，即依勳官品，同職事蔭，四品降一等，五品降二等，郡縣公子准從五品，縣男以上子，降一等，勳官二品子，又降一等，二王後子孫，准正三品蔭。）有以秀孝，（原注：謂秀才上上第，正八品上敘，以下遞降一等，至中上第，從八品下，明經降秀才三等，進士明法甲第，從九品上，乙等降一等，若本蔭高，在秀才明經上第加本蔭，四階以下，遞降一等，明經通二經以上，每一經加一階，及官人通經者後敘加階亦如之，凡孝義旌表門閭者，出身從九品上敘。

以上僅為取得任官資格之常軌，其實，除封爵、帝后親戚、勳庸、資蔭、秀孝之外，任官之途徑尚多，分別說明如下：

1. 君主之寵任：唐代乃君主專制政治，任官大權最終操之於君主，因此，君主常由於個人之寵愛而授任官職，唐人認爲「若聖恩優異，差可與官」，[142]於是，君主自行任官之例甚多，如德宗「躬親庶政，中外除授，皆自攬。監察裏行淛東觀察判官趙傪，特授高陵縣令」，[143]王叔文「以碁待詔，粗知書，好言理道，德宗令直東宮。」[144]張嘉貞卒，玄宗召其子延賞「特拜左內率府兵曹參軍」，[145]李泌「恥隨常格仕進，天寶中，自嵩山上書論當世務，玄宗召見，令待詔翰林，仍東宮供奉。」[146]黎幹「始以善星緯數術進，待詔翰林。」[147]玄宗「開元中，有唐頻上《啓典》一百三十卷，穆元休上《洪範外傳》十卷，李鎮上《注史記》一百三十卷，《史記義林》二十卷，辛之諤上《敘訓》兩卷，長福上《續文選》三十卷，馮中庸上《政事錄》十卷，裴傑上《史漢異議》，高嶠上《注後漢書》九十五卷，如此者並量事授官，或霑賞賚。」[148]裴懷古「儀鳳中詣闕上書，授下邽主簿。」[149]

2. 流外：唐制「凡未入仕而吏京司者，復分爲九品，通謂之行署，其應選之人以其未入九流，故謂之流外銓。」[150]流外官「品秩卑微，誣告收坐，與白丁無異。」[151]甚受輕視，流外可晉升入九品，而正式任官，自流外而出身任官者人數不少，《文獻通考》卷三十五〈選舉八〉：

玄宗開元十七年國子祭酒楊瑒上言，省司奏限天下明經進士及第每年不過百人，竊見流外出身每歲二千餘人而明經進士不能居其什一，則是服勤道業之士不如胥吏之得任也。

流外出身人數雖多，但不爲美，流外出身者日後雖至高官，終自覺出身低微，張玄素出身流外（刑部令史），後入三品，太宗問其出身，「玄素將出閤門，殆不能移步，精爽頓進，色類死灰。」[152]可見流外出身之低賤如此。

3.輸財：輸財授官，自漢有之，唐代亦有其例，《文獻通考》卷三十五〈選舉八〉：

> 令文武職事三品以上給親事帳內，以六品七品子為親事，以八品九品子為帳內，歲納錢千五百，謂之品子課錢，凡捉錢品子無違負者，滿二百口，本屬以簿附朝集使上於考功、兵部，滿十歲，量文武授散官。
>
> 至德二年七月宣諭使侍御史鄭叔清奏承前諸使下召納錢物多給空名告身，雖假以官，賞其忠義……諸道士女道士僧尼如納錢，請準敕迴授餘人，並情願還俗授官勳邑號亦聽。……（原注：時屬幽寇內侮，天下多虞，軍用不充，權爲此制，尋即停罷）
>
> 元和十二年詔入粟助邊，古今通制，如聞定州側近，秋稼方登，念切救人，不同常例，有人能於定州納粟五百石者，放優出身，仍減三選，一千石者無官便授解褐官，有官者依資授官，二千石者超兩資。

嚴震「世爲田家，以財雄於鄉里，至德乾元以後，震屢出家財以助邊軍，授州長史、王府諮議參軍。」[153]即是輸財授官之例。

4.藩鎮奏授：中唐以後，藩鎮勢張，有自辟奏官之權，乃爲任官另闢一途徑。唐初定天下，任官甚易，[154]然而高宗武后之時仕途已甚擁擠，[155]玄宗以後藩鎮幕職遂成爲士人仕宦之一大出路，中唐以後，藩鎮對士人極爲重視，常禮遇士人，延爲幕職，符載曰：「今四方諸侯，裂王土，荷天爵，開蓮花之府者，凡五十餘鎮焉，以禮義相推，以賓佐相高。」[156]於是士人如在中央無法獲得官職，便投靠藩鎮，趙憬曰：「大凡才能之士，名位未達，多在方鎮。」[157]權德輿亦曰：「士君子之發令名沽善價，鮮不由四征從事進者。」[158]藩鎮得自辟幕職，奏請授官，於是不僅一些中進士明經之士人可至藩府任幕職，即無任官資格者亦可由藩鎮奏請中央授官，例如李藩「年四十餘，未仕，讀書揚州，困於自給，妻子怨尤之，晏如也，杜亞居守東都，以故人子，署爲從事。」[159]韋渠牟「初爲道士，復爲僧，興元中，韓滉鎮浙西，奏授試秘書郎，累轉四門博士。」[160]溫造「幼嗜學，不喜試吏，自負節槩，少所降志，隱居王屋，以漁釣逍遙爲事，壽州刺史張建封聞風致書幣招延，造欣然謂所親曰：『此可人也。』徙家從之。」[161]柳公綽爲山南東道節度使時，鄭朗覆落，公綽首辟朗。[162]李山甫於咸通中數舉進士，不第，乃往依魏博節度使樂彥禎任幕職，[163]魏邈未登第，爲河陽節度使所辟，隨逐戎幕。[164]劉密舉孝廉不中第，漢南節度使樊澤表爲試太常寺協律郎兼列職於轅門之內。[165]以上數例，均因藩鎮之辟召而取得任官資格與任官機會。

5.特徵：特徵之事自古有之，乃是由君主特別徵召並不經由一定常軌而任官，如元和元年九月，徵山人李渤爲左拾遺，不至。[166]陽城隱於中條山，「德宗令長安縣尉楊寧齎束帛詣夏縣所居而召之」，拜諫議大夫。[167]孔述隱於嵩山，代宗特徵之爲太常寺協律郎。[168]尚獻甫「善天文，初出家爲道士，則天時召見，起家拜太史令」，獻甫固辭，武后乃改太史局爲渾儀監，不隸秘書省，以獻甫爲渾儀監。[169]

6.薦舉：唐代常令中上級官吏薦舉人才，《唐大詔令》卷一〇二至一〇三載令舉薦之詔甚多，此種薦舉亦是士人任官途徑之一，薦舉之後，有時被薦者可直接予以任用，有時亦須加以考試、對策或訪以理術。唐代薦舉有時由詔書命令，另有定期的薦舉。[170]

7.制舉：制舉與貢舉不同，貢舉是經由州縣每歲依常科舉人，禮部依常科考試，制舉則不定期由君主自詔，由君主自定科目，由君主親臨策試，並無常科可循，《新唐書》卷四十四〈選舉志〉：

> 其天子自詔者曰制舉，所以待非常之才焉。
>
> 制舉者，其來遠矣，自漢以來，天子常稱制詔，道其所欲問而親策之。唐興，世崇儒學，雖其時君賢愚好惡不同，而樂善求賢之意未始少怠，故自京師外至州縣有司常選之士以時而舉，而天子又自詔四方德行才能文學之士，或高蹈幽隱，與其不能自達者，下至軍謀將略，翹關拔山，絕藝奇伎，莫不兼取，其為名目，隨其人主臨時所欲而列為定科者，如賢良方正、直言極諫、博通墳典達於教化、軍謀宏遠堪任將率、詳明政術可以理人之類，其名最著，而天子巡狩行幸封禪太山梁父，往往會見行在，其所以待之之禮甚優，而宏材偉論非常之人亦時出於其間，不為無得也。

制舉由君主親試，[171]制舉及第後其優等即由君主直接委任，其次則與出身，由吏部依格令選補（參閱《唐大詔令》卷一○六有關放制舉人各條）

以上所述爲取得任官資格之途徑，至於任官之程序，五品以上由宰臣擬議，呈皇帝批核，六品以下則文官由吏部，武官由兵部擬議，不過，皇帝定右之供奉官如起居、補闕、拾遺等及員外郎、御史等並不由吏部注擬，《通典》卷十五〈選舉三〉：

凡諸王及職事正三品以上若文武散官二品以上及都督、都護、上州刺史之在京師者冊授（原注：諸王及職事二品以上若文武散官一品，並臨軒冊授，其職事正三品散官二品以上及都督都護上州刺史並朝堂冊訖皆拜廟，冊用竹簡，書用漆），五品以上皆制授，六品以下守五品以上及視五品以上皆敕授。凡制敕授及冊拜皆宰司進擬，自六品以下旨授，其視品及流外官皆判補之。凡旨授官悉由於尚書，文官屬吏部，武官屬兵部，謂之詮選，唯員外郎、御史及供奉之官則否，（原注：供奉官若起居、補闕、拾遺之類，雖是六品以下官而皆敕授，不屬選司，開元四年始有此制。）

《舊唐書》卷四十二〈職官一〉：

五品以上，舊制吏部尚書進用，自隋以後，則中書門下知政事官訪擇聞奏，然後下制授之，三品以上，德高委重者亦有臨軒冊授，自神龍之後，冊禮廢而不用，朝庭命官，制敕而已，六品以上（按：應爲「下」之誤）吏部選擬錄奏書旨授之。

《陸宣公翰苑集》卷十七〈請許臺省長官舉薦屬吏狀〉：

> 國朝之制，庶官五品以上，制敕命之，六品以下，則並旨授，制敕所命者蓋宰相商議奏可而除拜之，旨授者蓋吏部銓材署職然後上言，詔旨但畫聞以從之而不可否者也。

五品以上既由宰相擬奏經皇帝任命，程序簡單，但六品以下由吏部注擬，則程序複雜。吏部掌任官之權者爲尚書與侍郎，號爲「三銓」，《冊府元龜》卷六二九〈銓選部・總序〉：

> 尚書掌其一，侍郎分其二，（原注：尚書所掌謂之尚書銓，侍郎所掌爲中銓，」爲東銓，各有印。）其尚書銓掌六品七品選，侍郎銓掌八品九品官選。

《通典》卷二十三〈職官五・吏部尚書〉：

> 貞觀以前，尚書掌五品選事，至景龍中，尚書掌七品以上選，侍郎掌八品以下選，至景雲元年宋璟為尚書，始通其選而分掌之，因為常例。

至開元十三年，玄宗宗以吏部選試不公，乃置十銓試人，以禮部尚書蘇頲、刑部尚書韋抗、工部尚書盧從愿、右常侍徐堅、御史中丞宇文融、朝集使蒲州刺史崔琳、魏州刺史崔沔、荊州長史韋虛心、鄭州刺史賈曾、懷州刺史王邱各掌一銓，吏部尚書、侍郎均不得參與詮舉之事，左庶子吳兢上書以爲十銓乃侵越，不可令吏部失職，於是，明年復以銓選歸吏部。172

赴吏部候選者有兩種人，一爲已有任官資格而尚未得官者，一爲罷任的官吏。吏部每年五月先頒「格」於州縣，「格」即是規定當年選人之資格，凡合資格者，可送吏部候選，十月到吏部，並需有保人，《新唐書》卷四十五〈選舉志〉：

> 每歲五月頒格于州縣，選人應格，則本屬或故任職選解，列其罷免善惡之狀，以十月會于省，過其時者不敘，其以時至者乃考其功過，同流者五五為聯，京官五人保之，一人識之，刑家之子、工賈異類及假名承偽、隱冒升降者有罰，文書粟錯隱倖者駮放之，非隱倖則不。

五月頒格於州縣，十月選人便須至中央，以當時疆土遼闊，交通不便，旅途費時甚多，因此選人赴京極爲匆促，貞觀二年，劉林甫爲吏部侍郎，「以選限既促，選司多不究悉，遂奏四時聽選，隨到注擬，當時以爲便」，然而「四時聽選，隨到注擬」，選人固然方便，吏部工作人員則須終年勞累。暇休無時，因此，至貞觀十九年十一月馬周爲吏部尚書，便請以十月一日赴省，三月三十日銓畢。開元二十一年正月二十二日吏部尚書裴光庭奏：「文武選人，承前三月三十日始畢，比團甲已至夏末，自今已後，並正月三十日內團甲，二月內畢。」裴光庭之新法在縮短選限，無疑使吏部工作人員加快速度處理銓選，此種加重工作自非吏部工作人員所願爲，因此，次年（開元二十一年）八月二十八日蕭嵩奏吏部選人請准舊例，至三月三十日團甲畢。[173]至開成二年擬將選限放寬，以利遠方選人，規定五月頒格改爲四月頒格，七月十五日各州府依格定留放，十二月十日到省試注唱，《冊府元龜》卷六三一〈銓選部・條制三〉：

> （開成二年）四月中書門下奏：天下之理，在能官人，古人以還，委重吏部，自循資授任，衡鏡失權，立格去留，簿書得計。比緣今年三月，選事方畢，四月以後，方修來年格文，五月頒下，及到地遠，已及秋期，今請起今月與下長格，所在州府，牓門曉示，其所資官取本

任黃衣本貫解，一千里內三月十日（按：似應爲「五月十日」）解到省，二千里，三千里遞加十日，並勒本州賫送選人發解訖，任各歸家，其年七月十五日齊於所住府看吏部長榜，定留放，其得留人並限其年十二月十日齊到省試注唱，正月內銓門開，永為定例。如其年合用闕少，選人文書無違犯可較，則於本色闕內先集選深人、年長人，其餘人既無闕，可集南曹，俱為判成，榜示所住州縣府，許次年取本住州府公驗，便依限赴集，更不重取本住本貫解。舊格已久，不便更改，事遂不行。

此次放寬選限之議未行，故仍按舊格行事。

選格頒後，如選人合於選格，則至州縣取選解，所謂選解即是解送之意，選解須有解狀，即合於選格者解送京師候選之文狀，文狀內列明履歷及任官情形，《冊府元龜》卷六二九〈銓選部・條制一〉唐制條內註文：

先時五月頒格於郡縣，示人科限而集之，初皆投狀於本郡或故任所，述罷免之繇，而上尚書省，限十月至省，乃考覈資序、郡縣鄉里名籍、父祖官名、內外族姻、年齡、形貌、優劣課最、譴負刑犯，必具焉。

如果履歷名籍不符，不准參加銓選，陳章甫與孫員外書中即言及之：

僕非敢隱籍名實，昨聞戶部檢報，似有參差。嗚呼！雖有周孔之才，無所施也。……至於傳說無姓，殷后致鹽梅之地，屠羊隱名，楚王延三旌之位，未聞徵籍也，范睢折脅於魏，改名為張祿先生，秦用之為相，張良報仇，變名姓而亡，漢祖因之實取天下，何必考名也。是知善收賢者不以小瑕棄大美，今苟以籍名有誤，便廢其人，僕恐蔽賢之議，在有司矣。夫籍者，所以編戶口、計租稅耳，本防群小，不約賢路，若人有大才，不可以籍棄，苟亡其德，雖籍何為。……且古之招賢，降蒲輪束帛，卑辭厚禮，猶恐不來，今乃坐徵籍書，務在駮放，此所謂嫉賢也。（《全唐文》卷三七三，陳章甫〈與吏部孫員外書〉）

解狀內除履歷外，任官考績爲重要之記載，作爲論選之依據。

唐吏部分爲四司：吏部、司勳、司封、考功。《舊唐書》卷四十三〈職官二・吏部〉：

員外郎一人，掌判南曹（原注：曹在選曹之南，故謂之南曹。）每歲選人有解狀、簿書、資歷、考課，必由之，以覈其實，乃上三詮，其三詮進甲則署焉。

可見南曹乃是選人之第一關，解狀先送南曹檢驗，南曹即是選院而非選曹，《唐六典》卷二：「員外郎一人掌選院，謂之南曹。」選曹則爲三銓。南曹（選院）之置始於開元二十八年，《唐會要》卷七十四〈吏曹條例〉：

（開元）二十八年八月，以考功貢院地置吏部南院，以置選人文書，或謂之選院，其選院本銓之內，至是移出之。

所謂選人文書即選人之履歷、考績等檔案，選人至京後，即攜解狀至南曹，南曹據所存之人事檔案與解狀對比勘驗，如無差誤僞冒，即可送選，所謂「乃上三銓」是也。

三銓由吏部尚書與二侍郎分主之，尚書稱尚書銓，掌六品、七品選事，侍郎二人，稱東銓與中銓，分掌八品、九品選事，景雲初，宋璟爲吏部尚書，始通其品員而分掌之，遂爲常例。

三銓取人之標準爲身、言、書、判四事，《新唐書》卷四十五〈選舉志〉：

凡擇人之法有四：一曰身，體貌豐偉，二曰言，言辭辯正，三曰書，楷法遒美，四曰判，文理優長，四事皆可取，則先德行，德均以才，才均以勞，得者為留，不得者為放。五品以上不試，上其名中書門下，六品以下始集而試，觀其書判，已試而詮，察其身言。

身言書判四事，身是儀表，言是談吐，均爲口試，書爲楷法，判爲文理。四事中，書判在先，身言在後，因此書判更爲重要，書判中，判是最正式之筆談，《唐六典》卷二〈吏部尚書〉註文：

每試判之日，皆平明集於試場，試官親送，侍郎出問目，試判兩道，或有名（原注：名恐當作以）學士考為等第，或試雜文，以收其俊乂。

書判既爲任官之必試科目，因此唐人無不工楷法，無不習判語，而判中之龍筋鳳髓判與白樂天甲乙判最爲著名。[174]《全唐文》中所載之判甚多，大抵原用實際案例，其後漸用經義。

三銓中，考判既最重要，於是吏部三銓之後，有時朝廷臨時擇官若干員考覆之，以定等第，《全唐文》卷三九〇，獨孤及〈唐故朝議大夫高平郡別駕權公神道碑銘〉：

初，選部舊制，每歲孟冬，以書判選多士。至開元十八年乃擇公廉無私工於文者考校甲乙丙丁科，以辨論其品，是歲，公受詔與徐安貞，王敬從，吳鞏、裴朏、李宙、張烜等十學士參焉，凡所升奬，皆當時才彥。考判之日由此始也。

以他官考判，開元末天寶初仍然，開元末苗晉卿知吏部選事，「每年兼命他官有識者同考定書判」175及齊抗爲相，罷以他官覆考判，《唐會要》卷七十四〈吏曹條例〉：

（貞元）二十三年五月，齊抗以太常卿代鄭餘慶為中書侍郎平章事。176先時，每歲吏部選人試判，別奏官考覆，第其上下，既考，中書門下覆定，寖以為例。抗為相，乃奏言吏部尚書已是朝廷精選，不宜別差考官重覆，其年他官考判訖，俾吏部侍郎自覆，明年，遂不置考判官，蓋因抗所論奏也。

至元和七年十一月又詔考官考科目人，《舊唐書》卷十五〈憲宗紀下．元和七年十一月〉：

戊寅，吏部尚書鄭餘慶請復置吏部考官三員，吏部郎中楊於陵執奏以為不便，乃詔考官韋顗等三人祇考及第科目人，其餘吏部侍郎自定。

又《舊唐書》卷一六四〈楊於陵傳〉：

初，吏部試判，別差考判官三人，校能否，元和初罷之，（註文：按〈苗晉卿傳〉，當爲貞元末）（元和）七年，吏部尚書鄭餘慶以疾請告，乃復置考判官，以兵部員外郎韋顗、屯田員外張仲素、太學博士陸亙等為之，於陵自東都來，言曰：「本司考判，自當公心，非次置官，不知曹內公事，考官祇論判之能否，不計闕員，本司祇計員闕幾何，定其留放，置官不便。」宰執以已置，顗等祇令考科目選人，其餘常調委本司自考。

試判入第登科，謂之「入等」，甚拙者謂之「藍縷」。[177]

三銓既畢，而後注官，注官之程序先由吏部擬其官，然後徵求選人之同意，選人如不同意，可由吏部另擬，如又不同意，可由吏部第三度擬官，如選人又不同意，則等候冬集，如同意吏部所擬之官，則列入考第表，報告尚書僕射，轉門下省，門下省審查後如認爲不合便可駁下，如果審查通過，便奏呈皇帝給旨任命，任命狀即所謂「告身」是也。《通典》卷十五〈選舉五〉：

> 已銓而注，詢其便利而擬其官，已注而唱示之，不厭者得反通其辭，他日更其官而告之如之，又不厭者亦如之，三唱而不厭，聽冬集，厭者以類相從，攢之為甲，先簡僕射，乃上門下省，給事中讀之，黃門侍郎省之，侍中審之，不審者皆得駁下，既審然後上聞，主者受旨而奉行焉，各給以符而印其上，謂之告身，其文曰：「尚書吏部告身之印」。自出身之人至於公卿皆給之。

擬官之時大多盡量給予選人方便，故多以近家鄉爲宜，否則人便以爲怪，如唐皎爲吏部侍郎，「嘗引人詮問何方便穩，或云其家在蜀，乃注與吳，復有云親老先任江南，即唱之隴右，論者莫能測其意。」[178]吏部擬注之官既得選人同意後，門下省予以審查，[179]謂之「過官」，[180]《文獻通考》卷三十七〈選舉十〉：

> 故事必三銓三注三唱而後擬官，季春始畢，乃過門下省。楊國忠以右相兼吏部尚書，建議選人視官資書判狀迹功優，宜對眾定留放，乃先遣密吏，密定員闕，一日，會左相及諸司長官

於都堂注唱，以誇神速，或於宅中引注虢國姊妹垂簾觀之，或有老醜者指名以為笑，士大夫遭詬恥。故事兵吏部注官訖，於門下過侍中、給事中，省不過者謂之退量，國忠注官，呼左相陳希烈於坐隅，給事中列於前，曰：「既對注擬，即是過門下了。」侍郎韋見素、張倚皆衣紫，與本曹郎官藩屏外排比案牘，趨走諮事，國忠顧謂簾中曰：「兩個紫袍主事何如？」楊氏大噱。

《通鑑》亦載此事，《通鑑》卷二一六天寶十二載：

春，正月壬戌，國忠召左相陳希烈及給事中、諸司長官，皆集尚書都堂，唱注選人，一日而畢，曰：「今佐相、給事中俱在座，已過門下矣。」其間資格差繆甚眾，無敢言者，於是門下不復過官，侍郎但掌試判而已。

以上所論係「常選」，唐制，每年選人眾多，而官闕不多，於是官吏罷官後須候下一次任官機會，但罷官至下一次任官之間究竟應等候幾年，視其官品及功過而異，《新唐書》卷四十五〈選舉志〉：

凡一歲為一選，自一選至十二選，視官品高下以定其數，因其功過而增損之。

每一官員罷任後須候若干選，但所候之選數各人不同，且可以減少選數以提前任官，關於減選之例甚多，任舉數例如下：

（開元）十七年三月敕：邊遠判官，多有老弱，宜令吏部於每年選人內，簡擇強幹堪邊任者，隨缺補授，秩滿，量減三兩選與留，仍加優獎。（《唐會要》卷七十五〈選部雜處置〉）。

文宗大和元年正月山陵使奏：伏以景陵光陵以來，諸司諸使所差補押當及雜職掌等官皆據舊例，合得減選，其中有無選可減者，便放非時選，吏曹緣是承優放選，例多判成，有過格年深，身名踰濫，赴常選不得者，多求減選職掌，圖得非時集，因緣優敕，成此倖門，其吏曹為弊頗甚，今請應差前資官充職掌，並不得取選數已過格人，庶絕奸冒。敕旨依奏。（《冊府元龜》卷六三一）

貞元二年六月詔……其明經舉人有能習律一部以代《爾雅》者，如帖義俱通，於本色減兩選。（《冊府元龜》卷六四〇）

唐初，吏部注官多視才能，於是許多才能不足者須長期候選仍無法得官，開元十八年裴光庭爲吏部尚書，遂作循資格，罷官滿一定年數即可任官，不必顧及才能，《冊府元龜》卷六三〇〈銓選部・條制二〉：

（開元）十八年四月侍中裴光庭以選人既廣常限，或由出身二十餘年而不獲祿者，復作循資格。定為限域，凡官罷滿，以若干選而集，各有差等，卑官多選，高官少選，賢愚一貫，必合乎格者乃得銓授，自下昇上，限年躡級，不得踰越，久淹不收者皆荷之，謂之聖書，雖小有常規，而求財（才）之方失矣。其有異才高行，聽擢不次，然有其制而無其事，有司但守文奉式循欲壓例而已。

裴光庭之循資格固較公平，但也使得賢愚同等，才拙不分，使「久淹不收」的無才者讚爲「聖書」，失去選才擇能的任官原意，所以，裴光庭卒，蕭嵩爲中書令，於開元二十一年即奏廢止裴光庭之循資格。[181]

除了選滿注官之常選外，尚有「科目選」。所謂科目選，據《通典》卷十五〈選舉三〉：

（貞元）五年五月敕：自今以後，諸色人中有習三禮者，前資及出身人，依科目選例，吏部考試，白身依貢舉例，禮部考試。

可知科目選與貢舉相對等，貢舉之應試者爲普通平民，科目選爲已有出身者（如進士及第）與曾任官而罷（前資）者。科目選之目的在拔擢人才，低級官員由於選數過多，等候年數太久，許多有才能者可以不及選數而應科目選，《通典》卷十七：

為官擇人，唯人是待，今選司並格之以年數，合格者判雖下劣，一切皆收，如未合格而應科目選，纔有小疵，莫不見棄。

可見科目選頗爲嚴格，不易通過。

除科目選外，尚有宏詞與拔萃，《通典》卷十五：

選人有格限未至而能試文三篇，謂之宏詞，試判三條，謂之拔萃，亦曰超絕。

宏詞、拔萃與科目選均爲選限未至者而設，其差別乃在考試內容之差異，宏詞考試重在試文，拔萃考試重在試判，而科目選考試重在試經。

在吏部任官程序中，有不經過上述程序而得官者，如「斜封墨敕」即是不經吏部注擬、門下過官、皇帝旨授之程序。所謂斜封，《舊唐書》卷七〈睿宗紀・景雲元年八月〉：

先是中宗時，官爵渝濫，因依妃主墨敕而授官，謂之斜封。

墨敕乃是與赤牒相對之稱，《新唐書》卷一〇六劉祥道傳：「始天下初定，州府及詔使以赤牒授官。」吏部注官之狀應是赤寫，門下省駁覆以墨塗之，《唐會要》卷五十四〈中書省〉：

（建中）四年六月……又准開元十九年四月敕，應加階並授及勳封甲，並諸色闕等進畫，出至門下省重加詳覆駁正者，宜便注簿，落下以墨塗訖，仍於甲上具注事由牒中書省。

斜封墨敕均不經正式任官程序，因此斜封墨敕之官均非正員官。

此外，尚有流外選，流外官之選任稱爲流外選，亦稱流外銓，《唐六典》卷二〈吏部尚書〉：

郎中一人，掌小選，凡未入仕而吏京司者，復分為九品，通謂之行署，其應選之人以其未入九流，故謂之流外銓。

流外銓亦稱小銓，[182]參與流外銓者以京師諸吏爲主，此外，下列三種身份者亦可參與：一、正官六品以下九品以上之子，二、州縣佐吏，三、庶人經本州檢勘者。流外選不必過門下省，亦不由皇帝旨授，而逕由吏部判補之。[183]

一般銓選均在京師進行，然而有時中央亦派員至地方辦理詮選，其最著者即爲東都選與南選。就理論上言，唐代官員之任命無論是中央官或地方官均由中央任命，然而，疆域遼闊，交通不便，爲了適應選人之方便，乃有東都選與南選之制置，不過東都選與南選並非常置，乃視實際需要而決定，或置或停，因時制宜。184

東都選約始於貞觀元年，該年京師米貴，分人於洛州置選。至永徽元年兩都置選，東都選乃成爲較固定之形式。至大曆十二年停，《唐會要》卷七十五〈東都選〉：

> 貞觀元年，京師米貴，始分人于洛州置選。
>
> 永徽元年，始置兩都選，禮部侍郎官號皆以兩都為名，每歲兩地別放及第，自大曆十二年，停東都舉，是後不置。

實際上東都選事在大曆十二年後仍有，如上引同書同卷，元和二年九月詔東都留守趙宗儒權知吏部，令掌東都選事，大和二年九月敕河南尹王播權知東都選事。

南選係派人至南方行詮選之事，南選之區域一爲黔中，一爲嶺南。南選始於高宗時，《新唐書》卷四十五〈選舉志〉：

> 高宗上元二年，以嶺南五管、黔中都督府即任土人而官，或非其才，乃遣郎官御史為選補使，謂之南選。

南選一般是四年一行之，《冊府元龜》卷六二九：

> 以京官五品以上一人充使就補，御史一人監之，四歲一往，謂之南選。

《舊唐書》卷五，高宗紀則以上元三年八月壬寅置南選使，「簡補廣交黔等州官吏」，《唐會要》卷七十五〈南選〉：

上元三年八月七日敕，桂廣交黔等州都督府，比來所奏擬土人首領，任官簡擇，未甚得所，自今以後，宜准舊制，四年一度，差強明清正五品以上官，充使選補，仍令御史同往注擬，其有應任五品以上官者，委使人共所管督府，相知具條景行藝能政術堪稱所職之狀奏聞。

南選往往時停時辦，其目的乃在就地取才，選補使代表中央給予任管。除黔中、嶺南之外，江南、福建、淮南如遇水旱災時，也仿照南選之例，派選補使前往辦理詮選，不過，江南、福建、淮南等地是偶一爲之，不似南選之成爲定制。185

四、唐代任官的限制

唐代任官有若干限制，但這些限制並非有系統之規定，而是零星散見於各種史料中，茲分別說明如下：

㈠出身的限制：唐人任官甚重出身，出身種類繁多，不過，對流外出身者似乎特別歧視，流外官地位卑賤，縱使升入九品，亦受人輕視。貞觀年間，由於入仕人數不多，流外出身者亦有機會晉升高官，如張玄素即以流外出身而至三品官，186然而，自高宗以後，入仕人數大增，對流外出身者之任官遂大加限制，例如有許多官職限制流外出身及視品官出身者擔任，《冊府元龜》卷六二九〈銓選部・條制一〉：（《唐會要》卷七十五〈選部雜處置〉，略同）

> （神功元年）閏十月二十五日敕，八寺丞、九寺主簿、三監丞傳、城門符寶郎、通事舍人、大理司直、評事、左右衛千牛衛金吾衛左右率府羽林衛長史直長，太子通事舍人、親王掾屬、判司、參軍、京兆河南太守、判司、赤丞簿尉、御史臺主簿、較書、正字、詹事主簿、協律、奉禮、太祝等。出身入仕，既有殊途，望秩常班，須從甄異，其有從流外及視品官出身者，不得任前任官。其中書主事、門下錄事、尚書都事七品官中，亦為緊要，一例不許，頗乖勸獎，其考詞有清幹景行、吏用文理者，選日揀擇，取歷十六年以上者聽量擬左右金吾長史及寺監丞。

流外出身及勳官品子皆不得任清資要官，亦不得進階升入三品。[187]按所謂清資要官，唐代有清望官與清官之稱，《舊唐書》卷四十二〈職官一〉：

> 以三品以下（《唐六典》作「三品以上」）官及門下中書侍郎、尚書、左右丞、諸司侍郎、太常少卿、太子少詹事、左右庶子、秘書少監、國子司業為清望官。太子左右諭德、左右衛、左右千牛衛、中郎將（以上四品）、諫議大夫、御史中丞、給事中、中書舍人、太子中允、中舍人、左右贊善大夫、洗馬、國子博士、尚書諸司郎中、秘書丞、著作郎、太常丞、左右衛郎將、左右衛率府郎將，（以上五品）起居郎、起居舍人、太子司議郎、尚書諸司員

外郎、太子舍人、侍御史、秘書郎、著作佐郎、太學博士、詹事丞、太子文學、國子助教（以上六品）、左右補闕、殿中侍御史、太常博士、四門博士、詹事司直、太學助教、（以上七品）左右拾遺、監察御史、四門助教（以上八品）為清官。

清望官及清官占盡了中央政府重要的官職，流外及勳官品子出身者不能任清望官及清官，幾乎失去了在政治上升入重要階層的機會。至於流外出身不許入三品的限制，張鷟撰《朝野僉載》中記載了一段故事：

周張衡、令史出身，位至四品，加一階，合入三品，已團甲，因退朝，路旁見蒸餅新熟，遂市其一，馬上食之，被御史彈奏，則天乃降敕：「流外出身不許入三品。」遂落甲。

至大曆十四年又限制流外出身者不得任刺史、縣令、錄事參軍等職，《唐會要》卷五十八〈吏部尚書〉：

大曆十四年七月十九日敕：流外出身人，今後勿授刺史、縣令、錄事參軍，諸軍諸使亦不得奏請。

流外出身者任官之限制極多，可任之官不多，出路甚狹，因此，流外出身者對於其可任之官職亦盡量把持，不令進士、明經等出身者奪去，封氏聞見記中即有一段流外出身者力保其能任官職不被奪去之記載：

開元中，河東薛據自恃才名，于吏部參選，請授萬年縣錄事，吏曹不敢注，以諮執政，將許之矣，諸流外共見宰相訴云：「醞泉丞等三官皆流外之職，已被士人奪卻，惟有赤縣錄事是某等清要，今又被進士欲奪，則某等一色之人無措手足矣。」于是遂罷。（《封氏聞見記》卷三〈詮曹〉）

㈡經歷之限制：即限制凡未任某甲類官者不得任乙類官，或某官未經一定期限不得改任他官。例如玄宗開元十一年四月十五日敕：「要官兒子，少年未經事者，不得作縣官親民。」[188]玄宗又規定「凡官不歷州縣者不擬臺省。」[189]宣宗令諫議大夫、給事中、中書舍人等官，凡未曾任刺史、縣令、或在任有贓累者，宰臣不得擬議授任，[190]大理評事一職之任命亦有限制，《唐會要》卷七十五〈選部・雜處置〉：

大理評事，緣朝要子弟中，有未歷望畿縣，便授此官，既不守文，又未經事，自今以後，有此色及朝要至親，並不得注擬。

對於進士及第初任官至改官之年數亦有限制，未及規定之期限不能轉任他官或兼他官，《冊府元龜》中有下列兩段記載：

（大和）九年十二月，中書門下奏……進士及第後三年任選，委吏部依資盡補州府參軍、緊縣簿尉，官滿之後，來年許選，三考後聽諸使府奏用，便入協律郎、四衛佐，未滿三考，不在奏改限。（《冊府元龜》卷六四一〈貢舉部・條制三〉）

（會昌）二年四月制：准大和九年十二月十八日敕，進士初合格，並令授諸州府參軍及緊縣尉，未經兩考，不許奏職。蓋以科第之人，必弘理化，黎元之弊，欲使諳詳，近者諸州長吏漸不遵承，雖注縣官，多靡使職，苟從知己，不念蒸人，流例寖成，供費不少，況去年選格，更改新條，許本郡奏官便當府充職，一人從事，兩請料錢，虛名吏曹正員，不親本任公事，其進士應至合選年，許諸道依資奏授試官充職，如奏授州縣官即不在兼職之限。（《冊府元龜》卷六三二〈銓選部・條制四〉）

㈢籍貫之限制：任官而受籍貫之限制，漢代已有，唐代亦然，唐制，除少數例外，州縣官不能由本地人擔任[191]《冊府元龜》卷六三〇〈銓選部・條制二〉：

永泰元年七月詔：不許百姓任本貫州縣官及本貫鄰縣官，京兆河南府不在此限。

《唐會要》卷七十五〈選部・雜處置〉：

咸亨三年正月十八日，許雍洛二州人任本郡官。

咸亨三年之規定正是永泰元年詔書之說明，除特許之少數地方外，不得任其本籍之州縣官。

㈣年齡之限制：唐代任官之年齡限制不甚明確，蕭嵩云：「凡人三十始可出身，四十乃得從事。」[192]《通典》卷十七〈選人條例〉亦云：「諸合授正員官人年未滿三十者，請授無職事京官及外州府參軍，不得授職事官。」似乎任官有年齡之限制，然而，所謂「凡人三十始可出身」及未滿三十歲「不得授職事官」，是否事實，頗可懷疑，蓋唐制二十一歲爲丁，而年十八即可授田，[193]應試任官恐不必候至三十歲始有資格，如李聽「七歲以蔭授太常寺協律郎，常入公署，吏胥小之，不爲致敬，聽令鞭之見血。」[194]陸贄「年十八，登進士第，以博學宏詞登科，授華州鄭縣尉。」[195]李吉甫「年二十七，爲太常博士。」[196]柳公綽「年十八，應制舉，登賢良方正直言極諫科，授秘書省校書郎，貞元元年也。貞元四年，復應制舉，再登賢良方正科，時年二十一，制出授渭南尉。」[197]元稹「九歲能屬文，十五兩經擢第，二十四調判入第四等，授秘書省校書郎，二十八應制舉才識兼茂明於體用科，登第者十八人，稹爲第一，元和元年四月也，制下除右拾遺。」[198]以上諸人皆在三十歲以前取得出身且任中央之職事官，則似乎唐代任官又無年齡之限制。總之，唐代任官有無年齡之限制應予存疑。

(五)親族之迴避：唐代任官有親族迴避之規定，《唐六典》卷二〈吏部尚書〉：

> 凡同司聯事及勾檢之官皆不得注大功以上親。

即凡職責相連或監臨檢察之官職，有親族迴避之制，如李德裕「元和初，以父再秉國鈞，避嫌不仕臺省。」[199]獨孤郁「遷起居郎，權德輿作相，郁以婦公辭內職。」[200]獨孤郁之辭起居郎，舊紀稱乃「避嫌也」。[201]宰相之子不得任諫官，即是親族迴避，如杜佑任宰相，其子從郁即不得任諫官，《舊唐書》卷一四七〈杜從郁傳〉：

> 元和初，轉左補闕。諫官崔群、韋貫之、獨孤郁等以從郁宰相子，不合為諫官。乃降授左拾遺，群等復執曰：「拾遺之與補闕，雖資品有殊，皆名諫列，父為宰相，子為諫官，若政有得失，不可使子論父。」乃改為秘書丞。

親族迴避之例，唐初似較嚴，如唐初張文琮、文瓘兄弟之同省迴避，《舊唐書》卷八十五〈張文瓘傳〉：

> 貞觀初，舉明經……累遷水部員外郎，時兄文琮為戶部侍郎，舊制：兄弟不許並居臺閣，遂出為雲陽令。

按水部員外郎屬工部，並非屬吏部，張文瓘便須迴避，則唐初有同省迴避之制，及元和末，同省迴避之制予以放寬，規定非連判及勾檢之官並官長不必迴避，《舊唐書》卷十五〈憲宗紀・元和十三年八月〉：

> 乙亥，敕：應同司官有大功以上親者，但非連判及勾檢之官並官長，則不在迴避改換之限。時刑部員外郎楊嗣復以父於陵除戶部侍郎，遂以近例避嫌，請出者，不從，因有是敕。

以楊嗣復與張文瓘二事相比。可見中唐以後親族迴避之範圍較唐初為小，趙翼《陔餘叢考》卷二十七，「親族迴避」條：

> 唐書賈敦頤為瀛州刺史，弟敦實為饒陽令，舊制，大功之嫌不連官，朝廷以其治行相高，故不徙，以示寵。此以其治行特破成例，則親族迴避之例自嚴也。楊於陵為戶部侍郎，其子嗣復遷禮部員外郎，以父子同省，乞換他官，詔同司親大功以上非連判勾檢官長皆勿避。官同職異，雖父子兄弟無嫌（原注：時各部同一尚書省，故云同省），此又于應迴避之中稍示區別，職事不相統攝者不必避也。韋抗為御史兼按察京畿，弟拯方為萬年令，兄弟領本部，時以為

榮。此雖職相統攝，然或以按察係暫時差遣，非久任者故爾。

總之，雖迴避之寬嚴因時而異，但親族迴避乃唐代任官之一種限制。

㈥名諱之限制：唐人極重避名諱，洪邁《容齋續筆》卷十一，「唐人避諱」條：

唐人避家諱甚嚴，固有出於禮律之外者。李賀應進士舉，忌之者斥其父名晉肅，以晉與進字同音，賀遂不敢試。韓文公作諱辯，論之至切，不能解眾惑也，《舊唐史》至謂韓公此文為文章之紕繆者，則一時橫議可知矣，杜子美有〈送李二十九弟晉肅入蜀詩〉，蓋其人云。

至於任官，凡府號官稱有犯祖，父名者不得任該官府該官職，否則即是犯法，徒一年。《唐律疏議》卷三〈名例三〉：

諸府號官犯稱父祖名而冒榮居之。

《疏議》曰：府號者，謂省臺府寺之類，官稱者，謂尚書將軍卿監之類。假有人父祖名常，不得任太常之官，父祖名卿，亦不合任卿職，若有受此任者，是謂冒榮居之。選司唯責三代官名，若犯高祖名者非。

又《唐律疏議》卷十〈職制中〉：

諸府號官稱，犯祖父名而冒榮居之……徒一年。

《疏議》曰：府有正號，官有名稱，府號者假若父名衛，不得於諸衛任官，或祖名安，不得任長安縣職之類；官稱者或父名軍，不得將軍，或祖名卿，不得居卿任之類，皆須自言，不得輒受，其有貪榮昧進，冒居此官……，各合處徒一年。

源乾曜於開元十七年遷太子少師，以祖名「師」，固辭太子少師，乃改太子少傅，[202]即是其例。

㈦工商之限制：古代以工商爲末，故特輕視工商業者，隋文帝開皇七年制：「諸州歲貢三人，工商不得入仕。」[203]唐仍遵隋制，規定「凡官人身及同居大功以上親，自執工商，家專其業，皆不得入仕。」[204]唐太宗謂房玄齡曰：「朕設此官員以待賢士，工商雜色之流，假令術踰儕類，止可厚給財物，必不可超授官秩，與朝賢君子比肩而立，同坐而食。」[205]可見唐代限制工商之入仕任官。

㈧親喪不得求仕：唐制，親喪未滿期不得任官，若求仕，有罪。據《唐律》，父母之喪以二十七月爲期，二十五月內是正喪，若釋服求仕，即當不孝，合徒三年，其二十五月外，二十七月內，是禫制未除，此中求仕，名爲冒哀，合徒一年。[206]因此，在親喪二十七個月內禁止任官。

㈨伎術官之限制：伎術官掌理天文、音樂、醫藥、陰陽卜筮等官，隸屬於秘書、殿中、太常、太僕等官署，如秘書省之司天臺掌天文曆數，殿中監之尚藥局掌醫藥，太常寺之太樂署掌鍾律、鼓吹署掌鼓吹、太醫署掌醫療、太卜署掌卜筮，太僕寺之乘黃署、典廄署、典牧署掌畜牧獸醫，均屬伎術官，唐人對伎術官甚爲輕視，因此，伎術官規定只能在本司任用，不得外敘，除非任職年久，始得外敘，《唐六典》卷二：

凡伎術之官皆本司銓注訖，吏部承以附甲焉。（原注：謂秘書、殿中、太僕寺等伎術之官，唯得本司遷轉，不得外敘，若本司無闕者，聽授散官，有闕先授。若再經考滿，亦聽外敘。）

然而，伎術官由於受到輕視，要想外敘並不容易，神功元年閏十月的詔令中不僅可以看出對伎術官之卑視，而且明白限制伎術官外敘：

> 量才受職，自有條流，常秩清班，非無差等，比來諸色伎術，因榮得官，及其升遷，改從餘仕，遂使器用紕繆，職務乖違，不合禮經，事須改轍，自今本色出身，解天文者進轉官不得過太令史，音樂者不得過太樂、鼓吹署令，醫術者不得過尚藥奉御，陰陽卜筮者不得過司膳寺諸署令。（《唐大詔令集》卷一〇〇〈釐革伎術官制〉）

不過，伎術官人數眾多，如果嚴格禁止外敘，則伎術之官職有限而伎術求仕之人數無窮，舊人不得出，新人不能進，必造成擁塞，於是，玄宗天寶末吏部奏準伎術官於本局置員外，[207]以解決伎術入官人數眾多之困難。

㈩對罪犯之限制：罪犯在刑期滿後，有時仍禁止任官或禁任某種官職。在各種罪犯中，贓犯常有禁止再任官之規定，如大和七年五月二十五日中書門下奏請「犯贓官永不齒錄」，詔旨從之，[208]大中元年詔令在任有贓累者，宰臣不得擬議任諫議大夫，給事中、中書舍人等官。[209]唐代伎術官受到輕視，伎術官犯罪停職者即不敘用。[210]凡犯流罪免官者，至六載然而聽仕，即本犯不應流而特配流者，三載以後聽仕。[211]甚至對於隋代奸臣叛逆之子孫亦禁止任官，觀下列兩詔令可知：

宇文化及弟智及、司馬德戡、裴虔通、孟康、元禮、楊覽、唐奉義、牛方裕、元敏、薛良、馬舉、元武達、李孝本、李孝質、張愷、許弘仁、令狐行達、席德芳、李覆等，大業季年，咸居列職，或恩結累世，任重一時，乃苞藏凶慝，罔思忠義，爰在江都，遂行弒逆、罪百閻趙，釁深梟獍，雖事是前代，歲月已久，而天下之惡，古今同棄，宜從重典，以勵臣節，其子及孫，並宜禁錮，勿令齒敘。（《唐大詔令集》卷一一四，禁錮隋朝弒逆子孫詔，時貞觀七年正月）隋尚書令楊素昔在本朝，早荷殊遇，稟凶邪之德，懷諂佞之才，惑亂君上，離間骨肉，搖動冢嫡，寧唯掘蠱之禍，誘扇後主，卒成請蹯之釁，隋室喪亡，蓋唯多僻，究其萌兆，職此之由，生為不忠之人，死為不義之鬼，身雖倖免，子竟族誅，斯則奸逆之謀，是其庭訓，險薄之行，遂成門風，刑戮雖加，枝胤仍在，豈可復隨近侍，齒列朝行，朕接統百王，恭臨四海，上嘉賢佐，下惡賊臣，常欲從容於萬幾之餘，褒貶於千載之外，況年代未遠，耳目所存者乎，其楊素及兄弟子孫以下，不得令任京官及侍衛。（《唐大詔令集》卷一一四〈楊素子孫不得任京官敕〉，時聖曆三年五月）

以上兩詔所限制任官之對象乃是隋代罪犯之子孫，確是「褒貶於千載之外」，然而在提倡忠君觀念之下，此項限制前代罪犯子孫任官之規定亦無可厚非。

㈩健康情形之限制：個人身體之健康情形與任官關係，史籍中無明確之規定，然《唐六典》卷二稱：「風疾使酒，不得任侍奉之官。」則部分官職亦須顧及健康情形。

㈩員外官之限制：中宗時濫授員外官，使政府官員數目大量膨脹，虛耗國帑，也使得名器浮濫，官失其尊貴，因此，玄宗限制員外官之濫授，《唐會要》卷六十七〈員外官〉：

開元二年五月三日敕：諸色員外、試、檢校官，除皇親及諸親五品以上，並戰陣要籍內侍省以外，一切總停，至冬放選，量狀跡書判正員官，起今以後，戰攻以外，非別敕，不得輒注擬員外官。

十九年正月十九日京兆尹裴次元奏曰：神州務劇，官僚先多，更置員外試官，於事頗為繁冗，京縣近有此色，天恩已令即停，猶恐選曹更有注擬，望請當府及京畿等縣，自今以後，一切不置員外試官。

二十二年二月十六日敕：應員外官所司注擬，上州不得過四人，中州三人，下州及上縣各二人，中縣下縣各一人。

（天寶）七載正月二十二日敕：內外六品以下員外官至考滿日，一切並停，各依選例，自今以後，更不得注擬，其皇親幼小及諸色承優授官、軍功、伎術、內侍省、左右龍武軍，並諸蕃官等，不在此例。

玄宗時詔令一再限制員外官之任命，但事實上經安史之亂以後，員外官仍然甚多。

㈪對要官子弟之限制：唐有門蔭之制，要官子弟任官甚易，要官子弟出身貴家，未必有才幹，尤其年少未經事者更不可信其有治人之才，因此，唐代限制要官子弟任州縣官，《冊府元龜》卷六三〇〈銓選部・條制二〉：

（開元）十一年四月十五日敕：要官兒子少年未經事者不得作縣官親民。

《唐會要》卷七十五〈選部・雜處置〉：

（大歷）十二年五月敕：見任中書門下兩省五品以上、尚書省三品以上子孫各授官者，一切擬京官，不得擬州縣官。

在諸州縣官中，京兆判司、畿赤縣官最受注目，因爲京兆畿赤不僅地位重要，乃地方政府中之首善，而且與中央政府連接，中央權要最易干預京兆畿赤，因此，詔令一再明示要官子弟不許任京兆判司、畿赤令丞簿尉：

（廣德二年）三月詔：中書門下兩省五品以上、尚書省四品以上、御史五品以上、諸同正員三品以下（按：應是「上」）、諸王、駙馬中要周朞上親及女婿、外甥，不得任京兆府判司、畿令、赤縣丞簿尉。（《冊府元龜》卷六三〇〈銓選部・條制三〉）

（貞元二年）二月，京兆尹鮑防奏：咸陽縣令賈全是臣親外甥，伏准廣德二年三月十一日敕，中書門下及兩省五品以上、尚書省四品以上、諸司正員三品以上、諸王、駙馬等周朞以上親及女婿外甥等，自今以後，不得任京兆府判司及畿縣令兩京縣丞簿尉等者。詔曰：功勞近臣，至親子弟，既處繁劇，或招過犯，寬宥則撓法，取責則虧恩，不令守官，誠為至當。賈全等十人，昨緣畿內凋殘，親自選擇，事非常制，不令避嫌。（《冊府元龜》卷六三〇

〈銓選部．條制二〉）

（長慶二年）九月詔曰：廣德、貞元，再有敕旨，要官密戚，並不許任京兆判司畿令兩赤縣丞簿尉等，緣人不遵行，更資提舉，自今以後，切宜禁斷。（《冊府元龜》卷六三一〈銓選部．條制二〉）

廣德時限制要官密戚不得任京兆判司畿赤令丞簿尉等官，要官之範圍太廣，包括了全部中央高級官員，實在不易執行，長慶二年九月詔令已明白指出「人不遵行」，因此，長慶二年十月將要官之範圍縮小至宰相、僕射、御史大夫、中丞、給事中、中書舍人、左右丞、尚書、侍郎、度支鹽鐵使、諸王、駙馬等有權勢之官員，《冊府元龜》卷六三一〈銓選部．條制三〉：

（長慶二年）十月，中書門下奏：諸司要官密戚周親，見任府縣官，伏以所立隄防止緣權要，今諸司卿監保傅三少詹事祭酒王傅西班將較等，亦無威力，敢明典章，一槩防閑，事誠大過，自今以後，應宰臣及左右僕射、御史大夫、中丞、給事、舍人、左右丞、諸司尚書、侍郎、度支、鹽鐵使在京城者，並諸王、駙馬，其周以上親並女婿、親外甥，請准廣德二年三月十一日及貞元二年二月十三日敕，不得任京兆府判司次赤及畿令長安萬年丞簿尉，其餘一切，並不在此限，冀典法易遵，群情大愜，詔付所司，永為常式。

以上所論之各項限制乃從典章詔令中所發現者，然而，實際任官時常有不守典章詔令限制之事例，當於下文中論之。

五、唐代文官任用制度之優劣點

唐代文官五品以上之任用操於宰相與君主之手，乃因才引拔，無固定軌跡規例，自六品至九品則由吏部銓選，有成規制度可循。換言之，五品以上之高官，其任用靠宰相之引薦與君主之賞識，六品以下之卑官，其任用則循吏部之銓選程序，按部就班，依次而上。五品以上之高官類似今日所謂之政務官，由宰相引薦而後君主任命，其原則並無不妥，六品以下之卑官類似今日所謂之事務官，必須有固定遷任程序，其原則亦屬正確。

吏部之銓選，經過考試，資格審查，而後三注三唱，工作相當繁重，顧琮將吏部掌選比喻作入地獄，[212]陸元方臨終，自稱不得享壽，乃因領選過久，耗傷精神所致。[213]吏部任官之程序，由試書判而銓甲（審查資格履歷）、注（擬官）、唱（徵求任官者之同意）均為公開方式，因此，吏部六品以下官吏之任用係採公開競爭之方式，在原則上較為公平合理，此乃唐代文官任用制度上之一大優點。

然而，唐代文官任用制度之缺點甚多，茲討論如下：

第一、唐代取得文官任用資格之途徑太多，進士明經每年人數甚少，但雜色入流則不計其數，官職有限而候選者卻不斷增加，遂造成仕途之擁塞。高宗初年，劉祥道即已指出入流人數

「傷多且濫」，《唐會要》卷七十四〈論選事〉：

顯慶二年，黃門侍郎知吏部選事劉祥道上疏曰：「今之選司取士，傷多且濫，每年入流，數過一千四百人，是傷多也，雜色入流，不加銓簡，是傷濫也。古之選者，不聞為官擇人，取人多而官員少也，今官員有數而入流無限，以有限供無限，遂令九流繁總，人隨歲積，謹約准所須人，量支年別入流者，令（應作「今」）內外文武官一品以下，九品以上，一萬三千四百六十五員，舉大數當一萬四千人，壯室而仕，耳順而退，取其中數，不過支三十年，此則一萬四千人支三十年而略盡，若年別人流者五百人，三十年便得一萬五千人定數，頃者一萬三千四百六十五人足充所須之數，況三十年之外，在官者猶多，此便有餘，不慮其少。今年當入流者遂踰一千四百，計應須數外，常餘兩倍，又常選者仍停六七千人，更得年別新加，實非處置之法，望請釐革，稍清其選。」中書令杜正倫亦言，入流者多，為政之弊。公卿以下，憚於改作，事竟不行。

顯慶二年距唐開國不過四十年，仍在初唐之時，劉祥道、杜正倫已指出問題之嚴重，然而卻無法解決，其後成爲「大率十人競一官」之情形，[214]武后時，魏玄同爲鸞臺侍郎兼天官侍郎，再度提出此一問題云：「今諸色入流，歲有千計，群司列位，無復新加，官有常員，人無定限，選集之始，霧積雲屯，擢敘於終，十不收一。」[215]安史亂後，河北失於強藩，隴右失於吐蕃，政府官職減少，而入仕之途依舊寬多，仕宦之擁擠較前更甚，以致有「二年居官，十年待選」[216]之現象。

《冊府元龜》卷六三一〈銓選部・條制三〉有文宗時仕宦擁擠之記載：

（大和元年）九月，中書門下奏：「……近日優勞資蔭入仕轉多，每年選集，無闕可授……」

（大和二年）六月敕：「……如聞內外官曹，悉皆充滿，上自要重，下至卑散，班行府縣，更無闕員。……」

（開成四年）七月己丑詔曰：「諸門入仕，人數轉多，每年吏曹注擬無闕。……」

仕途之擁擠除了入流之門太多，極易取得任官資格，造成缺額少而候選多之外，中唐以後，藩鎮之奏授地方官或藩鎮巡自差人假攝地方官太多，也使得吏部每年注擬時發現可補之缺額太少，以致選人多不得官，《唐會要》卷七十四〈論選事〉：

寶歷二年十二月，吏部奏，伏以吏部每年集人，及定留放，至於注擬，皆約闕員。近者入仕歲增，申闕日少，實由諸道州府所奏悉行，致令選司士子無闕，貧弱者凍餒滋甚，留滯者喧訴益繁，至有待選十餘年，裹糧千餘里，累駁之後，方敢望官，注擬之時，別遇敕授，私惠行於外府，怨謗歸於有司。

由於任官資格獲得之容易，任官候選人多，玄宗時，裴光庭一度有「停年格」之設置，希望不論賢愚，一律按年資輪流任官，此種「停年格」大受攻擊，元稹認爲「公幹強白者拘以考淺，疾廢耄聵者得在選中，倒置是非，無甚於此。」[217]實際上，「停年格」並不能解決仕途擁擠之問題。吏部爲了緩和選人眾多的壓力，便在文書上挑毛病，《封氏聞見記》卷三〈銓選〉：

選曹每年皆先立版牓，懸之南院，選人所通文書，皆依版樣，一字有違，即被駁落，至有三十年不得官者。

吏部選曹文書上之刁難亦不能解除仕途之擁擠。仕途擁擠表示雖取得任官資格，但欲求得一職事官之實缺則非易事，在粥少僧多之情形下，不正當之競爭遂乘機而起，賄賂舞弊，請託營私之事乃層出不窮，張鷟《朝野僉載》：

張文成曰：乾封以前選人，每年不越數千，垂拱以後，每歲常至五萬，人不加眾，選人益繁者，蓋有由矣，嘗試論之，祇如明經進士，十周三衛，勳散雜色，國官直司，妙簡實材，堪入流者十分不過一二，選司考練，總是假手冒名，勢家囑請，手不把筆，即送東司，眼不識文，被舉南館，正員不足，擢補試攝、檢校之官，賄貨縱橫贓污浪籍，流外行署，錢多即留，或帖司助曹，或員外行案，更有挽郎輦腳營田，當此無尺寸功夫，並優與處分，皆不事學問，惟求財賄，是以選人冗冗，甚於羊群，吏部喧喧，多於蟻聚。

《新唐書》卷四十五〈選舉志〉：

是時（高宗時）仕者眾，庸愚咸集，有偽主符告而矯為官者，有接承它名而參調者，有遠人無親而買保者，試之日，冒名代進，或旁坐假手，或借人外助，多非其實，雖繁設等級，遞差選限，增譴犯之科，開糾告之令以遏之，然猶不能禁。

《封氏聞見記》卷三〈銓曹〉：

則天如意年，李志遠掌選，有姓方、姓王者並被放，私與令史相知，減其點畫，方改為丁，王改為士，擬授官後即加增文字。志遠一見便覺曰：「今年銓覆數萬人，總知姓字，何處有丁士乎？此必方王也。」令史並承伏。

《唐會要》卷七十四〈論選事〉：

神龍元年，李嶠、韋嗣立同居選部，多引用權勢，求取聲望，因請置員外官一千餘員，由是僥倖者趨進，其員外官悉依形勢，與正官爭事，百官紛競，至有相毆擊者。

《舊唐書》卷九十六〈宋璟傳〉：

崔湜、鄭愔相次典選，為權門所制，九流失敘，預用兩年員闕，注擬不足，更置比冬選人，大為士庶所歎。

張鷟《朝野僉載》：

姜晦為吏部侍郎，眼不識字，手不解書，濫掌銓衡，曾無分別，選人歌曰：「今年選數恰相當，都由座主無文章，案後一腔凍豬肉，所以名為姜侍郎。」

韋絢《劉賓客嘉話錄》：

楊國忠嘗會諸親，時知吏部銓事，且欲大噱，已設席，呼選人名，引入中庭，不問資序，短小者道州參軍，胡者湖州文學，簾中大笑。

《舊唐書》卷一一三〈苗晉卿傳〉：

（開元）一十九年拜吏部侍郎，前後典選五年，政既寬弛，胥吏多因緣為姦，賄賂大行，時天下承平，每年赴選常萬餘人，李林甫為尚書，專任廟堂，銓事唯委晉卿及同列侍郎宋遙主之，選人既多，每年兼命他官有識者同考定書判，務求其實。天寶一載春，御史中丞張倚男奭參選，晉卿與遙以倚初承恩，欲悅附之，考選人判等凡六十四人，分甲乙科，奭在其首，眾知奭不讀書，論議紛然，有蘇孝慍者，嘗為范陽薊令，事安祿山，具其事告之，祿山恩寵特異，謁見不常，因而奏之，玄宗大集登科人御花萼樓，親試登第者，十無一二，而奭手持試紙，竟日不下一字，時謂之曳白。

玄宗時，雖詔令「必須杜邪枉之門，塞請託之路」，[218]然而並無改善跡象，前引楊國忠，苗晉卿事均為玄宗時之情形。中唐以後，戰亂頻仍，選人之履歷檔案散失，於是冒濫之事更多，《冊府元龜》卷六三○〈銓選部・條制二〉：

（貞元四年）八月，吏部奏：伏以報（按：通考作「艱」）難已來，年月積久，兩都士庶，散在遠方，三庫敕甲，又經伏（按：通考作「失」）墜，因此人多罔冒，吏或詐欺，混（按：通考作「分」）見官者謂之擘名，承已死者謂之接腳，乃至制敕旨甲皆被改張毀裂，如此之色，其類頗多，比來因循，遂便滋長，所以選集加眾，真偽混然。

此種選任時之弊端至唐末仍然，中和四年二月之詔書即指出任官仍受財賄影響：

如聞羇棲旅食，貧苦選人，守數考而方及選期，望一官而時希寸祿，注唱纔畢，旋又更移，多被逗留，莫遂便穩，脂膏之地，須因有賄而升，迁避之官，即是孤寒所受，言斯猥弊，乃積歲年，縱有條流，尋亦隳改。（《唐大詔令集》卷一〇一〈釐革選人敕〉）

唐末五代之時，更是「權臣執政，公然交賂，科等差除，各有等差，故當時語云：『及等不必讀書，作官何須事業。』」[219] 由上所述，可見唐代文官任用制度其原意乃在求公開競爭，以使公平合理，然而，實行時卻偏向營私舞弊，失去了公平之原則。

第二、唐代吏部任官（六品以下）須經身言書判考試，而以考判最重要，考判之原意在測驗任官候選人對法令之認識及判案之能力，實無可厚非，考判之試題原取自政務實例，然而，每年考試，試題已無新奇，於是吏部主試者乃改以義理命題，如此固然可以難倒選人，但試判之原意盡失，而成為文章考試，《通典》卷十五〈選舉三〉：

初吏部選才，將親其人，覆其吏事，始取州縣案牘疑議，試其斷割而觀其能否，此所以為判也。後日月浸久，選人猥多，案牘淺近，不足為難，乃采經籍古義，假設甲乙，令其判斷，既而來者益眾，而通經正籍又不足以為問，乃徵僻書曲學隱伏之義問之，惟懼人之能知也。

《文獻通考》卷三十七〈選舉十〉：

按唐取人之法，禮部則試以文學，故曰策、曰大義、曰詩賦，吏部則試以政事，故曰身、曰言、曰書、曰判，然吏部所試四者之中，則判為尤切，蓋臨政治民，此為第一義，必通曉事情，諳練法律，明辨是非，發摘隱伏，皆可以此覘之，今主司之命題則取諸僻書曲學，故以所不知而出其所不備，選人之試判則務為駢四儷六，引援必故事，而組織皆浮詞，然則所得者不過學問精通，文章美麗之士耳，蓋雖名之曰判，而與禮部所試詩賦雜文，無以異殊，不切於從政，而吏部所試為贅疣矣。

考判失去原意，非考政治才幹，而係試文弄詞，按政治才幹與文章詩賦一人未必兼具，以文章爲標準而欲選取政治人才，往往難得，因此，唐人甚多反對以判取人，張九齡以爲「以一詩一判定其是非，適使賢人君子，從此遺逸。」[220]劉嶢認爲書判所試者乃是學問之「知」而非道德之「仁」，有「知」無「仁」而任之爲官，「是貽患於天下也。」[221]劉迺獻以爲「判者，以狹辭短韻，語有定規爲體，猶以一小治而鼓眾金，雖欲爲鼎爲鏞，不可得也。」試判實不能得政治人才，「若引周公尼父於銓庭，則雖圖書易象之大訓，以判體措之，曾不及徐庾。」[222]甚至君主亦知以判取人之弊，唐太宗曰：「吏部取人，獨察其言辭刀筆，而不詳才行，或授職數年，然後罪彰，雖刑戮繼及，而人已弊矣。」[223]玄宗敕曰：「吏部耳人，必限書判，且文學政事，本自異科，求備一人，百中無一，況古來良宰，豈必文人，」因此，選擇縣令「不得限以書判」。[224]事實上，書判之試一直繼續至唐末，仍爲有唐一代任官選擇之標準。

試判之弊不僅是不足以甄別政治人才，而且試判既重文詞，文詞之優劣良窳，常出自閱卷者之主觀判斷，於是應試者可結交權勢而獲入等，韋溫以書判拔萃，其父韋綬謂溫曰：「判入高等，在群士之上，得非交結權幸而致耶？」令設席於廷，自出判目，試兩節，溫命筆即成，綬喜曰：「此無愧也。」[225]除可交結權幸而使判入高等外，所試書判，「多是假手，或他人替入，或旁坐代爲，或臨事解衣，或宿期定估，才優者一兼四五，自製者十不二三，況造僞作姦，冒名接腳，又在其外，令史受賂，雖積謬而誰尤，選人無資，雖正名而猶剝。」[226]可見試判甚易失去公平之原則。

第三、唐代之官級太多，文散官二十九階，職事官三十階，任官升選，依勞考而定，每年一考，「每一考上中，進一階，一考上上，進二階，五品以上，非特恩，刺史無進階之令。」[227]上上考極爲不易，每年能保持上中考已屬難得，假設一人進士乙第出身，初任官授從九品下，欲至正六品上，每年升一階必須十五年始能到達，且職官之中又再有分別，如州縣均有等級，省郎又有前中後行之別，陸贄稱「近代建官漸多，列級逾密，今縣邑有七等之邑，州府有九等之差，同謂省郎，即有前中後行郎中員外五等之殊，並稱諫官，則有諫議大夫補闕拾遺三等之別，」以致於「高位常苦於乏人，下寮每嗟於白首。」[228]等級太多，使才俊之士不易上達。

五品以上官員由宰相推荐，由君主任命，可不必按級而上。宰相推荐乃是慣例，如玄宗謂蘇頲曰：「常欲用卿，每有好官闕，即望宰相論及，宰相皆卿之故人，卒無言者，朕爲卿歎息。」[229]元和二年，李吉甫爲相，令裴垍荐人，垍筆疏三十餘人，吉甫於數月間任選用略盡。[230]然而，五品以上官之實際任用決定大權乃操之於君主之手，宣宗欲以畢諴爲邠寧節度使而欲先重其資歷，乃自中書舍人遷刑部侍郎，再除邠寧節度使。[231]類此之例甚多，此即表示君主可利用繁多之官級作爲獎懲之工具以提高其政治權力。

第四、唐代官制分爲職事官、散官、勳、爵四項，一人或兼有此四項或三項或二項，如爲職事官則必有散官銜，此四項各有品級，因此，如果一人兼有數項時，其各項品級或不相同，令人困惑，如《金石萃編》卷四十四有于志寧撰〈皇甫誕碑〉，于志寧自題職銜爲「銀青光祿大夫·行太子左庶子·上柱國·黎陽縣開國公」，銀青光祿大夫爲從三品（散官），太子左庶子爲正四品上（職事官），上柱國爲正二品（勳），黎陽縣開國公爲從二品（爵），四項之品級無一相同，于志寧四項職銜品級相差尚不甚遠，唐中央政府對散官、勳、爵常予濫賞，遂常使官員造成職事官品級甚低而散官或勳或爵之品級甚高之現象，洪邁稱：「唐自肅代以後，賞人以官爵，久而浸濫，下至州郡胥吏、軍班校伍，一命便帶銀青光祿大夫階，殆與無官者等。」[232]肅代以後以爵賞功，有至異姓王者，而「張巡守雍州，不過一眞源令，其下大將六人，官皆開府、特進」，[233]職事官與散官、勳、爵相差懸殊，人不以散官、勳、爵爲貴，名器濫授，爲唐代任官制度之一大缺失。

第五、唐人喜兼職，「使」之盛行，即是兼職盛行之現象，李肇稱：「開元以前，有事於外，則命使臣，否則止，自置八節度、十採訪，始有坐而爲使，其後名號益廣，大抵生于置兵，盛於興利，普于銜命，於是爲使則重，爲官則輕。」[234]此種兼使職之盛行，一方面使兼使職者侵奪了正官之職權，如度支鹽鐵使侵奪了戶部之職權，神策中尉侵奪了兵部之職權，「使」乃是臨時差遣，卻侵奪了正式組織職事官之職權，破壞體制，極不合理，另一方面兼職太多往往不能完全顧及所兼職務之工作，於是容易造成屬下弄權，舞弊營私之事，如楊國忠「自侍御史以至宰相，凡諸四十餘使，又專判度支、吏部三銓，事務鞅掌，但署一字，猶不能盡，皆責成胥吏，賄賂公行。」[235]即是其例，因此，兼職太多亦屬唐代文官任用制度之一大弊病。

第六、在君主專制政體之下，一切典章制度皆由君主制定，命令臣民遵守，違者有罰，然而，君主本身卻超越此典章制度之上，不受約束，因此，君主是典章制度之制定者，往往亦是典章制度之破壞者，唐代君主對於文官任用制度之破壞，史料中甚多實例。

據唐制，任官程序爲五品以上職事官及員外郎、御史、供奉官由宰司進擬，君主加以任命，六品以下職事官則由吏部銓選，請君主任命。因此，君主任命官員五品以上者必須與宰司商量，六品以下必須由吏部奏擬，君主不得以私意好惡、不經宰司或吏部而用人，宣宗欲以韋澳爲戶部侍郎，澳辭曰：「主上不與宰輔僉議，私欲用我，人必謂我以他岐得之，何以自明？」[236]韋澳之辭戶部侍郎即是希望宣宗能遵守任官制度之程序，先與宰司商議，君主勿以私意任命。然而，在君主專制之下，一切法令規章率出君主私意，官吏任免又何能排斥君主私意，韋澳雖不欲破壞制度，實際上君主早已以私意任官，唐太宗在翠微宮，授李緯戶部尚書，時房玄齡留守京城，會有自京師來者，太宗問曰：「玄齡聞緯拜尚書，如何？」對曰：「但云李緯大好髭鬚，更無他語。」由是改授李緯洛州刺史。[237]可見李緯之任戶部尚書轉洛州刺史均出太宗一念之好惡。德宗「躬親庶政，中外除授皆自攬。監察裏行淛東觀察判官趙傪特授高陵縣令。」238則更干預六品以下官之任命。

唐制，伎術官之任用有其限制，前已言之，即醫術不過尚藥奉御，陰陽卜筮圖書工巧造食音聲及天文不過本局署令，鴻臚譯語不過典客署令，神龍元年，中宗用術士鄭普思爲秘書監，尚衣奉御葉靜能爲國子祭酒，皆墨敕授官，不經正規程序，又破壞伎術官任官之限制，宰相桓彥範、崔玄暐力諫，中宗不聽。239文宗以樂官尉遲璋爲光州長史，僖宗以伶官李可及爲威衛將軍，240均是君主自壞制度。

據《唐律》：「諸官有員數，而署置過限，及不應置而置，一人杖一百，三人加一等，十人徒二年。」241然而中宗時韋后及太平、安樂公主等用事，於側門降墨敕斜封授官，「號斜封官，凡數千員，內外盈溢，無聽事以居，當時謂之三無坐處，言宰相、御史及員外郎也。」242則此「署置過限」乃君主及其后、公主爲之，是君主自壞律制之又一證。

第七、唐代任官規定五品以上由宰相擬議，六品以下由吏部注擬，五品以上之官員由於官高人少，由宰相擬議尚無不妥，至於六品以下之內外官員人數極多，由吏部注擬，大有疑義，六品以下之內外官員吏部必不能盡知，因此其注擬不能不以判爲標準，加以年資，循資而進，然而以判選人並不合理（見前文），循資又使賢愚不分，以致吏部之注擬，既不能識其「政治才幹」，又不能辨其「德行」，所以唐人多已反對吏部注官之制度。如劉秩曰：「一命免拜，必歸吏部，按名授職，猶不能遣，何暇采訪賢良，搜覈行能耶？」[243]杜如晦云：「今每年選集，向數千人，厚貌飾詞，不可知悉，選司但配其階品而已，銓簡之理，實所未精，所以不能得才。」[244]魏玄同言之尤切，《舊唐書》卷八十七〈魏玄同傳〉：

（玄同）乃上疏曰：「……方今人不加當，盜賊不衰，獄訟未清，禮義猶闕者何也？下吏不稱職，庶官非其才也。官之不得其才者，取人之道有所未盡也。……況天下之大，士人之眾，而可委之數人之手乎？假使平如權衡，明如金鏡，力有所極，照有所窮，銓綜既多，紊失斯廣，又以比居此任，時有非人，豈直媿彼清通，昧於甄察，亦將竭其庸妄，糅彼棼絲，情故既行，何所不至，贓私一啟，以及萬端，至乃為人擇官，為身擇利，顧親疏而下筆，看勢要而措情，悠悠風塵，此焉奔競，擾擾遊宦，同乎市井，加以厚貌深衷，險如溪壑，擇言觀行，猶懼不周，今使百行九能，折之於一面，具僚庶品，專斷於一司。……」

不僅臣下對吏部注擬表示不滿，即使君主亦有同感，太宗已知舉人以言辭刀筆而不詳才行之弊，[245]文宗感嘆「選曹豈辨賢愚，但若配官耳。」[246]武宗赦文中亦云：「吏部三銓選士，祇憑資考，多匪實才。」[247]

唐人對吏部詮選之各種批評，其主要論點在於吏部掌握了全國六品以下文官之任用大權，但卻對人數眾多之六品以下文官缺少個別之認識，以致任用之時，既不能識才，又不能適位。因此，有識者乃建議恢復漢代由長官辟舉之法以補救吏部並不識人卻又掌握用人大權之弊。魏玄同主張「略依周漢之規，以分吏部之選。」[248]劉秩以為長吏應有辟署之權以分吏部之勞，[249]沈既濟以為「當今選舉，人未土著，不必本於鄉閭，鑒不獨明，不可專於吏部。」乃建議「五品以上及群司長官俾宰臣進敘，吏部得參議焉，其六品以下或僚佐之屬，許州府辟用，則銓擇之任悉委於四方，結奏之成咸歸於二部。」[250]杜佑責吏部專任官之權曰：「隋文帝素非學術，盜有天下，不欲權分，罷州郡之辟，廢鄉里之舉，內外一命，悉歸吏曹，纔廁班列，皆由執政，執政參吏部之職，吏部總州郡之權，罔徵體國推誠代天理物之本意，是故銓綜失敘，受任多濫，豈有萬里封域，九流叢湊，掄才授職，仰成吏曹，以俄頃之周旋，定才行之優劣，」欲救其失，應許「辟召」，或令「荐延」。[251]陸贄主張「凡是百司之長兼副貳等官及兩省供奉之職並因察舉勞效須加獎任者，並宰臣敘擬以聞，其餘臺省屬僚請委長官選擇，指陳才實，以狀上聞，一經荐揚，終身保任。」[252]

就理論而言，唐自立國迄至滅亡，吏部用人任官之大權並未改變，然而，事實上，自中唐以後，吏部之任官權內奪於君主權相，外奪於藩鎮諸使，故已遠非初唐時期可比。中唐以後，由敕旨授予之攝、判、充、知、檢校等官日盛，侵佔了吏部之任官範圍，而藩鎮諸使得以辟署屬吏，尤其嚴重地剝奪了吏部之任官權，因此，中央遂不得不有意限制藩鎮任官，《冊府元龜》卷六三一〈銓選部‧條制二〉：

> 是月（寶歷二年十二月）吏部又奏：「伏以吏部每年集人，及定留放，至於注擬，皆約闕

員。近者入仕歲增，申闕日少，實由諸道州府所奏悉行，致令選司士子無闕，貧弱者凍餒滋甚，留滯者喧訴益繁，至有待選十餘年，裹糧千餘里，累駮之後，方敢望官，注擬之時，別遇敕授，私惠行於外府，怨謗歸於有司，特望明立節文，令自今以後諸司諸使天下州府選限內不得奏六品以下官。」敕旨依奏。

實際上，由於諸道藩鎮勢力愈來愈強，吏部欲收回任官權實非易事，如開成五年七月敕旨准吏部收嶺南潮州員缺注擬，同年十一月嶺南節度使盧鈞立即爭回潮州之任官權，奏請潮州官員「不令吏部注擬，且委本道求才，若攝官廉慎有聞，依前許觀察使奏正，事堪經久，法可施行。」敕旨依奏。[253]藩鎮勢力已成，吏部實無法與藩鎮爭強，因此，宣宗時詔書又以縣令之官「委觀察使於前資攝官內精加選擇」。[254]而藩鎮更設法控制州縣官員之任用。[255]及至黃巢之亂，中央多允許戰區統帥墨敕授官，王鐸、鄭畋、高駢以都統之任，均行墨敕，[256]其後，不僅都統可行墨敕，即強藩如西川節度使王建、福建節度使王審知等亦行墨敕，[257]甚至如宣歙觀察使並非強藩亦可行墨敕，[258]墨敕之盛行，使吏部對地方官之任命權更失去控制，吏部任官權更形萎縮，文官任用制度遂受嚴重之破壞，而李唐帝國亦步上了覆亡之途。

註釋

1 《唐律疏議》卷三〈名例三・除名比徒三年條〉疏議。

2 《唐律疏議》卷一〈名例一・八議條〉疏議。

3 《舊唐書》卷四十二〈職官一〉。

4 職事官之品階閱《舊唐書》卷四十二〈職官一〉、《通典》卷四十〈職官二十二〉均有詳載。

5 《金石續編》卷五〈花塔寺馮鳳翼等造象題名〉，有：內常侍上柱國馮鳳翼、內謁者監上柱國莫順之、內謁者監上柱國杜元璋、太子內坊典內上柱國魏思泰。

6 《唐會要》卷八十一〈勳・天祐二年六月十六日敕〉。

7 閱《舊唐書》卷一二〇〈郭子儀傳〉。

8 閱《全唐文》卷五三八，裴度撰〈西平郡王李公神道碑〉。

9 《全唐文》卷三四二，顏眞卿撰〈臨淮武穆王李公神道碑〉。

10 《通典》卷十九〈職官一・封爵〉註文。

11 唐人散階由天子特恩超升之例極多，如馬植爲中散大夫（正五品上），宣宗即位，不次拔擢，加金紫光祿大夫（正三品），是超升六階。（閱《舊唐書》卷一七六〈馬植傳〉）裴延齡自朝大夫（從五品上）特加銀青光祿大夫（從三品），則已超升七階。（閱《唐會要》卷八十一〈階〉）李玨自朝議郎（正六品上）進階正議大夫（正四品上），則超升八階。（閱《舊唐書》卷一七三〈李玨傳〉）「大歷十三年正月，特加朝議郎（正六品上）守門下侍郎平章事常袞九階爲銀青光祿大夫（從三品）。」（《唐會要》卷八十一，〈階〉）

則超拜九階之多。

12 閱《舊唐書》卷一五八〈鄭餘慶傳〉。

13 《唐會要》卷三十一〈輿服．雜錄〉：「流外官及庶人服色用黃。」

14 《陸宣公翰苑集》卷十四〈又論進瓜果人擬官狀〉。

15 《閱舊唐書》卷一八九〈下陸質傳〉。

16 《閱舊唐書》卷八十一〈崔敦禮傳〉。

17 《舊唐書》卷八十二〈許敬宗傳〉。

18 權德輿撰〈唐陸宣公翰苑集序〉，見《陸宣公翰苑集》。

19 《舊唐書》卷一六三〈杜元穎傳〉。

20 《唐律疏議》卷二〈名例二〉。

21 《舊唐書》卷一四六〈杜兼傳〉。

22 《舊唐書》卷一七七〈杜審權傳〉。

23 《通典》卷三十三〈職官十五．總論郡佐〉醫博士條：「貞元十二年二月御撰廣利方五卷，頒天下，自今以後諸州府應闕醫博士宜令長史各自訪求選試，取人藝業優長，堪效用者，具其名聞，已出身人及前資官便與正授，其未出身，且令權知，四考後州司奏與正授。」

24 《唐六典》卷二〈吏部尚書〉。

25 《通典》卷十九〈職官一〉註文。

26 《舊唐書》卷四十二〈職官志一〉。

27 《唐六典》卷二〈吏部尚書〉。

28 《舊唐書》卷四十二〈職官志一〉。

29 《通典》卷十九〈職官一〉註文。

30 同上註。

31 《舊唐書》卷一二二〈張獻誠傳〉。

32 見《八瓊室金石補正》卷六十八〈諸葛武侯祠堂碑〉碑陰題名，時在元和四年二月二十九日。

33 見《金石萃編》卷七十三〈北岳府君碑〉薛嗣立等題記。

34 陸贄《翰苑集》卷十四〈又論進瓜果人擬官狀〉。

35 見《金石萃編》卷八十三〈玄宗御注道德經〉經末奉敕立者具名。

36 閱獨孤及，《毗陵集》卷六〈故尚書祠部員外郎裴公行狀〉。

37 《舊唐書》卷 一一一〈房琯傳〉。

38 如于敖初試監察御史，元和六年眞拜監察御史，可見「試」非正命之官，故有「眞拜」，閱《舊唐書》卷一四九〈于敖傳〉。

39 閱《全唐文》卷三六二，徐李鵠撰〈屯留令薛僅善政碑〉。

40 閱《金石萃編》卷七十三〈北岳府君碑〉碑陰諸人題名。

41 閱《金石萃編》卷八十〈華嶽許環等題名〉。

42 《冊府元龜》卷七〇二〈令長部‧能政〉。

43 閱拙著《唐代藩鎮與中央關係之研究》附錄一〈唐代藩鎮總表內荊南與西川兩鎮〉。

44 《文苑英華》卷九七六〈李翺‧徐申行狀〉：「河北之俗，刺史闕，其帥輒以寮屬將校自爲之。」《舊唐書》卷一四二〈李寶臣傳〉：「（寶臣爲成德節度使）與薛嵩、田承嗣、李正己、梁崇義等連結姻婭，互爲表裏，意在以土地傳付子孫，不稟朝旨，自補官吏。」《舊唐書》卷一四三〈李懷仙傳〉：「（懷仙爲幽州節度使）文武將吏，擅自署置。」均是假攝官。

45 閱《舊唐書》卷一五二〈劉昌傳〉。

46 《太平廣記》卷四九六〈雜錄類〉邢君牙條。

47 《通鑑》卷二二四，大曆三年十二月，「平盧行軍司馬許杲將卒三千人，駐濠州不去，有窺淮南意，淮南節度使崔圓令副使元城張萬福攝濠州刺史，杲聞，即提卒去。」

48 閱《舊唐書》卷一三二〈李芃傳〉。

49 閱《八瓊室金石補正》卷四十二。

50 閱《金石續編》卷十二〈開元寺隴西公經幢讚〉文末題名。

51 閱《全唐文》卷七七八，李商隱〈爲滎陽公桂州署防禦等官牒〉有關諸人條。

52 《新唐書》卷九十六杜〈如晦傳〉。

53 《舊唐書》卷七十〈戴胄傳〉。

54 閱《舊唐書》卷四〈高宗紀‧貞觀二十三年五月庚午〉。

55 《南史》卷十五〈劉穆之傳〉。

56 《舊唐書》卷九十八〈李元紘傳〉。

57 《舊唐書》卷九十〈王及善傳〉。

58 《舊唐書》卷四〈高宗紀，龍朔二年正月乙巳條〉。

59 《舊唐書》卷一〇五〈韋堅傳〉。

60 《金石萃編》卷八十九〈多寶塔碑〉，建於天寶十一載四月廿二日，碑末題名有「檢校塔使正議大夫行內侍趙品偘」。

61 《金石萃編》卷五十三〈岱岳觀碑〉其題記內有「專知齋醮檢校官朝議郎行兗州參軍王楚典，專知檢校醮祭官文林郎兗州瑕丘縣尉○○，同檢校官宣義郎行乾封縣尉金○○」。

62 見《金石萃編》卷六十三〈昇仙太子碑〉碑陰題名。

63 見《金石萃編》卷八十一〈裴光庭碑〉題名。

64 《金石萃編》卷四十一〈孔子廟堂碑〉附考唐宋諸碑系銜並食邑實封：「按檢校二字，其初不過點檢典校之義，隋巡省風俗，詔明加檢校，便得存養，此檢校之緣起也，其用以入銜，始於唐初。」按此段謂「其用以入銜，始於唐初」，大可斟酌。考隋代已有檢校入銜之事，《隋書》卷三十七，李詢傳：「開皇元年，引杜陽水灌三趾原，詢督其役，民賴其利，尋檢校襄州總管事。」又《隋書》卷二，高祖紀下，仁壽三年「八月壬申，上柱國檢校幽州總管落叢郡公燕榮以罪伏誅。」可見以檢校二字入銜至晚隋代已有。

65 《通典》卷十九〈職官一〉註文。

66 閱《舊唐書》卷八十四〈劉仁軌傳〉。

67 《舊唐書》卷九十〈李懷遠傳〉。

68 《新唐書》卷一〇六〈郭正一傳〉。

69 《舊唐書》卷一三五〈李齊運傳〉。

70 閱《舊唐書》卷九十三〈張仁愿傳〉。

71 《舊唐書》卷一〇〇〈尹思貞傳〉。

72 《舊唐書》卷一〇一〈薛登傳〉。

73 《舊唐書》卷九十六〈宋璟傳〉。

74 《封氏聞見記》卷三〈銓曹〉。

75 《舊唐書》卷八十八〈韋思謙傳〉。

76 《唐律疏議》卷二〈名例二〉。

77 《通鑑》卷二三九，元和十一年十一月庚寅條。

78 《通鑑》卷二四六，開成四年五月，及胡三省註。

79 《唐律疏議》卷二〈名例二〉。

80 《通典》卷十九〈職官一〉註文。

81 藩鎮之職銜爲「節度副大使，知節度事」者極多，如杜悰爲淮南節度副大使知節度事（閱《全唐文》卷七十六武宗授杜悰平章事制〉），董晉爲宣武節度副大使知節度事（閱《新唐書》卷一五一〈董晉傳〉），封常清安西四鎮節度經支度營田副大使知節度事（閱《舊唐書》卷一〇四〈封常清傳〉）等是，「知節度留後事」亦多，如牛仙客知河西節度留後事（閱《舊唐書》卷一〇三〈牛仙客傳〉）亦是。

82 閱《舊唐書》卷九十六〈姚崇傳〉。

83 見《金石萃編》卷八十七〈石臺孝經〉碑末題名。

84 《舊唐書》卷七十四〈吏曹條例〉。

85 閱《冊府元龜》卷六三一〈銓選部·條制二〉。

86 閱《金石萃編》卷五十三〈岱岳觀碑〉題名。

87 閱《全唐文》卷五七七，柳宗元〈送苑論歸覲詩序〉。

88 閱《舊唐書》卷十八下〈宣宗紀·大中十一年十月〉。

89 閱權德輿撰〈唐陸宣公翰苑集序〉。

90 閱《舊唐書》卷一五九〈衛次公傳〉。

91 閱《舊唐書》卷一六九〈賈餗傳〉。

92 《通典》卷十九〈職官一〉註文。

93 如崔龜從以戶部侍郎判本司事，閱《舊唐書》〈文宗紀・開成三年四月辛卯條〉。

94 如陸餘慶以宗正卿判尚書左丞事，閱《全唐文》卷二五一〈蘇頲授陸餘慶大理卿制〉。

95 如王鐸以司徒（正一品）判戶部（戶部侍郎正四品下），閱《全唐文》卷八十六〈僖宗授王鐸兼判戶部制〉。孫逖以中書舍人（正五品上）兼判刑部侍郎（正四品下）閱《全唐文》卷三十八〈玄宗冊陳王韋妃文〉。張暐以太子詹事（正三品）判尚書左（擬衍）右丞（正四品下），閱《舊唐書》卷一〇六〈張暐傳〉，張廷珪以禮部侍郎（正四品下）判左丞（正四品上）事，閱《全唐文》卷二五〇〈蘇頲授張廷珪黃門侍郎制〉。

96 如牛仙客爲太僕少卿判涼州別駕事，閱《舊唐書》卷一〇三〈牛仙客傳〉。李林甫以宰相判涼州事，閱《新唐書》卷六十二〈宰相表中・開元二十六年〉。蕭嵩以兵部尚書判涼州事，閱《舊唐書》卷九十九蕭嵩傳。

97 如韋安石以神都留守兼判天官秋官二尚書事，閱《舊唐書》卷九十二〈韋安石傳〉。

98 《陸宣公翰苑集》卷十八〈論宣令除裴延齡度支使狀〉。

99 閱《舊唐書》卷一七七〈崔琯傳〉。

100 參閱嚴耕望先生《唐僕尚丞郎表》，度支欄。

101 閱《舊唐書》卷一〇五〈楊慎矜傳〉。

102 閱《舊唐書》卷九十二〈韋安石傳〉。

103 閱《舊唐書》卷九十三〈婁師德傳〉。

104 檢校中央官充節度觀察使乃是中唐以後之慣例，其例隨處可見，茲任舉數例：封常清以攝御史中丞持節充安西四鎮節度經略支度營田副大使知節度事（《舊唐書》卷一〇四〈封常清傳〉），王忠嗣攝御史大夫兼充河東節度（《舊唐書》卷一〇三〈王忠嗣傳〉），魯炅遷南陽太守本郡守捉仍充防禦使，尋兼御史大夫充南陽節度使（《舊唐書》卷一一四〈魯炅傳〉），畢諴以檢校兵部尚書平章事兼河中尹，充河中節度觀察處置等使（《全唐文》卷八十三〈懿宗授蔣伸畢諴節度使制〉）。

105 鹽鐵轉運使、水陸運使由他官「充」任，其例極多，可閱嚴耕望先生《唐僕尚丞郎表》諸道鹽鐵轉運等使項。

106 閱《金石萃編》卷四十六〈太宗祭比干文〉碑末題名。

107 閱《全唐文》卷九十〈昭宗貶王摶工部侍郎制〉。

108 閱《舊唐書》卷九十七〈張說傳〉。

109 閱《金石萃編》卷八十七〈石臺孝經〉，碑末題名。

110 閱《舊唐書》卷八十一〈盧承慶傳〉。

111 閱《新唐書》〈宰相表．乾符元年十一月〉。

112 閱《元氏長慶集卷》四十四〈授韓臯尚書左僕射制〉。

113 閱《舊唐書》卷一一四〈來瑱傳〉。

114 閱《舊唐書》卷一三二〈李元素傳〉。

115 《舊唐書》卷一二三〈第五琦傳〉。

116 閱《全唐文》卷四七九〈許孟容撰裴耀卿碑〉。

117 唐中葉後，諸王領節度大使而不出閤，另有人知節度事，乃是通例，如《舊唐書》卷一五〇〈德宗順宗諸子傳〉，德宗諸子中，通王諶「貞元九年十月領宣武軍節度大使汴宋等州觀察支度營田等使，以宣武都知兵馬使李萬榮爲留後，王不出閤。十一年，河東帥李自良卒，以諶爲河東節度大使，以行軍司馬李說知府事充留後，亦不出閤。」虔王諒「貞元二年領蔡州節度大使申光蔡觀察等使，以大將吳大誠爲留後。十年，領朔方靈鹽節度大使靈州大都督，以朔方行軍司馬李欒爲靈府左司馬知府事朔方留後。十一年九月，橫海大將程懷信逐其帥懷直，十月，以諒領橫海節度大使滄景觀察等使，以都知兵馬使程懷信爲留後，王不出閤。十六年，徐帥張建封卒，徐軍亂，又以諒領徐州節度大使徐泗濠觀察處置等使，以建封子愔爲留後。」文敬太子謜於貞元七年「領義武軍節度大使易定觀察等使，以定州刺史張茂昭爲留後。十年六月，潞帥李抱眞卒，又以謜領昭義節度大使澤潞邢洛磁觀察等使，以潞將王虔休爲潞府司馬知留後事。」

118 唐有監軍之制，初以御史監軍，如李嶠於高宗朝以監察御史監嶺南軍（《舊唐書》卷九十四〈李嶠傳〉），魏元忠以殿中侍御史監李孝逸軍（《舊唐書》卷九十二〈魏元忠傳〉），韓琬以監察御史監河北軍（《新唐書》卷一一二〈韓琬傳〉）。及開元中，以宦官任監軍，御史不再監軍。

119 唐代有「兼修國史」與「監修國史」，兼修國史以較低官兼任，監修國史則多以宰相及高官兼任，如許敬宗爲著作郎、給事中、衛尉卿等官時均兼修國史，及冊拜侍中，乃監修國史。唐代國史由兼修國史者執筆，須稟監修國史者之命，而監修國史者往往同時有多人擔任，遂使兼修國史者難以爲書，《舊唐書》卷一〇二〈劉子玄傳〉：「劉子玄本名知幾，……長安中累遷左史，兼修國史，擢拜鳳閣舍人，修史如故，景龍初，再轉太子中允，依舊修國史。時侍中韋巨源、紀處訥、中書令楊再思、兵部尚書宗楚客、中書侍郎蕭至忠並監修國史，知幾以監修者多，甚爲國史之弊，蕭至忠又嘗責知幾著述無課，知幾於是求罷史任，奏記於至忠曰：『……頃史官注記，多取稟監修，楊令公則云必須直詞，宋尚書則宜多隱惡，十羊九牧，其事難行。……』」

120 除三省長官外，他官加「同掌機務」等銜而成宰相，此等「同」銜史籍中極多，各種「同」銜自《新唐書・宰相表》中最可得其詳。

121 《舊唐書》卷一三二〈李抱玉傳〉。

122 《舊唐書》卷一三一〈李皐傳〉。
123 《舊唐書》卷九十四〈李嶠傳〉。
124 閱《舊唐書》卷一八六〈下姚紹之傳〉。
125 閱《舊唐書》卷一八六〈下羅希奭傳〉。
126 《舊唐書》卷一一四〈來瑱傳〉。
127 閱拙著《唐代宦官權勢之研究》第二章，頁七一—一五，正中書局出版。
128 中唐以後宦官碑誌及石刻題名所繫官銜爲「員外」官者不可勝數，如《金石萃編》卷六十七〈李朝成經幢〉，碑末有宦官三人題名，其官銜均「員外」（李朝成爲「右監門衛將軍員外置同正員」，李文端爲「內侍省內府局丞員外置同正員」，李公繹爲「內侍省掖庭局宮教博士員外置同正員」）。《全唐文》卷七三〇有蘇遇〈撰內常侍員外置同正員朱公碑〉，卷七六四有趙造撰〈內侍省內給事員外置同正員王公墓誌〉，卷七四七有劉瞻撰〈內侍員外置同正員劉公墓誌〉，《唐文拾遺》卷六十六有〈內侍員外置同正員張公夫人令狐氏墓誌〉，卷三十一有劉景夫撰內侍省〈內府局丞員外置同正員王公墓誌〉，卷三十一有尹震鐸撰〈內侍省內僕局丞員外置同正員李府君墓誌〉。
129 閱《通典》卷十九〈職官一〉註文。
130 《舊唐書》卷十四〈順宗本紀・永貞元年七月乙未〉。
131 《舊唐書》卷十七上〈文宗紀，寶曆二年十二月八日〉。
132 《舊唐書》卷十七下〈文宗紀，開成五年正月己卯〉。
133 見《八瓊室金石補正》卷六十八〈諸葛武侯祠堂碑〉碑陰題名，該碑立於元和四年二月二十九日。
134 《舊唐書》卷四〈高宗紀上・顯慶五年二月丙戌〉，及〈三月丙午〉。

135 《舊唐書》卷五〈高宗紀下・麟德三年正月壬申〉。

136 《舊唐書》卷七〈中宗紀・景龍二年二月乙酉〉，〈三年十一月乙丑〉。

137 《舊唐書》卷十二〈德宗紀上，興元元年六月癸丑〉，七月丙子。

138 《舊唐書》卷十四〈順宗紀，貞元二十一年正月甲子〉。

139 《八瓊室金石補正》卷四十一〈開元寺三門樓題刻〉。

140 《雲麓漫鈔》卷四：「選人之制，始於唐，自中葉以來，藩鎮自辟召，謂之版授，時號假版官，言未授王命，假攝之耳。」按此所謂版授，與唐代由王命版授年高者之制不同，實爲「攝」官之意，晚唐藩鎮墨敕授官即類此。

141 《唐律疏議》卷二〈名例二〉。

142 《封氏聞見記校注》卷三〈貢舉〉：「李右相在廟堂，進士王如泚者，妻翁以伎術供奉玄宗，欲與改官，拜謝而請曰：『臣女婿王如泚，見應進士舉，伏望聖恩回換，與一及第。』上許之，付禮部宜與及第，侍郎李暐以詔詣執政，右相曰：『如泚文章堪及第否？』暐曰：『與亦得，不與亦得。』右相曰：『右爾，未可與之。明經進士，國家取才之地，若聖恩優異，差可與官，今以及第與之，將何以觀材。』林甫即自聞奏取旨。」

143 《唐語林》卷一。

144 《舊唐書》卷一三五〈王叔文傳〉。

145 《舊唐書》卷九十九〈張嘉貞傳〉。

146 《舊唐書》卷一三〇〈李泌傳〉。

147 《舊唐書》卷一一八〈黎幹傳〉。

148 《封氏聞見記校注》卷三〈制科〉。

149 《舊唐書》卷一八五下〈裴懷古傳〉。

150 《唐六典》卷二。

151 《唐律疏議》卷三〈名例三·除名比徒三年條〉，疏議。

152 《舊唐書》卷七十五〈張玄素傳〉。

153 《舊唐書》卷一一七〈嚴震傳〉。

154 《文獻通考》卷三十七〈選舉十〉：「高祖武德初，天下兵革新定，士不求祿，官不充員，有司移符州縣課人赴調遠方，或賜衣續食，猶辭不行，至則授用，無所黜退。」

155 張鷟《朝野僉載》：「張文成曰：『乾封以前，選人每年不越數千，垂拱以後，每歲常至五萬。』」

156 《文苑英華》卷七二六〈符載·送崔副使歸洪州幕府序〉。

157 《舊唐書》卷一三八〈趙憬傳〉。

158 《全唐文》卷四九二〈權德輿·送李十弟侍御赴嶺南序〉。

159 《舊唐書》卷一四八〈李藩傳〉。

160 舊唐卷一三五〈韋渠牟傳〉。

161 《舊唐書》卷一六五〈溫造傳〉。

162 閱《舊唐書》卷一六五〈柳公綽傳〉。

163 閱全唐詩話卷五〈李山甫〉。

164 閱《金石續編》卷九〈宣州司功參軍魏邈墓誌〉。

165 閱《襄陽冢墓遺文》〈劉密墓誌〉。

166 閱《舊唐書》卷十四〈憲宗紀．元和元年九月癸丑條〉。

167 《舊唐書》卷一九二〈陽城傳〉。

168 閱《舊唐書》卷一九二〈孔述傳〉。

169 閱《舊唐書》卷一九一〈尙獻甫傳〉。

170 閱《唐會要》卷八十二〈冬荐〉。

171 元和十五年二月穆宗不欲親試制舉，吏部尙書趙宗儒反對，乃停此次制舉，閱《唐會要》卷七十六〈制科舉〉。

172 閱《通典》卷十五〈選舉三〉，《冊府元龜》卷六三〇〈銓選部．條制二〉。

173 詳閱《唐會要》卷七十五〈選限〉。

174 《容齋隨筆》卷十〈唐書判〉：「既以書爲藝，故唐人無不工楷法，以判爲貴，故無不習熟，而判語必駢儷，今所傳龍筋鳳髓判及白樂天集甲乙判是也。自朝廷至縣邑，莫不皆然，非讀書善文不可也。」又《容齋續筆》卷十二〈龍筋鳳髓判〉：「唐史稱張鷟早惠絕倫，以文章瑞朝廷，屬文下筆輒成，八應制舉，皆甲科。今其書傳於世者，《朝野僉載》龍筋鳳髓判也。僉載紀事皆瑣尾擿裂，且多媟語，百判純是當時文格，全類俳體，但知堆垛故事，而於蔽罪議法處不能深切，殆是無一篇可讀，一聯可味。如白樂天甲乙判則讀之愈多，使之不厭，聊載數端於此：甲去妻，後妻犯罪，請用子蔭贖罪，甲不許，判云：不安爾室，盡孝猶慰母心，薄送我畿，贖罪寧辭子蔭，縱下山之有怨，曷陟屺之無情。辛夫遇盜而恐，求殺盜者而爲之妻，或責其失節，不伏，判云：夫讐不報，夫足爲非，婦道有虧，誠宜自恥，詩著靡他之誓，百代可知，禮垂不嫁之文，一言以蔽。

175 《舊唐書》卷一一三〈苗晉卿傳〉。

176 按貞元係德宗年號，共二十一年，《唐會要》之貞元二十三年，必誤。考《新唐書》卷六十二〈宰相表，貞元十六年〉：「九月庚戌，（鄭）餘慶貶郴州司馬，庚申，太常卿齊抗爲中書侍郎同中書門下平章事。」故《唐會要》該條貞元二十三年應爲十六年之誤。

177 閱《新唐書》卷四十五〈選舉志〉。

178 《唐會要》卷七十四〈掌選善惡〉；《封氏聞見記》卷三〈銓曹〉略同。

179 《新唐書》卷四十七〈百官志〉：「門下省侍中……職事官六品以下進擬則審其稱否而進退之。」「給事中……六品以下奏擬，則校功狀殿最行藝，非其人則白侍中而更焉。」

180 《通鑑》卷二一一〈開元二年五月・宋璟於門下過官〉，胡三省註：「唐制，凡文武職事官六品以下，吏兵部進擬，必過門下省，量其階資，校其才用，以審定之，若擬職不當，隨其優屈，退而量焉，謂之過官。」

181 閱《冊府元龜》卷六三〇〈銓選部・條制二〉。

182 閱《舊唐書》卷四十三〈職官二〉。

183 閱《通典》卷十五〈選舉五〉。

184 閱《陔餘叢考》，「唐制分東選南選」條。

185 閱《新唐書》卷四十五〈選舉志〉。

186 閱《舊唐書》卷七十五〈張玄素傳〉。

187 《舊唐書》卷四十二〈職官一〉：「神功元年制：勳官品子流外國官出身，不得任清資要官，應入三品者，不得進階。」

188 《冊府元龜》卷六三〇〈銓選部・條制二〉：《唐會要》卷七十五〈選部雜處置〉同。

189 《文獻通考》卷三十七〈選舉十〉。

190 閱《舊唐書》卷十八下〈宣宗紀・大中元年正月戊甲〉。

191 關於少數之例外，可參閱趙翼，《陔餘叢考》，卷二十七，「仕宦避本籍」條。
192 《唐會要》卷七十四〈吏曹條例〉。
193 閱《新唐書》卷五十一〈食貨志〉。
194 《舊唐書》卷一三三〈李聽傳〉。
195 《舊唐書》卷一三九〈陸贄傳〉。
196 《舊唐書》卷一四八〈李吉甫傳〉。
197 《舊唐書》卷一六五〈柳公綽傳〉。
198 《舊唐書》卷一六六〈元稹傳〉。
199 《舊唐書》卷一七四〈李德裕傳〉。
200 《舊唐書》卷一六八〈獨孤郁傳〉。
201 《舊唐書》卷十四〈憲宗紀・元和五年九月丁卯條〉。
202 閱《舊唐書》卷九十八〈源乾曜傳〉。
203 《通典》卷十四〈選舉二〉。
204 《唐六典》卷二〈吏部尚書〉。
205 《舊唐書》卷一七七〈曹確傳〉。
206 閱《唐律疏議》卷十〈職制中，疏議注〉。
207 閱《文獻通考》卷三十五〈選舉八・方伎〉。
208 《唐會要》卷七十五〈選部・雜處置〉。
209 閱《舊唐書》卷十八下〈宣宗紀・大中元年正月戊申條〉。

210 《文獻通考》卷三十五〈選舉八·方伎〉：「文宗大和五年敕，諸色藝能授官今後如有罪犯停職者，委本司牒報吏部，不在敘用限。」

211 閱《舊唐書》卷四十三〈職官二〉。

212 《唐會要》卷七十四〈掌選善惡〉：「久視元年七月，顧琮除吏部侍郎，時多權幸，好行囑託，琮性公方，不堪其弊，嘗因官齋至寺，見壁上畫地獄變相，指示同行曰：『此亦稱君所爲，何不畫天官掌選耶？』《封氏聞見記》卷三〈詮曹〉，所載略同，惟末句記顧琮之言曰：「此亦至苦，何不畫天官掌選乎？」

213 閱《新唐書》卷一一六〈陸元方傳〉。

214 《新唐書》卷四十五〈選舉志〉。

215 《唐會要》卷七十四〈論選事〉，垂拱元月七月。

216 《文獻通考》卷三十七〈選舉十〉：「是時（按指德宗時）河西隴右沒於虜，河南河北不上計，吏員大率減天寶三之一，而入流者加一，依士人二年居官，十年待選。」

217 《全唐文》卷六五一，元稹〈中書省議舉議縣令狀〉。

218 《唐大詔令集》卷一〇〇〈誡勵吏部禮部掌知舉官敕〉。

219 《續唐詩話》，卷末之五，頁十四，唐末五代人語。

220 《通典》卷十七〈選舉五〉。

221 《唐會要》卷七十四，論選事：「上元元年，劉嶢上疏曰：『今選曹以檢勘爲公道，以書判爲得人。夫書判者，以觀其智也，知及之，仁不能守之，可使從政者歟？不可使之而或任之，是貽患於天下也，如有德性侔於甲科，書判不能中的，其可舍之乎？』」

222 《唐會要》卷七十四〈論選事·天寶十載〉。

223 《通典》卷十五〈選舉三〉。
224 《唐會要》卷七十五〈選部・雜處置〉，天寶九載三月十三日敕。
225 《舊唐書》卷一六八〈韋溫傳〉。
226 《通典》卷十八〈選舉六〉。
227 《唐會要》卷八十一〈考上〉。
228 唐《陸宣公翰苑集》卷二十一〈論朝官闕員及刺史等改轉倫序傳〉。
229 《舊唐書》卷八十八〈蘇頲傳〉。
230 閱《通鑑》卷二三七，元和二年正月己酉。
231 閱《通鑑》卷二四九，大中六年六月壬申。
232 《容齋續筆》卷五〈銀青階〉。
233 趙翼，《陔餘叢考》卷十七〈唐時王爵之濫〉。
234 《唐國史補》卷下。
235 《舊唐書》卷一〇六〈楊國忠傳〉。
236 《通鑑》卷二四九，大中十一年正月丙午。
237 閱《貞觀政要》卷三〈擇官第七〉。
238 《唐語林》卷一〈政事上〉。
239 閱《通鑑》卷二〇八，神龍元年四月。
240 閱《舊唐書》卷一七七〈曹確傳〉。
241 《唐律疏議》卷九〈職制上〉。

242 《新唐書》卷四十五〈選舉志〉。
243 《通典》卷十七〈選舉五〉。
244 《貞觀政要》卷三〈擇官第七〉。
245 《通典》卷十五〈選舉三〉。
246 《冊府元龜》卷六九〈帝王部．審官〉。
247 《唐會要》卷七十四〈選部．論選事〉，會昌六年五月赦書。
248 《舊唐書》卷八十七〈魏玄同傳〉。
249 閱《通典》卷十七〈選舉五〉。
250 《通典》卷十八〈選舉六〉。
251 《通典》卷十八〈選舉六〉。
252 唐《陸宣公翰苑集》卷十七〈請許臺省官舉荐屬吏狀〉。
253 閱《冊府元龜》卷六三一〈銓選部．條制三〉，開成五年七月及十一月條。
254 《全唐文》卷七十九〈宣宗．委觀察選擇縣令制〉。
255 參閱拙著《唐代藩鎮與中央關係之研究》第三章第三節。
256 閱《平巢事跡考》，頁九。
257 王建行墨敕始於天祐元年二月，閱《通鑑》卷二六四。王審知行墨敕在昭宗幸鳳翔時，閱《新唐書》卷一九〇〈王潮傳〉。
258 洪邁《容齋四筆》卷十，「唐藩鎮行墨敕」條：「池州銅陵縣孚貺侯廟，有唐中和二年一碑，其詞曰：敕宣歙池等州都團練觀察使牒當道先准詔旨，許行墨敕，授管內諸州有功刺史大將等憲官，具件如後。」

唐玄宗時代的政風

一、緒論

唐玄宗在位四十五年（七一二－七五六），是唐代在位最久的君主，其所處的時間是李唐王朝的上半期之末[1]。在唐史中，玄宗時代的受到重視，不僅是因爲開元之治，更由於玄宗時代乃是李唐王朝由極盛而衰的轉紐時代。大體說來，在玄宗以前，李唐王朝無論是對外的武功或內部的政治社會之安定，都是可稱道的，開元時代是初唐國勢強盛的顛峰表現，杜甫描述當時國內經濟之富裕：「憶昔開元全盛日，小邑猶藏萬家室，稻米流脂粟米白，公私倉廩俱豐實，九州道路無豺虎，遠行不勞吉日出，齊紈魯縞車班班，男耕女織不相失。」[2]《通典》亦形容開元十三年後之情形：「東至宋汴，西至岐州，夾路列店肆待客，酒饌豐溢，每店皆有驢賃客乘，倏忽數十里，謂之驛驢，南詣荊襄，北至太原、范陽，西至蜀川涼府，皆有店肆，以供商旅，遠適數千里不持寸刃。」[3]《唐語林》卷三〈夙慧〉：

開元初，上留心理道，革去弊訛，不六七年間，天下大理，河清海晏，物殷俗阜。安西諸國，悉平為郡縣，置開遠門，亘地萬餘里，入河湟之賦稅，滿右藏，東納河北諸道租庸，充滿左藏，財寶山積，不可勝計，四方豐稔，百姓樂業，戶計一千餘萬，米每斗三錢，丁壯之夫，不識兵器，路不拾遺，行不齎糧。

李唐王朝的盛世於天寶十四載十一月爲安祿山之叛亂所毀滅。從安史之亂以後，李唐王朝雖仍延續了一百多年，但外則困於吐蕃回紇之侵擾，內則困於藩鎮宦官之擅權，國勢弱而不振，再也無法與安史之亂以前相比擬。

李唐王朝盛世的毀滅表面上看是安史之亂所造成，但是，安史之亂並不是促使李唐王朝由盛而衰的唯一原因，安史之亂確是一次重大的軍事破壞，撕破了昇平的表面現象，其實，李唐王朝的由盛而衰，其最大的根源是來自內部的腐蝕愈來愈加嚴重。安史之亂被平定，而李唐王朝的盛世不可再復，這表示地方對中央的軍事威脅是可以解除的，但基本的問題是朝廷的內部已經枯朽了，外在的嚴寒可以克服，內部的枯朽則不能再生，這是中唐以後政治問題的癥結所在。內部的枯朽其導源是多方面的，而政治風氣問題則是最重要的一環。

二、玄宗時代的政風

當玄宗初即位之時，由於經歷韋后與太平公主兩次政爭，印象尚甚深刻，因此謹慎從政，任用賢能，使開元之初有一番新氣象。劉餗稱：「今上既誅韋氏，擢用賢俊，政中宗之政，依貞觀故事，有志者莫不想望太平。」[4]范祖禹曰：「開元之初，明皇勵精政治，優禮故老。姚宋是師。」[5]先天二年，玄宗欲任姚崇爲相，崇請玄宗遵守十事以爲條件，[6]玄宗均從之，而宋璟以剛直聞，多革時弊，[7]玄宗時代富康的基礎實奠基於開元之初，《新唐書》稱：「玄宗自初即位，勵精政事，常自選太守、縣令，告戒以言，而良吏布州縣，民獲安樂，二十年間號稱治平，衣食富足。」[8]

不過，在開元之初中央政府已有許多不良的政風存在，例如開元初即有積壓公文之風氣，開元二年六月的詔書中部已指出此弊：

> 尚書禮閣，國之政本，郎官之選，實藉良才。如聞諸司郎中員外，怠於理煩，業惟養望，凡厥案牘，每多停壅，容縱典吏，仍有受財，欲使四方，何以取則，事資先令，義貴能改，宜令當司長官殷勤示語，並委左右丞句當，其有與奪不當及稽滯稍多者，各以狀聞。（《唐大詔令集》卷一〇〇〈誡勵尚書省官敕〉）

然而，開元二年的詔書似未發生效力，開元五年四月又發現吏部員外郎褚璆等十人有「案牘稽延」之事，而且「動即經年」，[9]可見情況嚴重，積習難改。

除了積壓公文外，在玄宗時代官吏不守法的政風似乎也普遍存在，所謂不守法乃指對於法令陽奉陰違，或因循苟且有虧法令，或相互勾結玩弄法令。例如開元九年三月玄宗敕朝集使曰：「去年諸州申有旱澇流亡，雖聞蠲放，莫能平允，多非情正守法。」[10]開元十年三月玄宗指責：「府縣寮寀，上下相承犯法，公然無問按詰，若或知而故縱，即是職分不舉，各自思審，何以當官。」[11]開元十一年六月，玄宗謂宰臣曰：「尚書省諸曹事多因循，頗虧格式，僞濫之輩，緣此得行，可令左右丞申明勾當，勿使更然。」[12]開元十二年二月玄宗詔書又指責曰：「如聞在外官人，罕遵法式，孤弱被抑，冤不獲申，有理之家，翻遭逼迫，侵刻之吏，務欲加誣，州縣有好長官，同寮豈敢違法，御史執憲綱紀，是司多惜人情，未聞正色，內外同此，何致至公。」[13]君主屢次的指責，可以表示出官吏不守法之事並未因君主的指責而改正過來，古代專制政治之下，君主的權威是絕對的，君主的指責臣下應該立刻接受而悔改，玄宗屢次指責而臣下竟不能改，這表示當時不守法已成爲風氣，並非玄宗的詔書和口頭指責所能改變。玄宗「令削絞斬條，上慕好生之名，故令應絞斬者皆重杖，流嶺南，其實，有司率杖殺之。」[14]即是守法政風並未樹立的明證。

玄宗時代國內承平，人皆求仕，而入仕之途甚多，除考試外，尚可因封爵、帝后親戚、勳庸、資蔭、君主之寵任、流外、輸財、藩鎮奏授、特徵、荐舉、制舉等途徑取得任官資格，[15]於是造成仕途之擁擠，乃不得不遞立選限以抑之，《通典》卷十八〈選舉六〉：

> 開元天寶之中，一歲貢舉，凡有數千，而門資、武功、藝術、胥吏，衆名雜目，百戶千途，入為仕者，又不可勝記，比於漢代，且增數十百倍，安得不重設吏職，多置等級，遞立選限

以抑之乎？

吏途的擁擠遂造成官吏選任時許多不良的風氣，有時是以因循苟且，不問賢愚的「排隊」方式用人，開元十八年裴光庭爲吏部尚書，作循資格，罷官滿一定年數即可任官，不必顧及才能，《冊府元龜》卷六三〇〈銓選部・條制二〉：

（開元）十八年四月侍中裴光庭以選人既廣常限，或有出身二十餘年而不獲祿者，復作循資格，定為限域，凡官罷滿，以若干選而集，各有差等，卑官多選，高官少選，賢愚一貫，必合乎格者乃得銓授，自下昇上，限年躡級，不得踰越，久淹不收者皆荷之，謂之聖書，雖小有常規，而求財（才）之方失矣。其有異才高行，聽擢不次，然有其制而無其事，有司但守文奉式循欲壓例而已。

裴光庭之循資格雖然使「久淹不收」者捧爲「聖書」，但是循年而進失去了選才擇能的任官原意，只表現了當時政治上因循苟且和用人輕率的風氣。固然，開元二十一年蕭嵩爲中書令之後，即奏請廢止了裴光庭的循資格[16]，可是政治上用人輕率的風氣未改，在此種風氣蔓延下，玄宗雖以詔令「必須杜邪枉之門，塞請託之路」[17]，而選曹仍然通行賄賂，輕率爲之，《舊唐書》卷一一三〈苗晉卿傳〉：

（開元）二十九年拜吏部侍郎，前後典選五年，攻既寬弛，胥吏多因緣為姦，賄賂大行。時天下承平，每午赴選常萬餘人，李林甫為尚書，專任廟堂，銓事唯委晉卿及同列侍郎宋遙主之，選人既多，每年兼命他官有識者同考定書判，務求其實。天寶二載春，御史中丞張倚男奭參選。晉卿與遙以倚初承恩，欲悅附之，考選入判等凡六十四人，分甲乙科，奭在其首，眾知奭不讀書，論議紛然，有蘇孝慍者，嘗為范陽薊令，事安祿山，具其事告之，祿山恩寵特異，謁見不常，因而奏之，玄宗大集登科入御花萼樓，親試登第者，十無一二，而奭手持試紙，竟日不下一字，時謂之曳白。

在用人輕率的政風下，貴戚子弟乃得恃勢得位，高力士娶呂玄晤之女為妻，乃擢玄晤為「少卿，刺史」，呂氏子弟「皆為王傅」，[18]楊國忠子暄舉明經更是恃勢強取，鄭處誨撰《明皇雜錄》載：

楊國忠之子暄舉明經，禮部侍郎達奚珣考之，不及格，將黜落，懼國忠而未敢定。時駕在華清宮，珣子撫為會昌尉，珣遽召使，以書報撫，令候國忠具言其狀，撫既至國忠私第，五鼓初起，列火滿門，將欲趨朝，軒蓋如市，國忠方乘馬，撫因趨入，謁於燭下，國忠謂其子必在選中，拊蓋微笑，意色甚歡，撫乃白曰：「奉大人命，相君之子試不中，然不敢黜退。」國忠卻立大呼曰：「我兒何慮不富貴，豈藉一名，為鼠輩所賣耶。」不顧，乘馬而去。撫惶駭遽奔告於珣曰：「國忠恃勢倨貴，使人之慘舒出於咄嗟，奈何以校其曲直。」因致暄於上第。既為戶部侍郎，珣纔自禮部侍郎轉吏部侍郎，與同列，暄話於所親，尚嘆己之淹徊而謂珣改遷疾速。

開元十四年十一月二十五日敕書稱：「比來所擬注官，多不慎擇，或以資授，或未適才。」[19]指出當時已經存在用人輕率的風氣，此種風氣至天寶末楊國忠當政時尤烈，《通鑑》卷二一六，天寶十一載十二月：

楊國忠欲收人望，建議文部選人，無問賢不肖，選深者留之，依資據闕注官，滯淹者翕然稱之。

此項措施幾乎又回到了裴光庭之循資格，不過，裴光庭的循資格尚有規矩可行，楊國忠則無守法精神，不立規矩，任意為之，更加濃了輕率用人的風氣，韋絢撰《劉賓客嘉話錄》載：

楊國忠嘗會諸親，時知吏部銓事，且欲大噱，已設席呼選人名，引入中庭，不問資序，短小者道州參軍，胡者湖州文學，簾中大笑。

《通鑑》卷二一六，天寶十二載亦載楊國思破壞任官制度，隨意選人之事：

春，正月壬戌，國忠召左相陳希烈及給事中諸司長官，皆集尚書都堂，唱注選人，一日而畢，曰：「今左相、給事中俱在座，已過門下矣。」其間資格差繆甚眾，無敢言者，於是門下不復過官，侍郎但掌試判而已，侍郎韋見素、張倚趨走門庭，與主事無異。

可見用人之輕率始終是玄宗時代不良政風之一。

唐代政治上「內重外輕」的心理自太宗時已形成，士人仕宦樂京師而賤州縣成為風氣，李嶠於武后時指出當時士人「莫不重內官輕外職，每除牧伯，皆再三披訴」[20]，此種「重內輕外」之風氣至玄宗時代尤其濃厚，鄭處誨《明皇雜錄》：

> 開元中，朝廷選用群臣，必推精當，文物既盛，英賢出入，皆薄其外任，雖雄藩大府，由中朝冗員而授，時以為左遷，班景倩自揚州採訪使人為大理少卿，路由大梁，倪若水為郡守，西郊盛設祖席，宴罷，景倩登舟，若水望其行塵，謂椽吏曰：「班公此行，何異登仙乎！為之騶殿，良所甘心。」默然良久，方整駕回。

按《通鑑》繫倪若水、班景倩之事於開元四年，[21]此後「內重外輕」心理益重，開元八年爲革除此種風氣，乃有內外官互任之詔，《全唐文》卷三十四，玄宗〈銓擇內外官敕〉：

> 頃來朝士出牧，例非情願，緣沙汰之色，或受此官，縱使超資，尚多懷恥，亦朝廷勳舊，蹔鎮外台，卻任京都，無辭降屈，且希得入，眾以為榮，為官擇人，豈合如此，自今以後，諸司清望官闕，先於牧守內精擇，都督刺史等要人，兼向京官中簡授，其臺郎已下除改，亦於上佐縣令中通取，俾中外迭用，賢良靡遺。[22]

然而此一皇帝詔敕並未能改變士大夫重內輕外之觀念，開元十三年二月，玄宗自選尚書左丞楊承令等十一人爲刺史，並命宰相、諸王及諸司長官臺郎御史餞於洛濱，「供張甚盛，賜以御膳，太常具樂，內坊歌妓，上自書十韻詩賜之。」不可不謂光采榮耀，然而楊承令仍「不欲外補，意怏怏。」[23]此種重內輕外之風氣至安史之亂起仍未見有變化。

唐代重文輕武之觀念至少於睿宗朝已存在，劉餗《隋唐嘉話》：

> 徐彥伯常侍，睿宗朝，以相府之舊，拜羽林將軍，徐既文士，不悅武職，及遷，謂賀者曰：

「不喜有遷，且喜出軍耳。」

至玄宗時代，重文輕武更成爲風氣，「縉紳之徒，以能賦爲賢」，[24]「用文章爲耕耘，登高不能賦者，童子大笑。」[25]開元八年韋湊由將作大匠東部留守遷右衛大將軍，玄宗謂湊曰：「皇家故事，諸衛大將軍共尚書交互爲之，近日漸貴文物，乃輕此職，卿聲實俱美，故暫用卿以光此官，勿辭也。」[26]玄宗之言透露了當時重文輕武風氣之嚴重，玄宗令韋湊任右衛大將軍，乃在鼓勵朝臣勿輕武職，事實上，玄宗似乎並沒有積極地提倡重武，因此，至天寶之末，重文輕武的風氣變得極端濃厚，甚至「子弟爲武官者，父兄擯之不齒。」[27]

玄宗時代另一瀰漫政界及社會的風氣乃是奢靡享樂的風氣，當玄宗初即位之時，以得位不易，尚有警惕之心，曾詔令禁斷珠玉，以防止奢靡風氣，《通鑑》卷二一一，開元二年：

上以風俗奢靡，秋七月乙未，制：「乘輿服御，金銀器玩，宜令有司銷毀，以供軍國之用，其珠玉錦繡，焚於殿前，后妃以下，皆毋得服珠玉錦繡。」戊戌，敕：「百官所服帶及酒器、馬銜鐙，三品以上聽飾以玉，四品以金，五品以銀，自餘皆禁之。婦人服飾從其夫子，其舊成錦繡，聽染為皂。自今天下更毋得采珠玉、織錦繡等物，違者杖一百，工人減一等。」罷兩京織錦坊。

《唐大詔令集》卷一〇九〈禁斷錦繡珠玉敕〉：

今王侯勳戚，下洎廝養，所得者重於遠，所求者貴於異，至於彫文刻鏤，衣紈履絲，習俗相夸，殊塗競爽，有妨於政無補於時，……自今以後，切令禁斷，如更循舊弊，並歸罪長官。

（開元二年七月三日）

又劉餗，《隋唐嘉話》：

開元始年，上悉出金銀珠玉錦繡之物於朝堂，若山積而焚之，亦不復御用也。

然而玄宗開元二年之舉動似未收到效果，開元十四年的詔書尚指責「三公以下爰及百姓等罕聞節儉，尚縱驕奢，器玩猶擅珍華，車服未損珠翠。」[28]

其實，玄宗時代政治社會上的奢靡風氣始終存在，例如韋陟「門第豪華，早踐清列，侍兒閹閽，列侍左右者十數，衣書藥食。咸有典掌，而輿馬僮奴，勢侔於王家主第。」[29]王鉷以罪賜死，籍沒有家，「縣官簿錄鉷太平坊宅，數日不能遍，宅內有自雨亭子，簷上飛流四注，當夏處之，凜若高秋。又有寶鈿井欄，不知其價，他物稱是。」[30]王仁裕《開元天寶遺事》載王元寶之奢靡故事兩則：

王元寶，都中巨豪也，常以金銀疊為屋，壁上以紅泥泥之，於宅中置一禮賢堂，以沉檀為軒檻，以碔砆甃地面，以錦文石為柱礎，又以銅線穿錢甃於後園花徑中，貴其泥雨不滑也。四方賓客所至如歸，故時人呼之王家富窟。（富窟）王元寶好賓客，務於華侈，器玩服用，僭於王公，而四方之士盡歸而仰焉，常於寢帳床前，雕矮童二人，捧七寶博山爐，自暝焚香徹曉，其驕貴如此。（床畔香童）

至天寶末，楊國忠當權，窮極奢侈，倚仗楊貴妃之勢，楊國忠與其姊妹之衣食住行無不講求豪華，以爲誇耀，《冊府元龜》卷三〇六〈外戚部．奢縱〉：

楊國忠，玄宗貴妃從父之子，為右相兼劍南節度，與貴妃娣虢國夫人於宣揚里，連構甲第土木被綈繡，棟宇之盛，兩都莫比，晝會夜集，無復禮度。有時與虢國夫人聯轡入朝，揮鞭走馬，以為諧謔，衢路觀者無不駭歎。每扈蹕驪山，國忠以劍南幢節引於前，出有餞路，還有軟腳，遠近餉遺，珍玩狗馬，閹侍歌兒，相望于道。

《通鑑》卷二一六，天寶七載十一月癸未條：

以（楊）貴妃姊適崔氏者為韓國夫人，適裴氏者為虢國夫人，適柳氏者為秦國夫人，三人皆有才色，上呼之為姨，出入宮掖，並承恩澤，勢傾天下，……競開第舍，極其壯麗，一堂之費，動踰千萬，既成，見他人有勝己者，輒毀而改為，虢國尤為豪蕩，一旦帥工徒突入韋嗣立宅，即撤去舊屋，自為新第，但授韋氏以隙地十畝而已。

又《通鑑》卷二一六，天寶十二載十月戊寅條：

三夫人（按指韓國、虢國、秦國）將從車駕幸華清宮，會於國忠第，車馬僕從，充溢數坊，錦繡珠玉，鮮華奪目……楊氏五家，隊各為一色衣，以相別，五家合隊，粲若雲錦。

杜甫有詩形容楊氏三夫人：

三有三日天氣新，長安水邊多麗人，態濃意遠淑且真，肌理細膩骨肉勻，繡羅衣裳照暮春，蹙金孔雀銀麒麟，頭上何所有，翠微㔩葉垂鬢脣，背後何所見，珠壓腰衱穩稱身，就中雲幕椒房親，賜名大國虢與秦，紫駝之峰出翠釜，水精之盤行素鱗，犀筋厭飫久未下，鸞刀縷切空紛綸，黃門飛鞚不動塵，御廚絡繹送八珍，簫管哀吟感鬼神，賓從雜遝實要津，後來鞍馬何逡巡，當軒下馬入錦茵，楊花雪落覆白蘋，青鳥飛去銜紅巾，炙手可熱勢絕倫，慎莫近前丞相嗔（《杜詩詳註》卷二〈麗人行〉）

楊國忠一家實將奢靡風氣帶到顛峰。

奢靡的生活需要大量金錢的供應，經商致富尚易，做官而求致富則非薪俸之外別有所取不可，於是，貪污成爲維持奢靡生活的必要手段，玄宗時代上自宰相，下至地方官，貪污賄賂之風氣相當普遍，張說爲開元年間名相，頗「貪財賄」，[31]中書主事張觀、左衛長史范堯臣並依倚張說權勢而「詐假納賄」。[32]王皇后之兄弟王守一「積財巨萬」，開元十一年以罪賜死，「籍沒其家，財帛不可勝計」。[33]李彭年爲吏部侍郎，「掌選七年，好聚財，無廉潔之操而善接待選人，惟黷貨無厭」。[34]御史大夫宋渾「坐贓巨萬」而獲罪。[35]楊國忠爲相，「中外餉遺輻湊，積縑玉三千萬匹。」[36]幽州節度使趙含章坐贓巨萬而杖於朝堂。[37]以上所舉不過犖犖大者，史籍所載事例尚多，不能遍述。玄宗寵信宦官，因此，宦官之貪贓納賄更爲普遍，《通鑑》卷二一三，開元十八年十一月：

是時，上頗寵任宦官，往往為三品將軍，門施棨戟，奉使過諸州，官吏奉之，惟恐不及，所得賂遺，少者不減千緡，由是京城郊畿，田園參半，皆宦官矣。

宦官出使實最佳之納賄機會，「中官一至軍，則所冀千萬計，脩功德，市鳥獸，詣一處，則不啻千貫。」[38]天寶十四載二月楊國忠言安祿山有異志，玄宗遣宦官輔璆琳往察其變，如此重大任務，輔璆琳竟「受祿山厚賂，還盛言祿山竭忠奉國，無有二心。」[39]高力士之擊鐘收錢，更表示宦官公開納賄之作風，《通鑑》卷二一六，天寶七載四月辛丑條：

左監門大將軍知內侍省事高力士加驃騎大將軍，力士承恩歲久，中外畏之，太子亦呼之為兄，諸王公呼之為翁，駙馬輩直謂之爺，自李林甫、安祿山輩皆因之以取將相，其家富厚不貲，於西京作寶壽寺，寺鐘成，力士作齋以慶之，舉朝畢集，擊鐘一杵，施錢百緡，有求媚者，至二十杵，少者不減十杵。

楊國忠、安祿山之得勢，皆以賄賂而成，《新唐書》卷二〇六〈楊國忠傳〉：

國忠至，乃得蜀貨百萬，即大喜，至京師，見群女弟，致贈賂遺，於時，虢國新寡，國忠多分賂，宣淫不止。（國忠遂得貴）

《通鑑》卷二一四，開元二十九年：

平盧兵馬使安祿山傾巧善事人，人多譽之，上左右至平盧者，祿山皆厚賂之，由是上益以為賢。御史中丞張利貞為河北采訪使，至平盧，祿山曲事利貞，乃至左右皆有賂，利貞入奏，盛稱祿山之美，八月乙未，以祿山為營州都督，充平盧軍使、兩蕃渤海黑水四府經略使。

誠如《通典》所稱，玄宗時代已是「職事委於郡胥，貨賄行於公府」，[40]貪贓賄賂的風氣可見極爲普遍。

三、影響玄宗時代政風的因素

范祖禹曰：「開元之初，明皇勵精政治，優禮故老，姚宋是師，天寶以後，宴安驕侈，倦求賢俊，委政群小，彼小人者，惟利是就，不顧國體，巧言令色，以求親呢，人主甘之，薄於禮而厚於情，是以（李）林甫得容其姦。」[41]玄宗時代的政風與宰相有甚大的關係，玄宗本身雖有才能，但對宰相願付以重任，觀玄宗對姚崇之態度可見，《通鑑》卷二一〇，開元元年十月（參閱次柳氏舊聞，所記略同）：

> 姚元之嘗奏請序進郎吏，上仰視殿屋，元之再三言之，終不應，元之懼，趨出。罷朝，高力士諫曰：「陸下新總萬機，宰臣奏事當面加可否，奈何一不省察？」上曰：「朕任元之以庶政，大事當奏聞共議之，郎吏卑秩，乃一一以煩朕邪。」會力士宣事至省中，為元之道上語，元之乃喜，聞者皆服上識君人之體。

玄宗既欲小事皆委宰相，因此不願宰相之間有不和的現象，凡有不和，必罷去相位，如開元十七年李元紘、杜暹爲相，議事多異用，玄宗不悅，罷去二人相位，[42]開元二十一年，宰相蕭嵩、韓休不合，玄宗並罷之，[43]開元二十四年李林甫、張九齡、裴耀卿不和，玄宗欲自東都還長安，張九齡、裴耀卿反對，李林甫贊成，於是玄宗罷張九齡、裴耀卿相位，[44]在玄宗好惡之下，群相必須和諧，既須和諧，則群相必是志趣相投，性格相近之人，或者群相中一人當權，他相皆附從，如此則造成權相。如開元初姚崇爲相，「同時宰相盧懷愼、源乾曜等但唯諾而已，崇獨當重任，明於吏道，斷割不滯。」[45]宋境與蘇頲爲相，「璟剛正多所裁斷，頲皆順從其美，若上前承旨敷奏及應對，則頲爲之助，相得甚悅。」[46]李林甫爲相，引牛仙客入相，「仙客既居相位，獨善其身，唯諾而已，所有錫賚皆緘封不啓，百司有所諮決，仙客曰：但依令式可也。不敢措手裁決。」[47]李林甫又引陳希烈爲相，「希烈，宋州人，以講老莊得進，專用神仙符瑞取媚於上，李林甫以希烈爲上所愛，且柔佞易制，故引以爲相，凡政事一決於林甫，希烈但給唯諾故事，宰相午後六刻乃出，林甫奏今太平無事，巳時即還第，軍國機務，皆決於私家，主事抱成案詣希烈書名而已。」[48]及楊國忠爲相，專權用事，同時宰相陳希烈、韋見素附從之，唯諾而已。[49]玄宗時代，群相中既有一人當權，此當權之權相對實際政風之影響甚大，李林甫任相以前，姚崇、宋璟等居相位，重公守法，如姚崇任相，貴戚斂手，《通鑑》卷二一一，開元二甲年正月條載：

> 薛王業之舅王仙童，侵暴百姓，御史彈奏，業為之請，勅紫微黃門覆按，姚崇、盧懷慎等奏：「仙童罪狀明白，御史所言無所枉，不可縱捨，」上從之。由於貴戚斂手。

宋璟爲相，「務在擇人，隨才授任，使百官各稱其職，刑賞無私，敢犯顏直諫。」[50]《唐語林》

卷一〈政事上〉：

姚崇引宋璟為御史中丞，頃之入相，宋善守法，故能持天下之政，姚善應變，故能成天下之務，二人執性不同，同歸於道，協心翼賞，以致於治。

《通鑑》卷二一一，開元四年閏月：

姚宋相繼為相，崇善應變成務，璟善守法持正，二人志操不同，然協心輔佐，使賦役寬平，刑罰清省，百姓富庶，唐世賢相，前稱房杜，後稱姚宋，它人莫得比焉。

開元之治的造成，姚崇、宋璟居功最偉。開元二十四年張九齡罷相以前，宰相在才德方面多有可取，如《通鑑》稱：「姚崇尚通，宋璟尚法，張嘉貞尚史，張說尚文，李元紘、杜暹尚儉，韓休、張九齡尚直，各其所長也。」[51]除前述姚崇、宋璟守法不畏貴戚之外，任相者尚多節儉，如盧懷愼家貧，姚崇「無居第，寓居罔極寺」，[52]李元紘亦以儉者，《舊唐書》卷九十八〈李元紘傳〉：

元紘在政事，累年不改第宅，僕馬弊劣，未曾改飾，所得封物皆散之親族，右丞相宋璟嘗嘉歎之，每謂人曰：「李侍郎引宋遙之美才，黜劉晃之貪冒，貴為國相，家無儲積，雖季文子之德，何以加也。」

自開元二十四年張九齡罷相，李林甫、楊國忠相繼用事之後，爲相者私心自用，枉法營私，講求奢侈，政風爲之大變，李林甫善以陰計傷人，有「口蜜腹劍」之號，正直不阿者多被李林甫所排擠出朝廷，《通鑑》卷二一五，天寶元年：

李林甫為相，凡才望功業出己右，及為上所厚，勢位將逼己者，必百計去之，尤忌文學之士，或陽與之善，啗以甘言而陰陷之，世謂李林甫口有蜜，腹有劍。

孫甫稱：「(李)林甫任用浸久，內則起大獄，引楊國忠使倚貴妃勢，以害忠良，致其權力，外則保任藩將，使專節制，利其夷狄賤類，無入相之路，養成祿山凶威，則天寶之亂，林甫致之也。」[53]楊國忠任相，隨己憎愛，貪污賄賂，帶頭敗壞政風。[54]《舊唐書》卷一五九〈崔群傳〉：

嘗因對，面論語及天寶開元中事，群曰：「安危在出令，存亡繫所在，玄宗用姚崇、宋璟、張九齡、韓休、李元紘、杜暹則理，用林甫、楊國忠則亂，人皆以天寶十五年祿山自范陽起兵是理亂分時，臣以為開元二十四年罷賢相張九齡專任奸臣李林甫，理亂自此已分矣，用人得失，所繫非小。」

宰相對於政風之影響實大。

唐代為君主專制政體，君主權威無限，因此，君主的好惡，臣民多隨之仿效，例如玄宗時宮中以錦結成樓殿，以祀牛郎織女星，宴樂達旦，而士民之家皆效之，王仁裕《開元天寶遺事．乞巧樓》：

宮中以錦結成樓殿，高百尺，上可勝數十人，陳以瓜果酒炙，設坐具以祀牛女二星，嬪妃各以九孔針五色線向月穿之，過著為得巧之侯，動清商之曲，宴樂達旦，士民之家皆欲效之。

所以君主的好惡與提倡最易成爲風氣，玄宗時代的許多政風的改變或形成實與玄宗個人的作爲有密切的關係。例如玄宗時代奢侈享樂的風氣與玄宗個人的好尚有極大關係，開元之初，玄宗初經政變而獲得帝位，故處處謹愼，納忠諫，講節儉，下舉二例可以見其一斑：

上嘗遣宦官詣江南取鵁鶄鸂鶒等，欲置苑中，使者所至煩擾，道過汴州，倪若水上言……上手敕謝若水，賜帛四十段縱散其鳥。（《通鑑》卷二一一開元四年二月，參閱《舊唐書》卷一八五下〈倪若水傳〉）

有胡人上言海南多珠翠奇寶，可往營致，因言市舶之利，又欲往師子國求靈藥及善醫之嫗，寘之宮掖，上命監察御史楊範臣與胡人偕往求之，範臣從容奏曰：「陛下前年，焚珠玉錦繡，示不復用，今所求者，何以異於焚者乎……願熟思之。」上遽自引咎，慰諭而罷之。（《通鑑》卷二一一，開元四年五月）

然而，玄宗在位年久之後，國內承平，物資漸豐，遂耽於享受，內宮妃嬪眾多，賞賜無度，《樂史·楊太眞外傳》卷上：

加（楊）釗御史大夫，權京兆尹，賜名國忠，封大姨為韓國夫人，三姨為虢國夫人，八姨為秦國夫人，同日拜命，皆月給錢十萬，為脂粉之資。……又賜虢國照夜璣，秦國七葉冠，國忠鏁子帳，蓋希代之珍，……宮中掌貴妃刺繡織錦者數百人，雕鏤器物又數百人，供生日及時節慶。……

鄭處誨《明皇雜錄》：

> 每賜宴，設酺會，則上御勤政殿，金吾及四軍兵士未明陳仗盛列旗幟，皆被黃金甲，衣短後繡袍，太常陳樂，衛尉張幕後，諸蕃酋長就食府縣，教坊大陳山車旱船，尋撞走索凡劍角抵戲馬鬥雞。又令宮女數百，飾以珠翠，衣以錦繡。自帷中出擊雷鼓，為破陣樂、太平樂、上元樂，又引大象犀牛入場，或拜舞，動中音律。每正月望夜，又御勤政樓觀作樂，貴臣戚里，官設看樓，夜闌，即遣宮女於樓前歌舞以娛之。

玄宗不僅本身生活享受，賜嬪妃貴戚無度，即賞大臣亦十分豪綽，如李林甫爲相，玄宗特以薛王別墅賜之，「林亭幽邃，甲於都邑」，又賜女樂二部，「天下珍玩，前後賜與，不可勝紀。」[55]

玄宗爲安祿山在京師治第，奢侈華麗至極，《通鑑》卷二一六，天寶十載正月：

> 上命有司為安祿山治第於親仁坊，敕令但窮壯麗，不限財力，既成，具幄帟，器皿充牣其中，有帖白檀床二，皆長丈闊六尺，銀平脫屏風帳，方丈六尺，於廚廄之物，皆飾以金銀，金飯罌二，銀淘盆二，皆受五斗，織銀絲筐及笊籬各一，它物稱是，雖禁中服御之物，殆不及也，上每令中使為祿山護役，築第及造儲偫賜物，常戒之曰：「胡眼大，勿令笑我。」

玄宗又嘗「引百官觀左藏，賜帛有差，是時州縣殷富，倉庫積粟帛動以萬計」，於是玄宗「以國用豐衍，故視金帛如糞壤，賞賜貴寵之家，無有限極。」[56]玄宗又提倡享樂，鼓勵臣下尋勝讌樂，此項資料甚多，特例舉部分如下：

（開元）十七年八月癸亥，帝降誕之日，大置酒張樂，宴百寮於花萼樓三月（？）命侍臣及百寮每旬暇日尋勝地讌樂，仍賜錢，令所可供帳造食。（《冊府元龜》卷一一〇〈帝王部・宴享二〉）

（開元十八年）二月癸酉，初令百官於春月旬休，選勝行樂，自宰相至員外郎，凡十二筵，各賜錢五千緡，上或御花萼樓，邀其歸騎留飲，迭使起舞，盡歡而去。（《通鑑》卷二一三）

（開元）十九年二月丁亥，詔曰：「……中書門下及供奉官、嗣王、郡主、左右丞相、少傅、賓客、諸司三品以上長官、侍郎、郎官、少監。少卿、少匠、司業、少尹、兩縣令、都水使者、朝集使上佐以上並雜處未赴任者及東官諸司長官、中舍、中允、少詹事、諭德、中郎率蕃官三品以上至春末以來，每置暇日宜准去年正月二十九日敕賜錢造食任逐遊賞。」（《冊府元龜》卷一一〇〈帝王部・宴享二〉）

（開元）二十年二月壬辰，許百寮於城東關亭子尋勝，因置檢校尋勝，以厚其事，文官三品以上及兩省供奉官侍郎中丞御史咸預焉。（《冊府元龜》卷一一〇〈帝王部・宴享二〉）

（開元二十三年正月乙亥）時命三百里內刺史縣令各帥所部音樂，集於樓下，各較勝負。（《通鑑》卷二一四）

（開元二十四年，帝千秋節，制曰：）今屬時和氣清，年穀漸熟，中外無事，朝野大安，不因此時，何云宴喜，卿等即宜坐飲，相與盡歡。（《冊府元龜》卷一一〇〈帝王部・宴享

二〉）

天寶八載正月敕，今朝廷無事，思與百辟，同茲宴賞，其中書門下及百官等，共賜絹二萬匹，其外官取當處官物，量郡大小，及官人多少，節級分賜，至春末以來，每旬日休假，任各追勝為樂。（《唐會要》卷二十九〈追賞〉）

（天寶）十載正月詔曰：「……今郊廟精禋，大禮克舉，萬方無事，九有忻心，屬獻盡芳春，上元望日，既當行慶之序，式廣在鎬之恩，自今後，非惟旬休及節假，百官等曹務無事之後，任追逐宴樂。（《冊府元龜》卷一一〇〈帝王部・宴享二〉）

天寶十載九月二日敕，五品以上正員清官，諸道節度使及太守等，並聽當家畜絲竹，以展歡娛，行樂盛時，覃及中外。（《唐會要》卷三十四〈論樂・雜錄〉）

（天寶）十四載三月庚申，許常參官追勝宴樂，百官因上表曰：「伏奉恩敕，令臣等三月以來，分日入朝，逐便尋勝。……」（《冊府元龜》卷一一〇〈帝王部・宴享二〉）

在君主提倡之下，全國官吏遂沈迷於享樂之中。當時另有「進食」風氣，如《通鑑》卷二一六，天寶八載二月內即載「進食」之事：

時諸貴戚競以進食相尚，上命宦官姚思藝為檢校進食使，水陸珍饈數千盤，一盤費中人十家之產。中書舍人竇華嘗退朝，值公主進食，列於中衢，傳呼按轡出其間，宮苑小兒數百，奮挺於前，華僅以身免。

可見當時皇宮與貴戚之家生活極端奢侈，而玄宗竟任宦官為「檢校進食使」，玄宗實為此「進食」舉動之倡導者，無怪貴戚爭效。

由於生活奢侈，賞賜無度，造成入不敷出，玄宗願臣下進獻，如張九章、王翼以所獻精美加官，《通鑑》卷二一五，天寶五載七月：（參見《樂史・楊太眞外傳》）

楊貴妃方有寵，每乘馬，則高力士執轡授鞭，織繡之工專供貴妃院者七百人，中外爭獻器服珍玩，嶺南經略使張九章、廣陵長史王翼以所獻精美，九章加三品，翼入為戶部侍郎，天下從風而靡。民間歌之曰：「生男勿喜女勿悲君今看女作門楣。」妃欲得生荔支，歲命嶺南馳驛致之，比至長安，色味不變。

此種進獻當然不入國庫，而入內宮供玄宗揮霍，於是剝括之臣如楊崇禮、楊愼矜、王鉷等乃受重用，《新唐書》卷五十一〈食貨志〉：

天子（按指玄宗）驕於佚樂而用不知節，大抵用物之數常過其所入，於是錢穀之臣始事悛刻，太府卿楊崇禮句剝分銖，有欠折漬損者，州縣督送，歷年不止，其子慎矜專知太府，次子慎名，知京倉，亦以苛刻結主恩，王鉷為戶口色役使，歲進錢百億萬緡，非租庸正額者，積百寶大盈庫，以供天子燕私。

王鉷搜括而供玄宗私用，玄宗待之益厚，《舊唐書》卷一〇五，王鉷傳（《冊府元龜》卷五一〇〈邦計部・希旨〉王鉷條所記略同）：

古制天子六官皆有品秩高下，其俸物因有等差，唐法沿於周隋，妃嬪宮官，位有尊卑，亦隨其品而給授，以供衣服鉛粉之費，以奉於宸極。玄宗在位多載，妃御承恩多賞賜，不欲頻於左右藏取之，鉷探旨意，歲進錢寶百億萬，使貯於內庫，以恣主恩錫賚，鉷云此是常年額外物，非征稅物，玄宗以為鉷有富國之術，利於王用，益厚待之。

此外，韋堅、宇文融亦希玄宗旨意，勾剝財物進獻以致恩顧，《舊唐書》卷一〇五〈韋堅傳〉：

（韋堅於開元二十五年為長安令）與中貴人善，探候主意，見宇文融、楊慎矜父子以勾剝財物爭行進奉而致恩顧，乃轉運江淮租賦，所在置吏督察，以裨國之倉廩，歲益鉅高，玄宗以為能。

當宇文融得罪之後，玄宗以國用不足，復思宇文融，謂裴光庭曰：「卿等皆言融之惡，朕既黜之矣，今國用不足，將若之何？卿等何以佐朕？」[57]按玄宗中葉以後國用之不足乃皇室生活過分浪費所致，玄宗不思「節流」，而懷念善於斂財搜刮之臣，於是臣希君意，努力斂財以供君主之需，大寶年間遂有王鉷之出現。

由於君主之提倡，臣下遂亦仿效，競爲奢靡享樂，王仁裕「開元寶遺事」中載玄宗時代貴戚之家講求生活享樂之事頗多，可以參考。

除上述奢靡享樂之風氣由玄宗倡導而成之外，玄宗時代其他之政風亦受玄宗個人之影響而形成。如重文輕武之放風起因乃「天子以中原太平，修文教，廢武備，銷鋒鏑，以弱天下豪傑，於是挾軍器者有辟，蓄圖讖者有誅，習弓矢者有罪。」遂造成「不肖子弟爲武官者。父兄擯之不齒」[58]的重文輕武風氣，此風氣顯然是玄宗有意造成，無怪乎岑參要責備宗學士「萬事不可料，歎君在軍中，讀書破萬卷，何事來從戎」[59]了。

玄宗以誅韋后政變成功而得勢，因此，即位之初，戰戰兢兢惟恐有失，頗能任用正直朝臣，然而，在位漸次，已失戒愼之心，加以淪於享樂生活，又受朝臣不斷地歌頌阿諛（歌頌阿諛乃專制政治下臣對君之通例），遂使玄宗產生一種自以爲是的狂妄錯覺，張九齡爲相，奏赤山北無賊及突厥要人去世，讚美玄宗料事準確，玄宗竟御批云：「脫臨御有年，更事多矣，天人之際，先意後合。」[60]儼然「先知」自居，在此種自以爲是的狂妄錯覺下，所作所爲常不能有正確判斷，宋祁稱玄宗「及太平久，左右大臣皆帝自識擢，狎而易之，志滿意驕」[61]，中肯深入。玄宗在開元初處事任人皆謹愼，又開元二十年以後乃轉變爲任意而輕率，開元十年，玄宗之女永穆公主將下嫁，敕資送如太平公主故事，僧一行諫曰：「武后惟太平一女，故資送特厚，卒以驕敗，奈何爲法？」玄宗乃止。[62]對公主之實封，玄宗初以體恤百姓而封少，後則改變態度大肆加封，《通鑑》卷二一四，開元二十三年七月：

唐初，公主實封止三百戶，中宗時，太平公主至五千戶，率以七丁為限。開元以來，皇妹止千戶，皇女又半之，皆以三丁為限，駙馬皆除三品員外官，而不任以職事，公主邑入至少，至不能具車服，左右或言其太薄，上曰：「百姓租賦，非我所有，戰士出死力，賞不過束帛，女子何功，而享多戶邪？且欲使之知儉嗇耳。」秋七月，咸宜公主將下嫁，始加實封至千戶，公主，武惠妃之女也，於是諸公主皆加至千戶。

玄宗初見吉溫，稱吉溫「是一不良漢，朕不要也」，及後安祿山薦吉溫，玄宗「忘曩歲之語」，乃以溫爲河東節度副使並知節度營田及管內採訪監察留後事。63可見玄宗在位日久。失識人之明，乃輕率用人，安祿山之得勢固李林甫之私心，但玄宗對安祿山過分信任亦是重要原因，天寶十四載二月，安祿山以蕃將代漢將，宰相韋見素力言其反跡已明，不可詐，玄宗不聽，竟自保之，《通鑑》卷二一七，天寶十四載二月：

辛亥，安祿山使副將何千年人奏，請以蕃將三十二人代漢將。上命立進畫，給告身。韋見素謂楊國忠曰：「祿山久有異志。今又有此請，其反明矣。明日見素當極言，上未允，公當繼之。」國忠許諾。壬子，國忠、見素人見，上迎謂曰：「卿等有疑祿山之意邪？」見素因極言祿山反已有跡，所請不可許。上不悅，國忠逡巡不敢言，上竟從祿山之請。他曰，國忠、見素言於上曰：「臣有策可坐消祿山之謀，今若除祿山平章事，召詣闕，以賈循為范陽節度使，呂知誨為平盧節度使，楊光翽為河東節度使，則勢自分矣。」上從之，已草制，上留不發，更遣中使輔璆琳以珍果賜祿山，潛察其變，璆琳受祿山厚賂，還，盛言祿山竭忠奉國，無有二心，上謂國忠等曰：「祿山朕推心待之，必無異志，東北二虜，藉其鎮遏，朕自保之，卿等勿擾也。」事遂寢。

可見玄宗已失用人之判斷力，玄宗時代政風敗壞約始於李林甫任相時，玄宗對李林甫極端信任，及安祿山叛，玄宗幸蜀，裴士淹與玄宗語及李林甫，玄宗仍誇林甫之材，《唐語林》卷三〈品藻〉：

玄宗西幸，嘗鬱鬱不悅，多與裴士淹並馬語，語及平日之事，時亦解顏，上曰：「李林甫之材不多得。」士淹曰：「誠如聖旨，近實無儔。」上曰：「但以拓賢嫉能，以此至敗，」士淹曰：「陛下既知，何故久任之？豈唯身敗，兼亦誤國，計今日之事，林甫所啟也。」上愀然不樂。

玄宗既知李林甫之缺點，裴士淹乘機進言，認爲李林甫「豈唯身敗，兼亦誤國」，然而玄宗竟而「愀然不樂」，此乃不願聞裴士淹之言，即表示玄宗護短，不肯認錯，蓋在專制政府下，君主初即位時，尚能納諫認錯，及在位年久之後，耳聞歌頌阿諛之言成爲習慣，產生自以爲是的心理，臣下的忠言勸告，會被認爲是對君主權威的挑戰而不願接受，因此當玄宗初即位之時，納諫事例甚多，及二十年之後，漸少有納諫之事，因此，玄宗時代若干不良政風的造成，玄宗應負極大的責任。

此外，「崇胡」問題亦影響玄宗時代的政風，唐自立國以來對外族即採取收容政策，因此，外族降附而入居中國者人數極多，這些入居中國的外族雖然逐漸接受漢化，但外族文化也隨之傳入中國，中國人不知不覺中吸收了部分的外族文化，例如外族的音樂、技藝、歌舞、衣食等皆爲唐人所普遍愛好，《舊唐書》卷四十五〈輿服志〉稱，開元時「太常樂尚胡曲，貴人御饌盡供胡食，士女皆竟衣胡服，故有范陽羯胡之亂。」不過，須特別注意者乃是當時唐人所崇尚的胡化只是娛樂享受方面，對於胡人的武勇精神卻未接受。這就深深地影響到玄宗時代奢靡享樂的風氣了。[64]

四、玄宗時代政風所造成的後果

以上所述玄宗時代的政風造成了許多不良的後果，茲分別分析如後。

(一)國內武備之空虛與厭戰心理之普遍

玄宗時代國內重文輕武之風極盛，武職爲人所輕視，於是國內無人願意當兵，府兵制度乃破壞[65]，府兵有名而無實，因此，張說於開元十年已實行募兵，[66]然而，募兵的素質比之徵兵制度下的府兵素質相差太遠，尤其在重文輕武的風氣下，才俊之士必不願應募從軍，於是「六軍諸衛之士，皆市人白徒，富者販繒綵，食粱肉，壯者角抵拔河，翹木扛鐵，日以寢鬥，有事乃股慄不能授甲，」[67]此種軍隊自無作戰能力。

當開元之初，姚崇宋璟任相，不賞邊功，然以防禦外患，故邊地常戍重兵，「及開元中，天子有呑四夷之志」，[68]常對外用兵，但是中原重文輕武的風氣又不能與玄宗「呑四夷」的軍事行動相配合，於是造成了邊塞則用兵頻繁而國內則普遍厭戰的矛盾現象，天寶十載征南詔，人不肯應募，社會上怨恨外戰的情緒相當普遍，《通鑑》卷二一六，天寶十載四月：

制大募兩京及河南北兵，以擊南詔，人聞雲南多瘴厲，未戰，士卒死者什八九，莫肯應募。楊國忠遣御史分道捕人，連枷送詣軍所，舊制，百姓有勳者免征役，時調兵既多，國忠奏先取高勳，於是行者愁怨，父母妻子送之，所在哭聲震野。

開元天寶時代的詩人其作品中常可發現厭戰的情緒相當強烈，任舉數首詩爲例：

胡關饒風沙，蕭索竟終古，木落秋草黃，登高望戎虜，荒城空大漠，邊邑無遺堵，白骨橫千霜，嵯峨蔽榛莽，借問誰凌虐。天驕毒威武，赫怒我聖皇，勞師事鼙鼓，陽和變殺氣，發卒騷中土，三十六萬人，哀哀淚如雨，且悲就行役，安得營農圃，不見征戍兒，豈知關山苦，李牧今不在，邊人飼豺虎。（《分類補注李太白詩》卷二〈古風・其十四〉）

去年戰桑乾源，今午戰蔥河道，洗兵條支海上波，放馬天山雪中草，萬里長征戰，三軍盡衰老，匈奴以殺戮為耕作，古來唯見白骨黃沙田，秦家築城避胡處，漢家還有烽火然，峰火然不息，征戰無已時，野戰格鬥死，敗馬號鳴向天悲，烏鳶啄人腸，銜飛上掛枯樹枝，士卒塗草莽，將軍空爾為，乃知兵者是凶器，聖人不得已而用之。（《分類補注李太白詩》卷三〈戰城南〉）

戚戚去故里，悠悠赴交河，公家有程期，亡命嬰禍羅，君已富土境，開邊一何多，棄絕父母

恩，吞聲行負戈。（《分門集註杜工部詩》卷十五〈前出塞之一〉）

挽弓當挽強，用箭當用長，射人先射馬，擒賊先擒王，殺人亦有限，立國自有疆，苟能制侵陵，豈在多殺傷。（《分門集註杜工部詩》卷十五〈前出塞之六〉）

漢家煙塵在東北，漢將辭家破殘賊，男兒本自重橫行，天子非常賜顏色，摐金伐鼓下榆關，旌旆逶迤碣石間，校尉羽書飛瀚海，單于獵火照狼山，山川蕭條極邊土，胡騎憑陵雜風雨，戰士軍前半死生，美人帳下猶歌舞，大漠窮秋塞草腓，孤城落日鬥兵稀，身蒙恩遇常輕敵，力盡關山未解圍，鐵衣遠戍辛勤久，玉筯應啼別離後，少婦城南欲斷腸，征人薊北空回首，邊庭飄颻那可度，絕域蒼茫無所有，殺氣三時作陣雲，寒聲一夜傳刁斗，相看白刃雪紛紛，死節從來豈顧勳，君不見，沙場征戰苦，至今猶憶李將軍。（《高常侍集》卷五〈燕歌行〉）

驕虜乘秋下薊門，陰山日夕煙塵昏，三軍疲馬力已盡，百戰殘兵功未論，陣雲泱漭屯塞北，羽書紛紛來不息，孤城望處增斷腸，折劍看時可霑臆，元戎日夕且歌舞，不念關山久辛苦，自矜倚劍氣凌雲，卻笑聞笳淚如雨，萬雨飄飄空此身，十年征戰老胡塵，赤心報國無片賞，白首還家有幾人，朔風蕭蕭動枯草，旌旗獵獵揄關道，漢月何曾照客心，胡笳只解催人老，軍前仍欲破重圍，閨裏猶應愁未歸，小婦十年啼夜織，行人九月憶寒衣，飲馬滹河晚更清，行吹羌笛遠歸營，只恨漢家多苦戰，徒遺金鏃滿長城。（《劉隨州詩集》卷十〈疲兵篇〉）

開元天寶年間雖對外戰爭時有，但國內則屬太平無事，一般百姓以太平日久，人不知戰，而「猛將精兵皆聚於西北，中國無武備」，[70]安祿山「見武備墮弛，有輕中國之心」，[71]國內地區的重文輕武造成武備空虛與厭戰心理，而邊塞地區的長期征戰卻造成將握重兵，這些手握重兵的邊將眼見國內武備空虛乃是大好的奪取政權的環境，有政治野心之邊將很容易引發起兵向中原的意念。因此，安史之亂乃是玄宗時代政風蘊育下之產物。

㈡破壞政治體制

在玄宗奢靡享受的風氣下，言利之臣得以進用，且深受玄宗寵任，於是這些為玄宗逐利之臣廣兼使職，如王鉷兼二十餘使，[72]楊國忠兼四十餘使，[73]兼使太多造成了兩個不良的結果，一是政務太多，不克親理，使胥吏得以舞弊，造成賄賂公行，[74]一是任使者剝奪了本官的職權，使原主管之官吏「失職充位」，[75]蘇冕評之曰：「設官分職，各有司存，政有恆而易守，事歸本而難失，經遠之理，捨此奚據。洎姦臣廣言利以邀恩，多立使以示寵，刻下民以厚斂，張虛教以獻狀，上心蕩而益奢，人望怨而成禍，使天子有司，守其位而無其事，受厚祿而虛其用，宇文融首唱其端，楊慎矜，王鉷繼遵其軌，楊國忠終成其亂。仲尼云：『寧有盜臣而無聚斂之臣』，誠哉是言。」[76]使職盛行，破壞了原有的行政體系，對政府的政治制度而言，並不是一好現象。

㈢任官之不公平

玄宗時代貪污賄賂、用人輕率之風盛，加上專制政治之下貴戚勢家具有特殊地位，於是使得玄宗時代任官不能公平，張九齡已指出當時吏部胥從「緣隙而起」，「使時人有平配之議，官曹無得賢之實，朱紫同色，清濁不分」，[77]玄宗雖詔令「必須杜邪枉之門，塞請託之路」，[78]然而觀下引苗晉卿、楊國忠二人事，可見玄宗時代之任官並未達到公平：

（開元）二十九年（苗晉卿）拜吏部侍郎，前後典選五人，政既寬弛，胥吏多因緣為姦，賄賂大行，時天下承平，每年赴選常萬餘人，李林甫為尚書，專任廟堂，銓事唯委晉卿及同列侍郎宋遙主之，選人既多，每年兼命他官有識者同考定書判，務求其實，天寶一載春，御史中丞張倚男奭參選，晉卿與遙以倚初承恩，欲悅附之，考選人判等凡六十四人，分甲乙科，奭在榜首，眾知奭不讀書，論議紛然，有蘇孝慍者，嘗為范陽薊令，事安祿山，具其事告之，祿山恩寵特異，謁見不常，因而奏之，玄宗大集登科人御花萼樓，親試登第者，十無一二，而奭手持試紙，竟日不下一字，時謂之曳白。（《舊唐書》卷一一三〈苗晉卿傳〉）

楊國忠嘗會諸親，時知吏部銓事，且欲大噱，已設席，呼選人名，列入中庭，不問資序，短小者道州參軍，胡者湖州文學，簾中大笑。（韋絢《劉賓客嘉話錄》）

這種任官之不公平，使得貴勢子弟得居高位而有才之士反居下位，《李太白詩》卷二〈古風之八〉：

咸陽二三月，宮柳黃金枝，綠幘誰家子，賣珠輕薄兒，日莫醉酒歸，白馬驕且馳，意氣人所仰，冶遊方及時，子雲不曉事，晚獻長楊辭，賦達身已老，草玄鬢若絲，投圖良可嘆，但為此輩嗤。

蕭士斌註此詩云：「此篇之意蓋言戚里驕縱踰制，儒者沈困下僚。」高適詩云：「有才不肯學干謁，何用年年空讀書。」[79]亦是對任官不公平之感嘆。

㈣地方吏治敗壞

由於內重外輕與不守法之風氣造成了地方吏治的敗壞，當玄宗初即位之時，「勵精政事，常自選太守、縣令，告戒以言，而良吏布州縣，民獲安樂。」[80]不過，當開元九年陽翟縣尉皇甫憬已上疏指出州縣地方官「侵害黎民，」而使「戶口逃亡」。[81]同年，詔書亦指責地方人民「逃亡未息，良繇牧宰之任，訓道無方，不能綏撫，」[82]開元十六年詔書指責州縣牧守「不遵法式，自紊紀綱，留遷營利，或縱親識，侵暴下人，或在郵傳，規求貨馬，」[83]開元二十年正月敕曰：「如聞輦轂之下，政令猶煩，或廣脩器物，將有供待，或差歛人戶，以充庖費，豈副朕薄賦輕徭、息人減費之意……自今已後，府縣應洗心懲革，不得更然，其或不悛，仍有勞擾，仰百姓即指虧使具狀奏聞，輒不得稽壅，所犯之人，當有處分。」[84]開元二十四年二月敕曰：「自古致里，在其命官，今之所切，莫如守宰……浮競之輩，未識朕懷，俾其宰邑，便爲棄地，或以煩碎而不專意，或以僻遠而不專心，或以徇己而貪婪，或以畏法而巽懦，浸染成俗，妨奪爲常，嗷嗷下入，於何寄命。」[85]天寶八載正月敕曰：「蓋爲牧宰等，授任親民，職在安輯，恥言減耗，籍帳之間，虛存戶口，調賦之際，旁及親鄰，此弊因循，其事自久。」[86]從玄宗的屢次詔書指責中可以發現當時地方吏治已相當敗壞，而地方吏治敗壞的原因主要是導源於內重外輕風氣下使地方官素質不良以及不守法的政風。

在地方吏治敗壞情形之下，政府縱有好的措施，而執行者乘機弄權舞弊，於是好的措施會收到壞的結果，愛民的措施會得到虐民的結果。如宇文融所提搜括逃戶，實爲當時財稅上一重大問題，在玄宗開元初年，「時天下戶版刓隱，人多去本籍，浮食閭里，詭脫繇賦，豪弱相並，州縣莫能制，」[87]這一問題，「朝廷深以爲患，」於是宇文融「乃陳便宜，奏請檢察僞濫，搜括逃戶。」[88]玄宗任宇文融爲勸農使，制曰：「聽逃戶自守，闢所在閑田，隨宜收稅，毋得差科，征役租庸，一皆蠲免。」[89]宇文融之主張不過是要解決當時逃戶問題，動機並無不當，然而在當時貪污與不守法的政風影響下，執行發生了偏差，宇文融奏置勸農判官十人，並攝御史，分行天下，「其新附客戶，免六年賦調，」應是利民善政，然而「使者競爲刻急，州縣承風勞擾，百姓苦之。」[90]皇甫憬向玄宗指出當時執行搜刮逃戶之弊端曰：「又應出使之輩，未識大體所由，殊不知陛下愛人至深，務以勾剝爲計，州縣懼罪，據牒即徵，逃亡之家，鄰保代出，鄰保不濟，又使更輸，急之則都不謀生，緩之則慮法交及。」[91]州縣希融旨意「務於獲多，皆虛張其數，亦有以實戶爲客戶者。」[92]宇文融雖目的在奉承玄宗，「歲終增緡錢數百萬，悉進內宮，」[93]以博取玄宗之寵任，但其爲國家整理財稅以使百姓平均負擔之意並無可厚非，只是政風不良，造成執行上的偏差．以致虐害百姓而已。

㈤政治上的上下壅塞不通

一個政權的鞏固須要靠下情上達，上令下行，否則，如果上下壅塞，必使此一政權基礎動搖。玄宗時代自李林甫爲相當權之後，把持政局，大權獨攬，自固權相之位，使玄宗不明下情。其實在開元十六年時，地方官已有不將中央政令通令百姓知曉之事，詔書已加指責：

（開元）十六年六月詔曰：「凡制令宣布皆所以為人，如聞州縣承敕多不告示百姓，咸使閭巷間不知旨意，是何道理，宜令所繇捉搦，應有制敕處分事等，令始終勾當，使百姓咸知，如施行為違，委御史訪察奏聞。」（《冊府元龜》卷六十三〈帝王部，發號令二〉）

其實，使大臣擅權，阻塞下情上達的倡意者乃是唐玄宗本人，崔隱甫於開元十四年爲御史大夫，凡御史事無大小悉稟大夫諮決稍有忤意，即列上其罪，前後貶黜者過半，乃使御史事不得專達，受到大夫之控制，玄宗謂隱甫曰：「卿爲大夫，深副朕所委。」[94]御史大夫控制了御史的上奏，固然可以減少玄宗批閱公事之數量，但同時也減少了玄宗瞭解下情的機會。玄宗在位年久，自天寶三載得楊貴妃後，耽於享樂，對外情的關懷，興趣大減，玄宗即曾謂高力士曰：「朕欲高居無爲，悉以政事委林甫。」[95]李休甫亦有意慫恿玄宗享樂，少問政事，而已獨攬大權，遂進行「杜絕言路，掩蔽聰明。」[96]

李林甫杜絕言路使上下壅塞不通之法，主要在使臣僚鉗口不敢言，《通鑑》卷二一四，開元二十四年十一月：

李林甫欲蔽塞人主視聽，自專大權，明召諸諫官，謂曰：「今明主在上，群臣將順之不暇，烏用多言，諸君不見立仗馬乎：食三品料，一鳴輒斥之，悔之何及。」補闕杜璡嘗上書言事，明日，黜為下部令，自是諍爭路絕矣。

李林甫之有意製造上下壅塞，使下情不能上達，尚可以下列一事見之：

上欲廣求天下之士，命通一藝以上，皆詣京師，李林甫恐草野之士對策，斥言其姦惡，建言：「舉人多卑賤愚聵，恐有俚言，污濁聖聽。」乃令郡縣長官，精加試練，灼然超絕者，具名送省，委尚書覆試，御史中丞監之，取名實相副者聞奏，既而至者，皆試以詩賦論，遂無一人及第者，林甫乃上表賀野無遺賢。（《通鑑》卷二一五，天寶六載正月。又《元次山文集》卷八〈喻友〉，亦記其事。）

李林甫既杜群臣之口，又「己自封植，朝望稍著，必陰計中傷之」97，復利用吉溫、羅希奭二人以酷刑大獄排除異己：時稱「羅鉗吉網」98，在種種安排下，李林甫達到使上下壅塞不擴而固其寵的目的，顏眞卿責李林甫使「上意不下宜，下情不上達，所以漸數潼關之禍。」99正說明了權相誤國之害。李林甫之後，楊國忠繼任爲相，國忠與林甫同樣弄權，使上下壅塞不通的情形繼續惡化下去，天寶十三年淫雨不止，高力士即藉機進言宰相權大，《通鑑》卷二一七，天寶十三載八月：

自去歲水旱相繼，關中大饑，（楊）國忠惡京光尹李峴不附己，以災沴歸咎於峴，九月，貶長沙太守……上憂雨傷稼，國忠取禾之善者獻之，曰：「雨雖多，不害稼也。」上以為然。

> 扶風太守房琯言所部水災，國忠使御史推之。是歲，天下無敢言災者，高力士侍側，上曰：「淫雨不已，卿可盡言。」對曰：「自陛下以權假宰相，賞罰無章，陰陽失度，臣何敢言。」上默然。

高力士乃玄宗最寵信之宦官，竟稱「臣何敢言」，可見權相造成上下壅塞不通程度之大。楊國忠掩護鮮于仲通之戰敗，亦可見玄宗被蒙蔽之情形：

> 侍御史劍南留後李宓，將兵七萬擊南詔，閤羅鳳誘之深入至太和城，閉壁不戰，宓糧盡，士卒罹瘴疫及饑死什七八，乃引還，蠻追擊之，宓被擒，全軍皆沒。楊國忠隱其敗，更以捷聞，益發中國兵討之，前後死者幾二十萬人，無敢言者。上嘗謂高力士曰：「朕今老矣，朝事付之宰相，邊事付之諸將，夫復何憂！」力士對曰：「臣聞雲南數喪師，又邊將擁兵太盛，陛下將何以制之？臣恐一旦禍發，不可復救，何得謂無憂也，」上曰：「卿勿言，朕徐思之。」（《通鑑》卷二一七天寶十三載六月）

> 自（鮮于）仲通，李宓再舉討蠻之軍，其徵發皆中國利兵，然於土風不便，沮洳之所陷，瘴疫之所傷，饋餉之所乏，物故者十八九，凡舉二十萬眾，棄之死地，隻輪不還，人銜冤毒，無敢言者。（《舊唐書》卷一〇六〈楊國忠傳〉）

邊外喪師，宰相竟敢以捷上聞，君主竟然相信而謂「無憂」，上下壅塞情形之嚴重可想而知，范祖禹曰：「自李林甫之時，言路塞絕，以妄言爲實，以實言爲妖，楊國忠知其君之可欺也而欺之，公卿大夫百執事之人，宴安寵祿，諛佞成風，大亂將作，凡民且能知之，而無一人敢言者，蓋其君子皆去，其立於朝者皆小人。」[100]古代君主乃是政治實際的主宰者，君主對國情不明，於是政治措施便易陷於錯誤，當天寶末邊將擁兵太盛，尤其安祿山身兼三鎮節度使，兵多勢大，然而，人有言安祿山反者，玄宗必大怒，縛送與安祿山。[101]及天寶十四載二月，即安祿山反叛前九個月，玄宗尚自保安祿山無異志，[102]此時人皆知安祿山有異志而玄宗竟仍極端信任，毫無防範，上下壅塞不通之結果遂造成安祿山之叛亂。天寶十五載玄宗出奔，有老父郭從謹進言曰：「祿山包藏禍心，固非一日，亦有詣闕告共謀者，陛下往往誅之，使得逞其姦逆，致陛下播越，是以先王務延訪忠良，以廣聰明，蓋爲此也。臣猶記宋璟爲相，數進直言，天下賴以安平，自頃以來，在廷之臣，以言爲諱，惟阿與取容，是以闕門之外，陛下皆不得而知，草野之臣，必知有今日久矣，但九重嚴邃，區區之心，無路上達，事不至此，臣何由得睹陛下之面而訴之乎！」[103]郭從謹之言說明了玄宗不知外情，祿山之異謀，已非一日，人非不知，而玄宗由於消息壅塞，不知防範，反而自養成祿山之勢，，玄宗之盛世在祿山叛變之下遂告結束。

註釋

1 天寶十五載（七五六）玄宗禪位，上距唐之開國（六一八）爲一三八年，下距唐之覆亡（九〇七）爲一五一年。

2 《杜工部詩》卷十三〈憶昔〉。

3 《通典》卷七〈食貨七·歷代盛衰戶口〉。

4 劉餗，《隋唐嘉話》。

5 《唐鑑》卷八〈玄宗上〉。

6 此十事爲：行仁恕之政，不倖邊功，法行自近，宦豎不與政，租賦之外不取，戚屬不任臺省，君待臣以禮，群臣皆得批逆鱗犯忌諱，絕道佛營造，不任外戚。閱《新唐書》卷一二四姚崇傳。

7 例如《通鑑》卷二一二，開元七年十一月載：「先是朝集使往往齎貨入京師，及春將還，多遷官，宋璟奏一切勒還，以革其弊。」

8 《新唐書》卷五十六〈刑法志〉。

9 閱《冊府元龜》卷一五五〈帝王部·督吏〉。

10 《冊府元龜》卷一五八〈帝王部·誡勵三〉。

11 《朋府元龜》卷一五五〈帝王部·督吏〉。

12 同上註。

13 同上註。

14 《通鑑》卷二一五，天寶六載正月。
15 參閱拙著《唐代文官任用制度之研究》，載《幼獅學誌》第十一卷第三、四期。民國六十二年九月三十日、十二月三十日出版。
16 閱《冊府元龜》卷六三〇〈銓擇部・條制二〉。
17 《唐大詔令集》卷一〇〇〈誡勵吏部禮部掌知舉官敕〉。
18 《舊唐書》卷一八〈四高力士傳〉。
19 《唐會要》卷七十五〈選部・雜處置〉。
20 《唐會要》卷六十八〈刺史上〉。
21 開《通鑑》卷二一一，開元四年二月辛未條。
22 此一詔令，《唐大詔令》卷一〇〇，京官都督刺史中外迭用敕同，時間為開元八年七月；又《唐會要》卷六十八，刺史上，有此敕之後半，作開元八年六月二十八日。
23 閱《通鑑》卷二一二，開元十三年二月及三月。
24 《文苑英華》卷九四三〈穆員撰刑部郎中李府君墓誌〉。
25 《文苑英華》卷九二七〈獨孤及撰高平郡別駕權幼明神道碑〉。
26 《全唐文》卷九九三〈唐太原節度使韋湊神道碑〉。
27 《唐會要》卷七十二〈軍雜錄〉。
28 《冊府元龜》卷一五九〈帝王部・革弊一〉，開元十四年七月丁卯敕。
29 《舊唐書》卷九十二〈韋陟傳〉。
30 《封氏聞見記校注》卷五〈第宅〉。

31 《開元天寶遺事・言刑》。

32 閱《舊唐書》卷九十七〈張說傳〉。

33 閱《舊唐書》卷一八三〈王守一傳〉，《冊府元龜》卷三〇七〈外戚部・貪黷〉。

34 《冊府元龜》卷六三八〈銓選部・貪賄〉。

35 《通鑑》卷二一六天寶九載四月己巳條。

36 《通鑑》卷二一六天寶十二載十月。

37 《通鑑》卷二一三開元二十年六月丁丑條。

38 《舊唐書》卷一八四〈高力士傳〉。

39 《通鑑》卷二一七天寶十四載二月。

40 《通典》卷七〈食貨七〉。

41 《唐鑑》卷八〈玄宗上〉。

42 《通鑑》卷二一三開元十七年五月：「初張說、張嘉貞、李元紘、杜暹相繼爲相用事，源乾曜以清謹自守，常讓事於說等，唯諾著名而已，元紘、暹議事多異同，遂有隙，更相奏列，上不悅，六月甲戌，貶黃門侍郎同平章事杜暹荊州長史，中書侍郎同平章事李元紘曹州刺史。」

43 《通鑑》卷二一三開元二十一年十月：「韓休數與蕭嵩爭論於上前，面折嵩短，上頗不悅，嵩因乞骸骨，上曰：『朕未厭卿，卿何遽去？』對曰：『臣蒙厚恩。待罪宰相，富貴已極，及陛下未厭臣，故臣得從容引去，若已厭臣，臣首領且不保，安能自遂？因泣下，上爲之動容曰：「卿且歸，朕徐思之。』丁巳，嵩罷爲左丞相，休罷爲工部尚書。」

44 柳珵撰常侍言旨：「玄宗開元二十四年時在東部，因宮中有怪，明日召宰相欲西幸，裴稷山、張曲江諫曰：

『百姓場圃未畢，請待冬中。』是時，李林甫初拜相，竊知上意，及班旅退，佯爲蹇步，上問何故腳疾，對曰：『臣非腳疾，願獨奏事。』乃言二京陛下東西宮也，將欲駕幸，焉用擇時，假有妨於刈穫，則獨有蠲免沿路租稅，臣請宣示有司，即日西幸。上大悅，自此駕至長安，不復東矣！旬月，耀卿、九齡俱罷。」

45 《舊唐書》卷九十六〈姚崇傳〉。

46 《舊唐書》卷八十八〈蘇瓌傳〉。

47 《舊唐書》卷一〇三〈牛仙客傳〉。

48 《通鑑》卷二一五天寶五年四月。

49 《冊府元龜》卷三三六〈宰輔部・依違〉：「陳希烈爲左相，時右相楊國忠用事，希烈畏其權籠，凡事唯諾，無敢發明。韋見素爲武部尚書同平章事，係楊國忠引用，心德之，時（安）祿山與國忠爭寵，兩相猜嫌，見素無所是非，署字而已。」又參閱《舊唐書》卷一〇八〈韋章見素傳〉。

50 《通鑑》卷二一一開元四年閏月。

51 《通鑑》卷二一四開元二十四年十一月。

52 《通鑑》卷二一一開元四年十一月乙未及丙申條。

53 《唐史論斷》卷中〈用李林甫平章事〉。

54 詳閱《舊唐書》卷一〇六〈楊國忠傳〉。

55 《舊唐書》卷一〇六〈李林甫傳〉。

56 《通鑑》卷二一六天寶八載二月戊申條。

57 《通鑑》卷二一三開元十七年十月。

58 《唐會要》卷七十二〈軍雜錄〉。

59 《嘉州詩》卷一〈北庭貽宗學士道別〉。

60 《曲江張先生文集》卷十四〈賀依聖料赤山北無賊及突厥要重人死狀〉。

61 《新唐書》卷一二六〈張九齡傳・贊曰〉。

62 《通鑑》卷二一二開元十年十二月。

63 《舊唐書》卷一八六下〈吉溫傳〉。

64 關於玄宗時代的「崇胡」，參閱傅樂成〈唐代夷夏觀念之演變〉，載《大陸雜誌》第二十五卷第八期。

65 關於府兵制度破壞的原因可參閱王夫之《讀通鑑論》卷十二〈玄宗〉；拙著《唐代藩鎮與中央關係之研究》第三章第一節對府兵制度之破壞有詳細的討論。

66 閱《通鑑》卷二一二開元十年。《舊唐書》卷九十七〈張說傳〉。

67 《唐會要》卷七十二〈軍雜錄〉。

68 《通鑑》卷二一六天寶六載十二月。

69 《舊唐書》卷二〇〇上〈安祿山傳〉：「時承平日久，人不知戰。」《舊唐書》卷一〇四，封常清傳：「中原太平斯久，人不知戰。」《通鑑》卷二一七天寶十四載十月：「時海內久承平，百姓累世不識兵革。」

70 《通鑑》爲二一六天寶八載五月癸酉條。

71 《通鑑》卷二一六天寶十哉二月。

72 《舊唐書》卷一〇五〈王鉷傳〉。

73 《舊唐書》卷一〇六〈楊國忠傳〉。

74 如舊唐國卷一〇五〈王鉷傳〉云：「供威權轉盛，兼二十餘使，近宅爲使院，文案堆積，胥吏求押一字，即累日不遂。」《舊唐書》卷一〇六〈楊國忠傳〉云：「國忠自侍御史以至宰相，凡領四十餘使，又專判度支，吏部三銓，事務孰掌，但署一字猶不能盡，皆責成胥吏，賄賂公行。」

75 《通鑑》卷二一三開元十七年八月：「宇文融性精敏，應對辯給，以治財務，得幸於上，始廣置諸使，競爲聚斂，由是百官浸失其職。」《通鑑》卷二一五天寶元年三月：「初，宇文融既敗，言利者稍息，及楊愼矜得幸，於是韋堅、王鉷之徒競以利進，百司有利權者稍稍別置使以領之，舊官充位而已。」

76 《通鑑》卷二一六天寶七載六月。

77 《曲江張先生文集》卷十六〈上封事書〉。

78 《唐大詔令集》卷一〇〇〈誡勵吏部禮部掌知舉官敕〉。

79 《高常侍集》，卷五〈行路難〉。

80 《新唐書》卷五十六〈刑法志〉。

81 《唐會要》卷八十五〈逃戶〉。

82 《冊府元龜》卷六十三〈帝王部・發號令二〉。

83 《冊府元龜》卷一五八〈帝王部・誡勵三〉。

84 同上註。

85 同上註。

86 《唐會要》卷八十五〈逃戶〉。

87 《新唐書》卷一三四〈宇文融傳〉。

88 《舊唐書》卷一〇五〈宇文融傳〉。

89 《通鑑》卷二一二開元一二年六月壬辰條。

90 《通鑑》卷二一二開元九年二月丁亥條。

91 《舊唐書》卷一〇五〈宇文融傳〉。

92 《冊府元龜》卷五一一〈邦計部·誣網〉。

93 《通鑑》卷二一二開元十二年八月己亥條。

94 《冊府元龜》卷五一六〈憲官部·振舉〉：「玄宗開元十四年，崔隱甫為御史大夫，故事大夫與監察競為官政，略無承稟，及隱甫為大夫，一切督責之，事無大小，悉令諮決，稍有忤意，列上其罪，前後貶黜者過半，群寮側息，帝嘗謂曰：『卿為大夫，深副朕所委。』」又封氏《聞見記校注》卷三〈風憲〉：「開元末，宰相以御史權重，遂制：彈奏者先諮中丞大大，皆通許。又于中書門下通狀先白，然後得奏。自是御史不得特奏，威權大減。」

95 《通鑑》卷二一五大寶三載十二月。又《樂史·楊太眞外傳》：「玄宗在位久，倦於萬機，常以大臣接頭拘檢，難狥私欲，自得李林甫，一以委成，故絕逆耳之言，恣行燕樂。」

96 《通鑑》卷二一六天寶十一載十一月丁卯條，

97 《冊府元龜》卷三二九〈宰輔部·忌害〉。

98 閱《舊唐書》卷一八六下〈吉溫傳〉、〈羅希奭傳〉。

99 《顏魯公文集》卷一〈論百官論事疏〉。

100 《唐鑑》卷十〈玄宗下〉。

101 閱《舊唐書》卷二〇〇上〈安祿山傳〉。

102 閱《通鑑》卷二一七天寶十四載二月。

103 《通鑑》卷二一八至德元載六月乙未。

論晚唐裘甫之亂

一、裘甫之亂始末

晚唐之民變以黃巢之亂禍害最烈，然而大規模的民變，則始終於懿宗初年浙東裘甫之亂。裘甫，或作「仇甫」1，兩唐書無傳，其亂事始於大中十三年十二月（按：宣宗已於八月崩，懿宗即位），至咸通元年六月裘甫降，械送京師，首尾歷時不過七個月。兩唐書本紀於裘甫亂事，記載極為簡略。《舊唐書》卷十九上〈懿宗本紀〉：

咸通元年……浙東觀察使王式斬草賊仇甫，浙東郡邑皆平。

《新唐書》卷九〈懿宗本紀〉：

咸通元年正月，浙東人仇甫反，安南經略使王式爲浙江東道觀察使以討之。……八月……己卯，仇甫伏誅。

《新唐書》卷一六七〈王式傳〉記載稍詳：

寧國劇賊仇甫亂明越，觀察使鄭祇德不能討，宰相選式往代，詔可，因至京師，懿宗問方略，對曰：「弟假臣兵，寇不足平也。」左右宦要皆曰：「兵眾則餽多，當惜天下費。」式奏：「盜若倡狂，天誅不亟決，東南征賦闕矣，寧得以億萬計之乎？兵多則功速費寡，二者孰利？」帝顧左右曰：「宜與兵。」於是詔益許滑淮南兵。式發自光福里第，麾幟皆東靡，獵獵有聲，喜曰：「是謂得天時矣。」聞賊用騎兵，乃閱所部，得吐蕃，回鶻遷隸數百，發龍坡監牧馬起用之，集土團諸兒為向導，擒甫，斬之。

記裘甫之亂始末最詳者爲《通鑑》，其亂事始見於《通鑑》卷二四九唐宣宗大中十三年十二月：

浙東賊裘甫攻陷象山，官軍屢敗，明州城門盡閉，進逼剡縣，有眾百人，浙東騷動，觀察使鄭祇德遣討擊副使劉勍，副將范居植將兵三百，合台州軍共討之。

《通鑑》卷二五〇唐懿宗咸通元年正月至六月間，敘述裘甫事甚詳，不能全引，可略而言之：

咸通元年正月乙丑，裘甫帥其徒千餘年陷剡縣，開府庫，募壯士，眾至數千人。浙東觀察使鄭祇德募新卒，遣子將沈君縱、副將張公署。望海鎮將李珪，將新卒五百擊甫。二月辛卯，與甫戰於剡西，官軍大敗，幾全軍覆沒，三將皆死。於是，山海諸盜及它道無賴亡命之徒，四面雲集，甫眾至三萬，分為三十二隊，群盜皆求屬麾下，甫自稱天下都知兵馬使，改元曰羅平，鑄印曰天平，聲震中原。鄭祇德累表告急，且求救於鄰道，浙西、宣歙均派兵赴之，然宣歙將士驕佚邀賞，而不肯作戰。朝廷知鄭祇德懦怯，議選武將代之，夏侯孜荐王式可任，懿宗遂以式為浙東觀察使，代鄭祇德。三月辛亥，式入對，請朝廷發兵，甫必可破，乃詔發忠武、義成、淮南等道兵授之。時裘甫分兵掠衢、婺、明。台諸州，破唐興、上虞、餘姚、慈溪、奉化、寧海，進圍象山。及王式除書下，浙東人心稍安，甫將劉唯為甫畫策，請急取越州，守西陵，進取浙西，掠揚州財貨，還修石頭城而守之，並分兵循海而南，襲取福建。有進士王輅，為甫客，以為劉暀之謀不易成，不如擁眾據險自守，陸耕海漁，急則逃入海島。甫猶豫未決。四月乙未，王式入越州，修軍令，嚴門禁，組騎兵，集土團，分路討裘甫。官軍屢勝，克唐興、寧海、裘甫乃帥其徒屯南陳館下，眾尚萬餘人。五月戊寅，浙東東路官軍大破裘甫於南陳館，斬首數千級，甫眾委棄贈帛盈路，以緩追者。六月甲申，甫眾復入剡，王式命東南兩路官軍圍剡，三日間凡八十三戰，甫雖敗，官軍亦疲，庚子夜，裘甫、劉暀從百餘人出降，壬寅，甫等至越州，王式械甫送京師，時裘甫餘黨劉從簡帥壯士五日，自剡突圍走，諸將追至大蘭山，從簡據險自守，七月丁巳，諸將攻克大蘭山，從簡死。八月，裘甫至京師，斬于東市。

二、裘甫之亂在唐代政治上之意義

裘甫之亂為時不久，即告平定，而亂事範圍也僅在浙東一帶，因此，新舊唐書遂對裘甫之亂不予重視，所以敘述甚為簡略。其實，就整個唐代政治史來看，裘甫之亂有其重要的意義存在，試略言之。

自安史之亂以後，地方盜賊漸多，不過並未構成大患，只是少數無賴之徒，不事生產，利於剽劫而已。及至武宗會昌年間，盜賊亂事始較為嚴重，會昌二年赦文中提及令州郡注意捕盜：

應州郡連帶江湖，常多寇盜，結構群黨，潛蓄弓劍，殘害平人，剽劫財物，道途商賈，常患不安，方今海內無虞，所宜普湊，委諸道節度防禦使，如界內帶江山淮海處，切加警備，仍差巡檢，更於要害處，加置軍鎮捉溺，擇有機略軍將，鎮守遊奕，明立賞罰，如能設計擒獲賊黨二十人以上，並獲贓物，推問行劫蹤跡分明者，量其功績；節級優賞，仍與遷職，如界內有劫殺，不能捉獲者，亦節級重加懲責。（《全唐文》卷七十八，武宗〈加尊號赦文〉）

會昌五年赦文中又再度提及盜賊：

如聞江淮諸道私鹽盜賊，多結群黨，兼持兵杖，劫盜及販賣私鹽，因緣便為大劫。（全唐文卷七十八，武宗〈加尊號後郊天赦文〉）

從這兩次赦文中可看見會昌時江淮雖有盜賊，但尚是零星小股，所以會昌二年赦文說，擒獲盜賊二十人以上，即可獲賞，會昌五年赦文則說明盜賊的出現係因緣販賣私鹽而來，此類盜賊雖有大劫，當不成為大患，杜牧曾上書李德裕，論江賊事甚詳：

伏以江淮賦稅，國用根本，今有大患，是劫江賊耳。某到任纔九月，日尋窮詢訪，實知端倪。夫劫賊徒上至三船兩船百人五十人，不下減三二十人，始肯行劫，劫殺商旅，嬰孩不留，所劫商人，皆得異色財物，盡將南渡入山博茶，蓋以異色財物不敢貨於城市，唯有茶山，可以銷受，蓋以茶熟之際，四遠商人，皆將錦繡贈，金釵銀釧，入山交易，婦人稚子，盡衣華服，吏見不問，人見不驚，是以賊徒得異色財物，亦來其間，便有店肆為其囊橐，得茶之後，出為平人。……亦有已聚徒黨，水劫不便，逢遇草市，泊舟津口，便行陸劫，白晝入市，殺人取財，多亦縱火，唱棹徐去。去年十月十九日劫他州青陽縣市，凡殺六人，內取一人，屠刳心腹，仰天祭拜，自逦以來，頻於鄰州，大有劫殺沈舟滅跡者，即莫知其數。……濠亳徐泗汴宋州賊多劫江南淮南宣潤等道，許蔡申光州賊多劫荊襄鄂岳等道，劫得財物，皆是博茶，北歸本州貨賣，循環往來，終而復始。」（《全唐文》卷七五一，杜牧〈上李太尉論江賊書〉）

杜牧此書約在會昌四、五年間[2]，從杜牧所言，大體可以瞭解當時江淮盜賊情況。就社會秩序看，當時盜賊殺人、搶掠、縱火、破壞治安，騷擾百姓，確實爲害不小，然而這些盜賊勢力並不大，多者百人五十人，少者僅二三十人，而且搶劫得異色財物，入茶山變賣之後，「出爲平人」，似非長期爲盜，同時，從「濠亳徐泗汴宋州賊多劫江南淮南宣潤等道，許蔡申光州賊多劫荊襄鄂岳等道，劫得財物，皆是博茶，北歸本州貨賣，循環往來，終而復始」來看，當時江淮盜賊似無固定山寨及勢力範圍，不過是流動性的搶劫，這些盜賊股數可能很多，游移也快，所以政府不易平定。這些盜賊勢力既然不大，而且劫得財物後部行逃匿，對於一地固然受害不淺，但就全國來看，並不算是嚴重禍害，所以兩唐書極少記載當時盜賊活動的情形，也缺少盜賊勢力消長的紀錄，不過，據《通鑑》卷二四九唐宣宗大中十二年載：「初，山南東道節度使徐商，以封疆險闊，素多盜賊，選精兵數百人，別置營訓練，號捕盜將。」徐商始任山南東道節度使在大中十年[3]，可見在大中十年左右江淮盜賊仍盛。實際上，可能從會昌以後，江淮盜賊從未曾完全平定。《新唐書》卷五十四〈食貨志〉載：「（宣宗時）江吳群盜以所剽物易茶鹽，不受者焚其室廬，吏不敢枝梧。」也可說是大中年間江淮盜賊仍然猖獗的一證。

會昌以後，江淮盜賊固然猖獗，然而，從形式上和實質上來觀察，均不能與裘甫之亂的嚴重性相比擬。以杜牧描寫的江賊和《通鑑》記載的裘甫之亂的經過互相對照，可以發現兩者有相當大的不同：

㈠江淮盜賊的亂事在形式上是騷擾性的流賊，搶劫後便急逃逸，其爲害只及於「點」。裘甫之亂，以剡縣爲根據地，占領鄰近州縣，並立寨[4]爲守，擴張勢力，其爲害已不是「點」而達到「面」。

㈡江淮盜賊只是小股的盜賊，每股多者才百人。而裘甫之亂則黨徒眾多，「山海諸盜及它道無賴亡命之徒，四面雲集，眾至三萬」，且「群盜皆遙通書幣，求屬麾下」，所以裘甫之亂可以說是晚唐第一次盜賊的大結合，其聲勢與力量之強大，遠非在此以前的江淮盜賊所能比擬。

㈢盜賊的行爲違犯法律，是政府所不容許的，江淮盜賊對當時法律，多少尚存有畏懼之感，因此，搶劫財物之後，須設法「入山博茶，蓋以異色財物不敢貨於城市」，及以異色財物博茶以後，「出爲平人」，仍僞裝成爲善良百姓。裘甫之亂，其徒眾大肆搶掠之後，並不解散以設法暗中出賣劫得之財物，仍然聚集，作更多的搶劫，這表現裘甫徒眾對當時法律已失去了畏懼之心，搶劫再搶劫，這是裘甫之亂使唐室君臣不能不多加注意而速謀平定的原因之一。

㈣最重要的是江淮盜賊亂事的目的，乃是屬於經濟性的搶奪，劫掠得手即行逃逸，其最大禍害只是擾亂社會秩序與地方經濟，因此，杜牧在〈上李太尉論江賊書〉申請平定江賊，平定江賊後可「去三害而有三利。人不冤死，去一害也；鄉閭獲安，無追逮證驗之苦，去二害也；每擒一私茶賊，皆稱買賣停泊，恣口點染，鹽鐵監院迫擾平人，搜求財貨，今私茶盡黜，去三害也。商旅通流，萬貨不乏，獲一利也；鄉閭安堵，狴犴空虛，獲二利也；擷茶之饒，盡入公室，獲三利也。」杜牧所稱三害、三利，全屬社會與經濟方面。然而，裘甫亂事的目的，則屬於政治性的叛變，甫占據剡縣後，「改元日羅平，鑄印曰天平，大聚資糧，購良工，治器械，聲震中原。」經濟性的盜賊對於當時存在的政權是承認的，政治性的盜賊則對於當時存在的政權意圖否認，而欲另創新的政治局面，所以對一個政府來說，政治性的盜賊遠比經濟性的盜賊更爲可怕。裘甫之亂屬於政治性的民變。這次民變結果雖然失敗，卻表現出當時人民·雖然在全國總人口中只是一小部份，敢於對李唐王朝背叛。

從上面四點分析，可以看出裘甫之亂和呈通以前的盜賊亂事是不同的，在唐代政治史中，裘甫之亂應該是個轉捩點，從裘甫之亂以後，政治性的民變層出不窮，而以黃巢之亂爲害最烈，造成唐末連綿不斷的亂事，終導致李唐王朝的覆亡。

三、從裘甫之亂看當時地方政局

裘甫之亂的原因，兩唐書及《通鑑》均未論及，然試看裘甫自大中十三年攻陷象山，進逼剡縣，其徒眾不過百人，及咸通元年二月，「眾至三萬」，三個月之間，其徒眾由百人增至三萬，增加速度之快，不能不使人驚奇，卻也正可由此觀察出當時人心已對政府發生極大的反感，一旦有人爲首倡亂，於是從者蟻附。冰凍三尺，非一日之寒，裘甫反叛勢力的迅速擴大，正是唐代政治（尤其是地方政治）不良的反映，不過，由於史料欠缺，要探討裘甫之亂的原因較爲困難，但卻可以從裘甫之亂觀察當時地方政局。

㈠地方吏治的敗壞與百姓小民的困苦

唐代地方吏治自始即被輕視，太宗雖有「先存百姓」之美言，[5]然而貞觀初，外官卑品猶未有俸祿，[6]何能責其清廉？同時，自唐初以來，士人即有重內輕外的觀念，[7]刺史縣令之選任未受重視，所以，地方吏治日漸敗壞。

玄宗以後，地方最高長官為節度、觀察。都防禦、經略等使，號為藩鎮。在抗命地區，藩鎮的選任由當地軍府自行決定，中央只是形式上加以認可而已。在期命所能及的地區，藩鎮的選任，多由禁軍中尉在幕後決定，選任的條件是賄賂禁軍中尉而得，如缺少賄賂資本，則多舉債，待至任所後，再貪污以償還。《舊唐書》卷一六三〈高瑀傳〉：

自大曆以來，節制之除拜，多出禁軍中尉，凡命一帥，必廣輸重賂。禁軍將校當為帥者，自無家財，必取資於人，得鎮之後，則膏血疲民以償之。

不僅方鎮舉債到官，即州縣官也有此種情形，武宗時，李德裕曰：「選人官成後，皆於城中舉債，到任塡還，致其貪求，罔不由此。」[8]而且自代宗以後，皇帝也喜地方官進奉，所謂進奉乃是賦稅以外的貢物，直接呈獻皇帝，德宗最好進奉，將進奉物名之為羨餘，按自德宗建中元年以後，稅制改為兩稅法，兩稅是唯一的正稅，自此以後皇帝的詔書屢次明言：「兩稅以外，輒不許更有差率」，既然兩稅之外，則無差率，則進奉或羨餘從何而來，其為貪污苛斂不問可知。進奉或羨餘實際上是皇帝所接受的賄賂，皇帝倡導，臣下隨行，於是賄賂之風大熾[9]，官位以賄賂而得，欲求升遷亦不能不賄賂，賄賂需要財富，愈富則官位愈安全，求安全必須多多貪贓，貪贓的來源乃是剝削地方財富，所以貪贓愈多，百姓小民受害愈大，白居易指責當時貪污賄賂之風盛行而為害百姓說：「外使入奏，不論賢愚，皆欲仰希聖恩，傍結權貴，上須進奉，下須人事，莫不減削軍府，割剝疲人，每一入朝，甚於兩稅。」[10]為了進官固寵而需要賄賂，為了賄賂資本而需要貪，這是必然的因果關係，吏治那能不日趨敗壞。

地方官貪污的風氣，唐初以來便經常存在，太宗時遣使巡省天下，便發現「縣同主吏，甚多贖貨之罪」[11]，玄宗時，官吏常兼營商業，以致假公濟私，《唐會要》卷六十九〈縣令〉：

郡縣官寮，共為貨殖，竟交互放債侵人，互有徵收，割剝黎庶。

太宗、玄宗都是太平盛世，及肅宗以後，常有戰亂，朝廷應付戰亂已感力不能支。對於地方吏治的改良，除了偶而下一二道詔書，空言整飭外，並沒有實際的行動，所以地方吏治只有愈來愈敗壞下去。代宗時，元結爲道州刺史，見井邑丘墟，生人幾盡，「試問其故，不覺涕下，前輩刺史，或有貪猥惽弱，不分是非，但以衣服飲食爲事，數年之間，蒼生蒙以私欲侵奪，兼之公家驅迫，非姦惡強富，殆無存者。」[12]從元稹彈劾劍南東川節度使嚴礪的奏本中，可以看出地方官幾乎是集體貪污，聯合虐民。[13]地方吏治的不良，於此可見一斑。

也有些地方官對於自己的職責疏忽輕視，以《北夢瑣言》中的兩則故事爲例：

唐路侍中巖，風貌之美，為世所聞，鎮成都日，委執政於孔目吏邊咸，日以妓樂自隨。（卷三〈路侍中條〉）

（杜悰）凡蒞方鎮，不理獄訟，在鳳翔洎西川，繫囚畢政，無輕無重，任其殍殕。（卷三〈杜邠公不恤親戚條〉）

地方官不親政事，而委政胥吏，胥吏有權無責，貪墨假威，肆虐鄉里的惡行便因此而出。尤其是「不理獄訟」，囚犯無論輕重「任其殍殕」，更是一種虐政，也反映出吏治的不良。

在中國古代，地方官被稱爲父母官，這是因爲地方官臨民，與百姓的平日生活接觸最多，百姓的疾苦與需要，地方官知之最詳，所以百姓仰地方官如父母，而中國官箴也訓誡地方官當愛民如子女。唐代地方吏治的不良——尤其是中唐以後更爲嚴重，地方官早失去了父母官的意味，不僅不能愛民如子，反而成了吞噬百姓的群獸，宣宗本人即瞭解當時「刺史多非其人，爲百姓害」[14]，可見當時地方吏治的敗壞，已是上下皆知的事，宣宗雖也偶而注意及一二地方官的選任。但惜乎沒有全盤性的計劃和積極性的行動來整頓吏治，吏治不良而引起的禍害一直延續下去。

吏治的不良造成百姓小民的極大痛苦，百姓小民中以農民占絕大多數，他們人數眾多，是國家的基層份子，但是，他們的利益卻最不受到重視，他們在政治上沒有發言的權力，在經濟上沒有富厚的能力，在社會上沒有顯赫的威力，他們無論在政治上、經濟上、社會上都是十足的被統治者，他們只有接受任何加之於他們身上的約束，卻沒有反抗不服的資格，所以，一旦遇上吏治敗壞的時代，地方官爲非作歹，他們便首先成爲犧牲者。

政府與百姓最直接的權利義務關係便是納稅，中唐以前的賦稅制度是租庸調制，德宗以後改爲兩稅法，兩稅法的立制，據《舊唐書》卷四十八〈食貨志〉建中元年二月詔略曰：

> 戶無主客，以見居為簿；人無丁中，以貧富為差。行商者在郡縣稅三十之一。居人之稅，夏

> 秋兩徵之，各有不便者三之。餘徵賦悉罷，而丁額不廢。其田畝之稅，率以大曆十四年墾數為準徵，夏稅無過六月，秋稅無過十一月，違者進退長吏，令黜涉使各量風土所宜，人戶多少，均之，定其賦，尚書度支總統焉。

《新唐書》卷五十二〈食貨志〉述兩稅法云：

> 至德宗相楊炎，遂作兩稅法。夏輸無過六月，秋輸無過十一月，置兩稅使以總之。量出制入。戶無主客，以居者為簿，人無丁中，以貧富為差，商賈稅三十之一，與居者均役，田稅視大曆十四年墾田之數為定，遣黜陟使按比諸道丁產等級，免鰥寡惸獨不濟者。敢有加歛，以枉法論。

就原則說，兩稅法規定所有有收入者一律按財產能力比例納稅，就類別說，農民不分主客戶，不分田地來源，商賈不論行坐，一律每年兩次繳納基本正稅，因此，兩稅法乃是一種單一稅，百姓各定戶等，定稅額，按期繳納，可以說是很公平合理的，然而，任何制度都需要人來執行，執行者的態度忠實認眞與否，對於制度的成敗得失有極大的關係。兩稅法原則上並非不是一種優良的制度，可惜由於吏治敗壞，執行的官吏本身有了問題，所以，時間愈久，兩稅法的公平精神愈喪失，百姓負擔賦稅的不合理現象也愈嚴重。

兩稅法規定，兩稅應是唯一的正稅，兩稅之外，不能再取。然而在兩稅法初創後的第八年，便發生了執行稅收的官徵不遵守稅法，而致虐民的情形，試看《通鑑》卷二三三唐德宗貞元三年十二月庚辰條所載：

> 上（德宗）畋於新店，入民趙光奇家，問：「百姓樂乎？」對曰：「不樂。」上曰：「今歲頗稔，何為不樂？」對曰：「詔令不信，前云兩稅之外，悉無它傜，今非稅而誅求者，殆過於稅。後又云和糴，而實強取之，曾不識一錢。始云所糴粟麥，納於道次，今則遣致京西行營，動數百里，車摧馬斃，破產不能支，愁苦如此，何樂之有？每有詔書優恤，徒空文耳。」

詔令無信，執行官吏的肆虐，縱使有任何好的法制，百姓也是無法蒙受其利。趙光奇的話，可說是古代百姓小民的共同呼聲。白居易的秦中吟也完全道出官吏不遵稅制下，百姓小民所遭受的痛苦：

> 厚地植桑麻，所要濟生民，生民理布帛，所求活一身，身外充征賦，上以奉君親。國家定兩稅，本意在憂人，厥初防其淫，明敕內外臣，稅外加一物，皆以枉法論。奈何歲月久，貪吏得因循，浚我以求寵，斂索無冬春，織絹未成疋，繰絲未盈斤，里胥迫我納，不許暫逡巡。歲暮天地閉，陰風生破村，夜深煙火盡，霰雪白紛紛，幼者形不蔽，老者體無溫，悲端與寒氣，併入鼻中辛。昨日輸殘稅，因窺官庫門，繒帛如山積，絲絮似雲屯，號為羨餘物，隨月獻至尊。奪我身上煖，買爾眼前恩，進入瓊林庫，歲久化為塵。（《白氏長慶集》卷二〈秦中吟十首之二：重賦〉）

兩稅法雖未更廢，然而實質上早已失去當初立制的求公平合理精神，除正稅外，他傜及加徵名目繁多，由地方隨意科率，例如庾威大和中爲湖州刺史，在州時「自立條制，應由地奴婢下及竹樹鵝鴨等，並估計出稅，差軍人一千一百五十人散入鄉村檢責剩徵稅錢四千九百餘貫。」[15]有時地方爲了掩飾災情，加徵於熟田[16]；有時地方官的調任，籌辦迎送，因此騷擾侵漁，致「鄉里無蘇息之望」；[17]文宗大和間，「嶺南道擅置竹練場，稅法至重，害人頗深。」[18]這些稅外的加徵，有時比正稅本身還多，正可與本文前引《通鑑》卷二三三德宗貞元三年十二月庚辰條趙光奇所云：「今非稅而誅求者，殆過於稅」，互相對證。

中國古代百姓小民最怕官吏，尤其是農村鄉下，一旦官吏光臨，必然發生騷擾，韓愈說：「所由爲官所使到村之後，必索百姓供應。」[19]韋處厚說：「所繇入鄉村，是爲政之大弊，一吏到門，百家納貨。」[20]韓、韋二人均親任地方官，所言當屬可信。如與李賀的惑諷詩相比照，更可略出當時的實際情形，李賀的感諷詩形容官吏催稅，百姓小民不僅要繳稅，還要招待官吏飲食：

> 越婦未織作，吳蠶始蠕蠕，縣官騎馬來，獰色虬紫鬚……越婦拜縣官，桑牙今尚小，會待春日晏，絲車方擲掉。越婦通言語，小姑具黃粱，縣官踏餐去，薄吏復登堂。（《李賀歌詩編》卷二〈感諷〉）

因此，官吏下鄉，最是擾民，但徵稅是官吏的職責，沒有辦法禁止官吏下鄉，所以雖然是擾民的行爲，也是無法改善，百姓小民唯有多加忍耐而已。

兩稅法初定之時，其數額是採「量出以制入」的原則，中央政府把總額分配給各地，地方官接到配額後，依照各別情形。自行逐級分配下去。如果社會安定，各地方百姓不常移動，則地方兩稅配額還可由百姓平均負擔，不幸自安史之亂以後，國內戰亂頻繁，賦稅日重，豪富兼併，加上吏治敗壞，魚肉百姓，所以逃亡的現象愈來愈普遍。然而，州縣戶口雖有逃亡，兩稅根據「量出以制人」的稅額，州縣官必須設法完成任務，於是只有攤逃。把逃亡者的稅攤在現存戶頭上，李渤曰：

臣自出使，力求利病。竊知渭南縣長源鄉本有四百戶，今纔四十餘戶，閿鄉縣本有三千戶，今纔有一千餘戶，其他州縣，大略相似。其弊所自。起于攤逃，約十家內有一家逃亡，即攤賦稅，使九家共出，稅額長定，有逃即攤，似投石井中，不到底不止。攤逃之弊，戶不盡不休。（《全唐文》卷七一二，李渤〈請免渭南攤征逃戶賦稅疏〉）

州縣的攤逃雖然被詔令一再禁止，但是中央政府本身對於州縣的稅額就是實行均攤政策，例如《全唐文》卷六十八，敬宗〈減奉先縣租役制〉：

奉先一縣，獨奉八陵，供辦支持，實為繁併，眷言物力，須議優矜，宜委京兆府減一半租并雜色役等，令諸縣均出，

此外，元稹的同州奏均用狀也可以說明中央政府對州縣的賦稅採取均攤政策：

當州朝邑等三縣代納夏陽韓城兩縣率稅：右准元和十三年敕，緣夏陽韓城兩縣殘破，量減逃戶率稅，每年攤配朝邑澄城郃陽三縣代納，錢六百七十九貫九百二十一文。斛㪷三千一百五

十二石一㪷三升，草九千九束零並不計。（《全唐文》卷六五一）

大和二年興元尹王涯亦將興元府內南鄭稅錢之一部分均攤於管內其他屬州

興元府南鄭兩稅錢額素高，每年徵科，例多懸欠。今請于管內四州均攤，代納二千五百貫文，配蓬州七百五十貫，集州七百五十貫，通州五百貫，巴州五百貫。（《唐會要》卷八十四〈租稅下〉）

《冊府元龜》卷四八八〈邦計部・賦稅〉大和八年十月條載：

興元觀察使講減當府及洋州兩稅錢八千六百貫文，移加果閬渠開等四郡。

甲牠的稅額減少，卻加到乙地身上去，其結果中央的稅收總額並未減少，這是中央政府的均攤政策，這種政策固然有些地方百姓受益，卻也使另一些地方百姓受害。中央政府對州縣的賦稅既採均攤政策，州縣對於百姓自然也隨之效尤，實際上，在「量出爲入」的原則下，不均攤實在達不到預計的目標，上行下效，理所當然。

有些逃戶是有意的規避，作有計劃的轉移，《全唐文》卷七十八，武宗〈加尊號後郊天赦文〉：

江淮客戶及逃移規避戶稅等人，比來皆係兩稅，並無差異。或本州百姓子弟，纔霑一官，及官滿後，移往鄰州，兼於諸軍諸使假職，便稱衣冠戶，廣置資產，輸稅全輕，便免諸色差役。其本鄉家業，漸自典貢，以破戶籍。所以正稅百姓日減，州縣色役漸少。

衣冠戶有計劃的破除戶籍，成爲空戶，他們所抖落下來的賦稅，州縣官吏，只好攤派到百姓小民的身上去。

攤逃的措施，在全國各地普遍推行，一方面是由於中央政府早已給每一州縣確定稅額，地方官吏不攤逃便無法交差，另一方面也是地方官爲了自保而實行攤逃，因爲戶口的增加和賦稅的徵足，乃是地方官的最好表現，對其政治前途最爲有利[21]，所以一般的地方官都歡喜虛掛戶口，搜括賦稅。攤逃是不合理的事，不逃的人要負擔逃亡者的稅，使得現住居民負擔賦稅過重，如果收成不佳，便無力繳納，這種情形，中央並非不知，試看宣宗詔書便已明白承認：

> 應揚潤廬壽滁和宣楚濠泗光宿等州，其間或貞元以來，舊欠逃移後，闕額錢物，均攤見在人戶，頻年災荒，無可繳納。（全唐文卷八十一，宣宗〈賑恤江淮百姓德音〉）

宣宗詔書對象爲江淮地區，因此只列舉揚潤廬壽滁和宣楚浸泗光宿等州，其實攤逃是全國性的，攤逃措施帶給現住人戶的重稅痛苦應該也是全國性的，不過，中央政府爲了維持稅收，明知攤逃是地方弊政，卻也未眞正嚴厲禁止，只是偶而在詔書上裝模作樣地訓斥地方官一番而已。至於眞正愛民的地方官則常替百姓隱匿，眞實的戶口增多而掛籍戶口不變，中央政府對這一地方的賦稅便不會增加總額，於是百姓小民的賦稅負擔在稅額未增而納稅者增加的情形下，大爲減輕。[22]可惜這種眞正愛民的地方官太少，大多數地方官都只顧自己的政治前途，所以，縱有一二滴甘露，也是救不了沙漠中的苦旱。

中央政府有時也鑑於某些地方遭受天災或兵災，農村殘破，著實無力繳納賦稅，便下令給予特定時期中全部或部分賦稅的放免，這種放免在理論上是中央政府對百姓小民的恩典。然而，在實際上，百姓小民可得到的利益並不大。何以故？

中唐以後中央政府的放免詔令很多，然而，如果仔細檢查放免詔令中的放免年代，便會發現所放免者常是幾年前的欠負。唐代放免詔令甚多，有時一年中有好幾次，然而卻沒有系統完備的記載，茲據《冊府元龜》和有日期可查的詔書中所載自憲宗至宣宗有關赦免的規定分列如下：

放免詔書發布年月	放免年限	放免地區	放免內容	備註
元和1.1.	①元和1. ②元和1.	①京畿 ②江淮等州水旱處	①青苗榷酒錢放免，地稅量放 ②兩稅量放	《唐大詔令集》卷五〈改元元和赦〉
元和2.	①元和2. ②元和1.	①京畿 ②淮南等地	①夏青苗錢 ②稅租	《唐大詔令集》卷七〇〈元和二年南郊赦〉
元和2.2.	元和1.	江西	兩稅上供錢	《冊府元龜》卷四九一〈邦計部〉

元和2.4.	①元和1. ②元和2.	西川	①兩稅榷酒上供錢 ②兩稅榷酒上供錢量放一半	同右
元和2.10.	元和2.	潤州	秋稅	同右
元和4.3.	①貞元2.以前及永貞1. ②貞元11.—12.	②京畿、京西、京北	①諸鹽院積欠 ②諸鹽院積欠	《文苑英華》卷四三五〈亢旱撫恤百姓德音〉
元和6.2.	元和5.	泗州	錢米	《冊府元龜》卷四九一〈邦計部〉
元和6.10.	①元和6. ②元和5.以前	京兆	①所配折糴粟二十萬石 ②租稅	同右
元和6.閏12.	元和6.	京兆	粟及大豆全放免，青苗錢放一半	同右
元和7.2.	①元和6. ②元和6. ③元和6.	②京兆 ③京兆	①諸色稅草并職田草 ②兩稅青苗錢及雜稅 ③義倉粟	同右
元和9.2.	元和8.	京畿	秋稅斛㪷青苗錢稅草	同右
元和9.5.	元和9.	京畿	夏秋大麥雜菽並隨地青苗錢	同右

元和11.4.	元和9.—10.	京畿	兩稅青苗錢斛㪷稅草等	同右
元和11.7.	元和11.	淮西四面州縣	夏稅	同右
元和12.7.	元和12.	淮西四面州縣	夏稅	同右
元和12.9.	元和12.	淮西四面州縣	秋稅	同右
元和14.5.	元和14.	京兆	夏稅及大麥等	同右
元和14.7.	①元和5以前 ②元和14. ③貞元5.—元和5. ④建中3.—元和9.	①京兆 ②淮南等道	①欠負錢物 ②秋稅上供錢量放 ③欠負鹽鐵錢物 ④欠負戶部錢物	《文苑英華》卷四二三〈元和十四年七月二十三日上尊號赦〉
元和15.2.	①貞元8.—元和10. ②元和13.以前 ③建中3.—元和13. ④元和5.—元和13.	①全國 ②全國 ③全國 ④京兆	①欠負度支諸州府錢 ②欠負諸監院錢物 ③賑貸錢物 ④欠負諸色錢物	《冊府元龜》卷四九一〈邦計部〉
元和15.4.	元和14.	京畿	職田稅	同右
元和15.6.	元和15.	京兆	夏青苗錢	《唐大詔令集》卷七十七，〈景陵優勞德音〉

長慶1.1.	①長慶1. ②元和13.以前	①全國	①夏稅量放 ②欠負諸司錢	《文苑英華》卷四三六〈長慶元年正月三日南郊改元赦文〉
長慶2.8.	長慶2.	汴州	兩稅三分放一	《冊府元龜》卷四九一〈邦計部〉
長慶4.1.	長慶4.	京畿	青苗錢物	同右
長慶4.10.	①長慶5. ②長慶5.	①奉先縣 ②櫟陽等縣	①夏青苗錢 ②夏青苗錢量放	唐大詔令集卷七十七光陵優勞德音
大和1.1.	大和1.	京兆	夏稅青苗錢放一半	《冊府元龜》卷四九一〈邦計部〉
大和1.8.	大和1.	①三原縣 ②高陵縣	①秋青苗錢 ②秋青苗錢放一半	同右
大和3.11.	大和3.	奉先等八縣	免田稅	同右
大和3.11.	①大和4. ②大和4.	①京兆 ②鄆曹濮淄青兗海滄德	①夏青苗錢放一半 ②夏稅糧放	《文苑英華》卷四二八〈大和三年十一月十八日赦文〉
大和4.12.	大和4.	京畿河南等道	田稼官租	《冊府元龜》卷四九一〈邦計部〉
大和5.10.	大和5.	奉先等縣	夏租	同右

大和7.1.	①大和6. ②大和6.以前	①京兆 ②京兆河中同華陝虢晉絳等州府	①青苗榷酒錢 ②諸色逋懸	《文苑英華》卷四三六〈賑恤諸道遭旱百姓敕〉
大和8.9.	大和8.	浙西等道	青苗錢	《冊府元龜》卷四九一〈邦計部〉
開成1.1.	①大和5.以前 ②開成1.	②河中同州絳州	①欠負戶部度支鹽鐵錢物 ②夏青苗錢	《唐大詔令集》卷五〈改元開成赦〉
開成1.4.	開成1.	安南	秋稅	《冊府元龜》卷四九一〈邦計部〉
開成2.3.	開成2.	揚州楚州浙西	夏稅錢量減	同右
開成3.10.	開成2.	河南府	賦稅	同右
開成3.1.	①開成2. ②開成3. ③開成3.	①淄青兗海鄆曹濮 ②淄青兗海鄆曹濮 ③京兆	①上供錢及斛㪷 ②夏稅上供錢及斛㪷 ③夏青苗錢量放	《文苑英華》卷四三六〈淄青蝗旱賑恤〉
開成3.11.	開成1.以前	京畿	諸色逋欠	《冊府元龜》卷四九一〈邦計部〉
會昌3.7.	會昌3.	太原河中	秋稅及地頭錢	《文苑英華》卷四三六〈減放太原及沿邊州郡稅錢德音〉

會昌3.9.	會昌3.	京兆	秋稅青苗錢量放	《文苑英華》卷四三四〈雨災減放稅錢德音〉
會昌5.1.	①會昌5. ②開成5.以前	①京畿 ②京畿	①夏稅量放 ②青苗等稅	《文苑英華》卷四二九〈會昌五年正月三日南郊赦文〉
大中1.1.	大中1. ②元和15.—會昌3. ③大中1.	①京兆 ②京兆 ③荊南	①夏青苗錢 ②欠負諸錢物 ③夏地稅	《文苑英華》卷四三〇〈大中元年正月十七日赦文〉
大中2.1.	開成3.以前	全國	貸借積欠	《文苑英華》卷四二二〈大中二年正月三日冊尊號德音〉
大中9.7.	大中6.以前	濠泗宿等州	逋懸	《文苑英華》卷四三六〈賑恤江淮遭水旱疾疫百姓德音〉
大中13.10.	①大中13. ②大中7.以前 ③大中13. ④大中7.以前 ⑤大中12.以前	①京兆 ②全國 ③河南府 ⑤全國	①秋青苗錢量放 ②兩稅斛㪷及青苗榷酒并稅草職田等 ③秋青苗錢量放 ④積欠府司鹽院諸色錢物 ⑤兩稅米	《文苑英華》卷四二〇〈嗣登寶位赦〉

從歷年放免規定，可知多追溯參年以前所欠負的賦稅，這些久經欠負的賦稅，百姓早已無力繳納，等於是筆呆帳，在放免的詔書中，經常提及過期已久的欠稅，「徵收不得，空繫簿書，宜並放免」或「終無送納之日，虛繫簿書，宜並放免」，可見政府也知道這些年久的欠稅縱使不放免也收不到，放免呆帳，對於百姓實際上並無好處，中央政府卻假仁假義地作了人情。《冊府元龜》卷四九一〈邦計部・蠲復〉，記載百姓對貞元十四年放免八至十年兩稅和榷酒欠負的不滿。

> 輿議以所欠錢物等，多是浮於編甿腹中，各已逃移，年月且久，縱令所司徵納，亦無從而致。雖有此詔，亦無益於百姓矣。

這明白表現出放免年久欠負對百姓並無實惠，白居易也曾上言放免前一年賦稅於民無利：

> 昨正月中所降德音，量放去年錢米，伏聞所放數內，已有納者，縱未納者，多是逃亡，假令不放，亦徵不得。（《白氏長慶集》卷四十一〈奏請加德音中節目〉）

放免欠負雖無益百姓小民，但至少表現中央政府公告不再追究這項欠負，然而稅吏卻常常想法不理會放免的命令，繼續假借催收欠負的名義而騷擾百姓小民《全唐文》卷八十五〈懿宗即位赦文〉：

> 如聞後赦令頒免放欠負，所司不及時處分，元係簿書，徒有蠲免之名，卻為分外攪擾。

有時詔令已放免之欠負而度支忽略未曾注意，仍行徵收，《文宛英華》卷四三六〈大中九年七月賑恤江淮連水旱疾疫百姓德音〉：

或逋懸錢物斛斗數內，先已放免，度支卻徵收者。

執行官吏的輕忽詔令，使得百姓小民連皇帝口頭上的一點點虛利也得不到。

在詔令中也偶而有放免當年的賦稅，這種放免對於窮困中的百姓小民才是眞正的恩澤，可是由於當時地方吏治敗壞，縱使放免當年賦稅，一般百姓小民也未必能得到益處，只有地方權豪或可得到一些實利，《全唐文》卷九六五〈元和十年三月京兆府酌定放免兩稅奏〉：

恩敕蠲放百姓兩稅及諸色逋懸等，伏以聖慈，憂軫疲氓，屢蠲逋賦，將行久遠，實在均平，有倚恃權豪，因循覬望，忽逢恩貸，全免征繇：至孤弱貧人，里胥敦迫，及期輸納，不敢稽違，曠蕩之恩，翻不霑及。

京兆府的這件奏本中所述孤弱貧人在里胥敦迫之下，按期輸納，而未能享到放免的恩惠的情形，也可以從白居易的詩中找到旁證：

杜陵叟，杜陵居，歲種薄田一頃餘，三片無雨旱風起，麥苗不秀多黃死，九月降霜秋早寒，禾穗未熟皆青乾，長吏明知不申破，急歛暴徵求考課。典桑賣地納官租，明年衣食將如何？剝我身上帛，奪我口中粟，虐人害物即豺狼，仍必鉤爪鋸牙食人肉。不知何人奏皇帝，帝心惻隱知人弊，白麻紙上書德音，京畿盡放今年稅，昨日里胥方到門，手持勑牒牓鄉村，十家租稅八九畢，虛受吾君蠲免恩。（《白氏長慶集》卷四〈杜陵叟〉）

地方官爲了本身的考課而先期徵集，也不理會災歉，百姓小民繳納已畢，縱有放免，也不能奢望發還，白居易所詠「十家租稅八九畢，虛受吾君蠲免恩」，正是地方吏治不良的情況下，中央偶有恩惠，小民也無法身受的感歎。

最好的放免應是放免下年的賦稅，可惜這類放免極少，縱有一二，其範圍也是少數地區。中唐以後，漸發生土地兼併的現象，如土地肥沃之浙江，有「上田沃土，多歸豪強」[23]之事，沈亞之對策已明言「美地農產，盡歸豪奸」[24]，土地兼併的結果表現出貧富不均，在吏治不良的情況下，愈是富者愈易投機取巧，愈是貧者愈是遭受壓迫，例如安史亂後，各級政府置供應戶，以供應物資，此種供應戶當然由當地豪富充任，豪富取得供應戶資格後，便得到特別待遇，逃避差科，於是所有的差科都加在百姓小民的身上，《全唐文》卷九六八〈大中四年五月御史臺請禁斷供應戶奏〉：

> 近日相承，皆置供應戶，既資影庇，多是富豪，州縣差科，盡歸貧下。

待遇的不平等，使得百姓小民生活更爲痛苦。文宗時，蘇州大水，饑歉之後，貧者有賣兒女於富家者，其父母「得錢數百、米數斗而已」，[25]蘇州乃是富庶之鄉，一遇災荒，尚且如此，其他地區的貧窮百姓遇境必更爲困苦。

地方吏治的不良加深百姓小民的痛苦，長期忍受痛苦當非人之所願，如有機會，寧可爲盜爲賊，晚唐盜賊蠭起，這是一大原因，當裘甫之亂時，右拾遺內供奉薛調上言：「兵興以來，賦斂爲度，所在群盜，半是逃戶，因須翦滅，亦可閔傷。」[26]逃戶正是貧苦百姓，既受重稅壓迫，又受官吏欺凌，內有饑寒之道，外有「豺狼」（借白居易語）之害，遂挺而走險，相率為盜。平裘甫之亂的浙東觀察使王式告諸將曰：「賊聚穀以誘饑人，吾給之食，則彼不為盜也。」[27]可知盜賊之中，饑民眾多。饑民之眾多，也正是百姓小民生活困苦的反映。

㈡地方軍備之廢弛

安史之亂以後的肅、代、德三朝，藩鎭割據的局面甚為嚴重，及憲宗時代，跋扈藩鎭幾乎全被中央征服，連河北地區從來不遵朝命的幽州、成德、魏博三鎭在元和末年也全都俯首聽命，當時似乎呈現出一種新的政治局面，久已黯淡無光的中央政府，其威勢似乎再度籠罩全國。既然政治上是一片和平景象，社會上也日漸安定，似乎沒有必要繼續維持眾多的兵員，所以，憲宗末，李翺上疏有銷兵之議：

比年天下皆厚度支錢，蓄兵士者，以中原之有寇賊也。今吳元濟、李師道皆梟斬矣，中原無虞而蓄兵如故，以耗百姓，臣以為非是也。若選通達吏事之臣三五人，往諸道與其節度使團練使言，每道要留兵數，以備鎮守，責其兵士見在實數，因使其逃亡不補，自可以每年十銷一矣。（《全唐文》卷六三四，李翺〈論事疏表：疏絕進獻〉）

就國家財政支出而言，減少軍隊是撙節開支的最佳辦法。穆宗即位之初，財政發生危機，此項危機可以從《舊唐書》卷十六穆宗紀元和十五年五月癸卯條（按元和十五年正月庚子憲宗崩，丙午穆宗即皇帝位）得其消息：

詔以國用不足，應天下兩稅，鹽利，榷酒，稅茶及戶部闕官，除陌等錢，兼諸道雜榷稅等，應合送上都及留州留使，諸道支用，諸司使職掌人課料等錢，並每貫除舊墊陌外，量抽五十支，仍委木道，本司、本使據數逐季收計，其諸道錢便差綱部送付度支收管，待國用稍充，即依舊制。

國用不足，一力面要開源，一方面也要節流，於是減少兵員成爲被考慮的一項措施，當時宰相蕭俛、段文昌乃「請密詔天下軍鎮，有兵處每年百人之中限八人逃死，謂之消（銷）兵。」[28]這項銷兵密詔下達以後，藩鎮遵旨辦理，因爲是密詔，所以地方官辦理時也是暗中進行而不便公開宣揚，但從史料中也可以找出一二蛛絲馬跡，如天平節度使馬總在長慶元年二月「奏當道見管軍士三萬三千五百人，從去年正月以後，情願居農者放，逃亡者不捕。」[29]浙東也「准詔，停老弱官健，收衣糧。」[30]可是，在長慶元年七月至長慶二年二月之間，河北的魏博、成德、幽州三鎮又告叛逆，使政治局面復形緊張起來，中央政府不得不在長慶二年三月下令「應天下諸軍，各委本道據守舊額不得輒有減省。」[31]

長慶二年三月令各道兵數「據守舊額」的詔書，使各地又得再行補充軍隊，然而這時所補充的軍隊不是眞正能作戰的兵將，當時「商賈胥吏，爭賂藩鎮，牒補列將而薦之」。[32]商賈胥吏實際上只是掛名軍中，以享受地方上的特權。從敬宗寶曆元年的詔書中可以明白看出：

寶曆元年四月制，京畿百姓多屬諸軍諸使，或戶內一人在軍，其父子兄弟皆不受府縣差役。

（《冊府元龜》卷四八八〈邦計部，賦稅〉）

《全唐文》卷九六六，大和五年十月中書門下請杜將健官影占奏：

> 應屬諸使……等將健，官與所繇等准承前例，皆令先具挾名敕牒州府免本身色役，自艱難以後，事或因循，多無挾名，自捕置，恣行影占，侵害平人。

《冊府元龜》卷五四七〈諫諍部〉開成三年，諫議大府韋力仁云：

> 今富商大賈，名隸軍師，著一紫衫，府縣莫制。

《全唐文》卷七十八，武宗〈加尊號後郊天赦〉文中也指責當時富人「兼於諸軍諸使假職，便稱衣冠戶，廣置資產，輸稅全輕，便免諸色差役。」沈亞之曾以櫟陽縣爲例，說明當時豪富之家掛名軍籍的情形：

> 櫟陽……（田地）三分以計，而豪有二焉。其父子昆弟皆率名南北東西軍，……馮緣蔓橫，以業吞漁，……其受役唯單產孱民用徵之。（《全唐文》卷七三六，沈亞之〈櫟陽縣兵法尉廳記〉）

此種富人掛名軍籍的現象至僖宗時仍然存在，《唐大詔令集卷》七十二〈乾府二年南效赦文〉中指出：

> 就中江南富人，多一武官，使庇一戶，致使貧者轉更流亡。

富人爲了享受特權而掛名軍籍，並非眞正身在軍中，平日定不接受訓練，這種軍隊之無作戰能力乃是必然之事，宣宗時即有詔書指責軍隊之缺少訓練：

如聞諸道軍將及官健等近日所在將帥多務因循，當召募之時已不選擇，及收補之後，曾莫教招，致使名在戎行，少能知其弓矢，職居列校，罕見識於韜鈐，緩急忽有徵差，便取見在應數。惟憂就役，豈暇圖功、虛費資撞，莫克讎敵，為弊頗久，須有舉明。（《全唐文》卷八十一，宣宗〈簡勘官健等敕〉）

雖然詔書指責「爲弊頗久，須有舉明」，事實上宣宗以後，其弊依舊未革，軍隊之虛弱如故。雖然長慶二年三月有「據守舊額」的詔旨，然而在中央政府控制的地區下，銷兵政策仍在暗中進行，大和三年十一月赦文中部指示諸道諸州將吏，「務從簡省」[33]，殷侑文宗時爲山南東道節度使，「准詔停減軍卒千餘人」，[34]均是銷兵政策的反映。因此，自長慶以後，中央所能控制的地區軍隊數量甚少，如大中咸通間，邕管軍才五百餘人，而西川亦「兵食單寡」，[35]軍隊本已素質不良，缺乏訓練，加之數額又少，遂造成中唐以後地方軍備的廢弛。

在裘甫之亂中，官軍之寡弱充分暴露無遺。據《通鑑》載，裘甫初起，有眾不過百人，浙東觀察使鄭祇德遣討擊副使劉勍、副將范居植將兵三百，合台州軍共討之，官軍兵數至少在三百以上，不幸卻遭敗績，范居植死，劉勍僅以身免，這已表現官軍戰鬥力之薄弱。當時情況是「人不習戰」，兵器「朽鈍」，而且「見卒不滿三百」，所以觀察使鄭祇德不能不更募新卒，然而「軍吏受賂，率皆得孱弱者」，這些新卒與裘甫部屬作戰，結果是「官軍大敗，三將皆死，官軍幾盡」。鄭祇德向鄰道求救，鄰道援兵人數也是極少，只有浙西兵四百人，宣歙兵三百人而已。而且宣歙兵驕狂，鄭祇德給予宣歙兵的待遇，「此度支常饋多十三倍，而宣潤將士猶以爲不足。宣潤將士請土軍爲導，以與賊戰，諸將或稱病，或陽墜馬，其肯行者，必先邀職級，竟不果遣。」當時裘甫遣諜入起州，「軍吏匿而飲食之，文武將史，往往潛與賊通，求城破之日，免死及全妻子，或詐引賊將來降，實窺虛實，城中密謀屛語，賊皆知之。」[36]其後王式之所以能平定裘甫亂事，並非由於官軍的強大，而是王式聲威服人與戰略的成功以及裘甫戰略的失誤。

四、裘甫之亂以後的地方政局

裘甫之亂乃是吏治不良與百姓困苦下的產物，在裘甫之亂以後，地方吏治的不良繼續存在，百姓小民的困苦毫未減輕，咸通七年的詔書指責江淮地方官吏的苛徵暴斂。

江淮諸州百姓只合輸本分苗稅，不合分外差科，多為所在長吏，權立條流，臨時差配或強名私市，多不給錢。（《唐大詔令集》卷八十六〈咸通七年大赦〉）

至僖宗乾符元年，翰林學士盧攜上言百姓的困苦情形：

臣竊見關東去年旱災，自號至海，麥纔半收，秋稼幾無，冬菜至少，貧者磑蓬實為麵，蓄槐葉為齏，或更衰羸，亦難收拾，當年不稔，則散之鄰境，今所在皆饑，無所依投，坐守鄉閭，待盡溝壑，其蠲免餘稅，實無可徵，而州縣以有上供及三司錢，督趣甚急，動加捶撻，雖撤屋伐木，雇妻鬻子，止可供所由酒食之費，未得志於府庫也。或租稅之外，更有他徭，……（《通鑑》卷二五二唐僖宗乾符元年正月丁亥條）

百姓痛苦如此，盧攜乃請發義倉賑濟，其結果據上引《通鑑》同條稱：「敕從其言，而有司竟不能行，徒爲空文而已。」

固然，裘甫之亂以後，中央政府仍常有放免的命令，可是，由於地方吏治的敗壞，稅吏常對於放免命令故意忽視，仍舊徵斂，又繼續攤逃，這種情形在乾符二年的赦文中明白指出：

其咸通十一年以前百姓積欠兩稅斛斗及青苗榷酒錢并稅草職田糠䴸麩𪍿等徵收不得，空繫簿書，前年十一月十二日赦令已蠲放，至今尚未了絕……度支戶部鹽城三司應收管在城及諸州府諸場監院所欠咸通十年以前諸色錢物斛斗等，前年十月十二日赦文並令放免，所司不得更生節目，妄有進取，如聞所司官吏緣循至今，尚有盤勘，都非公事，但務生情，歲月轉深，奸弊頗甚。……朝廷大弊，在於令不行，只如經水旱州，三降敕命，不許將逃亡規攤見在人戶。遭災水旱處有於見在戶兩倍徵，或至三倍。又近年以來，節度觀察使或初到任，或欲除移，是正二月百姓飢餓之時，公遣二月條先抽徵見錢，每一千文令納三四百，此時無不兩倍三倍，生生舉債，至典賣男女，以充納官。（《全唐文》卷八十九，唐僖宗〈南郊赦文〉）

放免命令成爲具文和攤逃暴斂虐民的毛病，和裘甫之亂以前相比，絲毫沒有減輕。所以，其後王仙芝作亂。也明責政府吏貪賦重。[37]

同時，在裘甫之亂以後，地方官軍的寡弱現象也一直未曾改善，乾符元年，江淮盜賊甚多，而「州縣兵少，加以承平日久，人不習戰，每與盜遇，官軍多敗。」[38]乾符二年的詔書中仍指出地方軍備廢弛和軍隊寡弱的現象：

> 東都留守所管兵數不少，無非市肆之人，緩急抽差，全不堪用。……昨徐方用軍，諸道多無兵器。……諸道兵士非惟闕額不堪，兼又軍將數多，一員敵官健數分。（《全唐文》卷八十九，僖宗〈南郊赦文〉）

兵士不足，將比兵多，市肆之人掛籍軍中，加上兵器的短缺，全是裘甫之亂以前的老毛病，仍然繼續存在。

由上所述可見在裘甫之亂以後的地方政局依然敗壞如故，裘甫之亂的警鐘未能驚醒耽於逸樂中的唐室君臣，所以從乾符以後，盜賊愈來愈多，終於演成黃巢之亂的不可收拾局面。

五、結語

裘甫之亂可說是李唐王朝傾覆前的一次警鐘，江淮地區乃是李唐王朝國用的根本，權德輿曰：「賦取所資，漕輓所出，軍國大計，仰於江淮。」[39]王播曰：「軍興之時，在繫財賦，國用之本，出於江淮。」[40]杜牧曰：「三吳者國用半在焉。」[41]江淮物資對大唐帝國國運有決定性的影響力，如果江淮物資能大量供輸京師，則大唐帝國國勢興隆，如果江淮物資不能大量供輸京師，則大唐帝國國勢衰微。[42]浙東的亂事足以動搖江淮地區，破壞國家的財政基礎，所以，王式請懿宗多派兵速討平裘甫之亂的理由便是：「國家用度，盡仰江淮，若阻隔不通，則上自九廟，下及十軍，皆無以供給。」[43]東南方的亂事對於中央政府原應有極大的威脅，只是裘甫之亂平定以後，中央政府未再追究亂因，忽略了這次警鐘，江淮地區的不安定因素仍然存在，等到江淮地區普遍動亂，李唐王朝便不得不崩潰。

裘甫之亂對唐室威信的破壞力極大，觀裘甫之亂以後不久又連續發生桂林戍卒龐勛之亂與王仙芝黃巢之亂，爲亂者之勇於取富貴而不懼夷滅，可反映出他們眼中的政府威信業已大滅，這種政府威信的削弱，不能不說是受到裘甫之亂相當大的影響。

裘甫之亂是晚唐第一次大規模的民變，在此之前，地方亂事很多，但多是兵亂或藩鎮之間的爭戰，裘甫之亂雖很快被平定，然而所謂平定只是裘甫的被斬，裘甫部下曾「眾至三萬」，這些部下似未被王式殺盡，他們在裘甫死後歸宿如何，史無明文，但以咸通元年以後吏治並未改良，百姓小民仍舊困苦的情形推測，他們似不可能全部歸農務稼，換言之，他們似未全部成爲眞正的安分良民，於是，裘甫的火焰雖被撲滅，而民變的火種仍埋在地下，隨處隨時可以冒出火苗，這是民變的可怕之處，王夫之有言：「夫亂軍叛民，與藩鎭異，藩鎭之反，雖舉軍同逆，而必倚節度使以起伏，渠帥即誅，新帥撫之，三軍仍安其故籍，而不失其舊，故裴中立曰：蔡人亦吾人也，綵之則靖矣。亂民者雖有渠帥，而非其夙奉之君長，人自爲亂，渠帥自誅，眾志自競，非有以統攝之，而必更端以起，當斯時也，非分別其彊弱之異質，或使之歸耕，或使之充伍，又得良將吏以安存之，則愈散而禍愈滋。」[44]這是對玄宗以後地方變亂史實作深入觀察後的精闢見解，也正說明民變較兵亂更具嚴重性，「民惟邦本，本固邦寧」，民變即是表示本之不固，邦又何能得寧。縱觀中國古代史實，民變的擴大，常是一個王朝覆亡的先聲，一個現存政權對於民變實不可等閒視之，所以，裘甫之亂對李唐王朝的潛在危險性並不比安史之亂爲小。可惜的是，由於裘甫之亂迅速被平定，以致呈現在表面的危險性並不大，亂事平定以後，李唐王朝的君臣們沒有切實檢討亂事的緣由，沒有對亂事的善後問題作妥善的處理，以致於吏治依然敗壞，百姓小民生活依然困苦，地方軍備依然廢弛，社會上的不安份子未能予以安撫，所以類似裘甫之亂的民變事件在懿宗以後繼續發生，終於釀成黃巢秦宗權的大禍亂，李唐王朝也隨之而傾覆。

註釋

1 《資治通鑑》作「裘甫」，《通鑑考異》曰：「《實錄》作仇甫，按《平剡錄》作裘甫，今從之。」新、舊唐書均作「仇甫」，本文以引用《通鑑》資料較多，故從《通鑑》作「裘甫」。

2 杜牧〈上李大尉論江賊書〉首云：「伏以太尉持柄在上，當軸處中，未及五年，一齊四海，德振法束。」按據《新唐書．宰相表》，開成五年（八四〇）九月丁丑，李德裕自淮南節度使爲門下侍郎同中書門下平章事，至會昌四年（八四四）八月，平昭義劉稹之逆命，其功似可稱之爲「一齊四海，德振法束」，而執政時間正爲四年，杜牧此書當在平劉稹之後不久，故稱德裕當軸不及五年。

3 參閱拙著《唐代藩鎮與中央關係之研究》附錄一「唐代藩鎮總表」中「山南東道」。

4 據《通鑑》卷二五〇內所載，裘甫部眾所立之寨爲官軍所破者有沃洲寨、新昌寨、劉平天寨。

5 唐太宗有言：「爲君之道，必先存百姓，若損百姓以奉其身，猶割股以啖腹，腹飽而身斃。」見《貞觀政要》卷一〈論君道第一〉。

6 閱《舊唐書》卷七十八〈高季輔傳〉。

7 胡震亨云：「唐人仕官，每重內輕外。」（唐詩談叢，卷二）徵之《全唐文》卷一五五，馬周〈請簡擇縣令疏〉及《新唐書》卷一二八〈倪若水傳〉，可知重內輕外之情形甚爲嚴重。

8 《會昌一品集》卷十二，論河東等道比遠官加給俸料狀。又《唐會要》卷九十二〈內外官料錢下〉會昌元年中書門下奏條，及《舊唐書》卷十八上武宗紀會昌二年二月丙寅條，同。

9 王夫之稱「唐之亂，賄賂充塞於天下爲之耳。」閱《讀通鑑論》卷十四〈唐武宗〉。

10 《全唐文》卷六六七，白居易〈論于頔裴均狀〉。

11 《全唐文》卷五，太宗〈遣使巡省天下詔〉。

12 《元次山文集》卷九〈道州刺史廳記〉。

13 元稹彈劾嚴礪在東川節度觀察使任內貪沒莊宅一百二十二所，奴婢二十七人及錢米等，其貪污共犯除節度觀察使府僚佐外，並及十二位東川管內之州刺史，此一彈劾案全文閱《全唐文》卷六五一，元稹〈彈奏劍南東川節度使狀〉。

14 《資治通鑑》卷二四九唐宣宗大中十二年十月。

15 《冊府元龜》卷六九八〈牧守部．專恣〉。

16 《全唐文》卷七十八，武宗〈加尊號赦文〉：「近聞州縣長吏，掩其災損，務求辦集，惟於熟苗上加徵，將填欠數。」又《全唐文》卷八十一，宣宗〈禁加徵熟田劫〉同。

17 《全唐文》卷八十二，宣宗，大中改元南郊赦文，其實州縣迎送成爲慣例，地方官官位愈大。迎送時擾民便愈甚，本文前引白居易指責時弊稱外使「每一入朝，甚於兩稅」可見一斑。

18 《全唐文》卷九六六，大和七年四月御史臺請嚴禁雜榷奏。

19 《全唐文》卷五五〇，韓愈〈論變鹽法事宜狀〉。

20 《冊府元龜》卷四九三〈邦計部．山澤〉。

21 例如《全唐文》卷六十二，憲宗〈賑恤百姓德音〉：「自定兩稅以來。刺史以戶口增減爲其殿最，故有折戶以張虛數，或分產以繁戶名。」（按《文苑英華》卷四三五，註此德音頒布時間爲元和六年二月二十八日）《全唐文》卷七十九，宣宗〈刺史以戶口增減定賞罰制〉：「刺史交代之時……增加一千戶以上者，與超資遷改。」又《唐會要》卷六十九〈刺史下〉，「（會昌）六年五月敕。……刺史交代之時，非因災沴，大郡走失七百戶以上，小郡失五百戶以上者，三年不得錄用，兼不得更與治民官，增加一千戶以上者，超資遷改。」是明文規定戶口的增加與升官有密切關係。

22 許多愛民的地方官常不將增加的戶口呈報中央，例如徐申任韶州刺史，「罷去之日，夫家名數，倍差於始至而不書於籍。」（《全唐文》卷五〇六，權德輿〈贈太子少保徐公墓誌銘〉）羅珦在襄州，其罷任之時，「凡田里之闢，庸亡之徠，皆倍於始至，而不書於籍。」（《全唐文》卷五〇六，權德輿〈唐故太中大夫守太子賓客上柱國襄陽縣開國男賜紫金魚袋羅公墓誌銘〉）裴倩為信州刺史，「復其庸亡五千室，闢其農耕二萬畝，交代之日，不書於簿。」（《全唐文》卷五〇〇，權德輿〈尚書度支郎中贈尚書左僕射正平節公裴公神道碑銘〉）

23 《全唐文》卷七五六，杜牧〈贈吏部尚書崔公行狀〉。

24 《全唐文》卷七四三，沈亞之〈對省試策第三道〉。

25 《全唐文》卷七十二，文宗〈令百姓收贖男女詔〉。

26 《通鑑卷》二五〇唐懿宗咸通元年五月壬申條。

27 同上，七月丁巳條。

28 《舊唐書》卷一七二〈蕭俛傳〉。

29 《舊唐書》卷十六穆宗紀長慶元年二月乙酉條。

30 《冊府元龜》卷四八四〈邦計部・經費〉。

31 《通鑑》卷二四二，唐穆宗長慶二年三月壬辰條。

32 同上註。

33 《全唐文》卷七十五，文宗〈南郊赦文〉。

34 《冊府元龜》卷四五〇〈將帥部〉。
35 《通鑑卷》二五〇唐懿宗咸通二年七月條。
36 所引均見《通鑑卷》二五〇唐懿宗咸通元年有關裘甫亂事諸條。
37 閱《新唐書》卷二二五下〈黃巢傳〉。
38 《通鑑卷》二五一唐僖宗乾符元年十二月。
39 《全唐文》卷四八六，權德輿〈論江淮水災上疏〉。
40 《全唐文》卷六一五，王播〈請令程異出巡江淮奏〉。
41 《全唐文》卷七五六，杜牧〈贈吏部尚書崔公行狀〉。
42 關於江淮物資與大唐帝國國運的關係詳閱全漢昇先生《唐宋帝國與運河》第二章至第六章。
43 《通鑑卷》二五〇唐懿宗咸通元年三月辛亥條。
44 《讀通鑑論》卷十四〈唐懿宗〉。

唐代政治史論集／王壽南著．-- 二版．-- 臺北市：
臺灣商務，2004[民 93]
面：　公分
ISBN 957-05-1845-6（平裝）

1. 政治制度 - 中國 - 唐（618-907）- 論文，講詞等

573.141　　　　93002481

唐代政治史論集（增訂本）

定價新臺幣 300 元

著 作 者　王 壽 南
責任編輯　李 俊 男
美術設計　吳 郁 婷
校 對 者　朱 肇 維
發 行 人　王 學 哲

出 版 者
印 刷 所　臺灣商務印書館股份有限公司
臺北市 10036 重慶南路 1 段 37 號
電話：(02)23116118 · 23115638
傳眞：(02)23710274 · 23701091
讀者服務專線：0800056196
E-mail：cptw@ms12. hinet. net
網址：www. commercialpress. com. tw
郵政劃撥：0000165 — 1 號
出版事業登記證：局版北市業字第 993 號

· 1977 年 7 月初版第一次印刷
· 2004 年 4 月二版第一次印刷

ISBN 957-05-1845-6（平裝）　　　02135020

廣 告 回 信
台灣北區郵政管理局登記證
第 6 5 4 0 號

100臺北市重慶南路一段37號

臺灣商務印書館　收

對摺寄回，謝謝！

讀者回函卡

感謝您對本館的支持，為加強對您的服務，請填妥此卡，免付郵資寄回，可隨時收到本館最新出版訊息，及享受各種優惠。

姓名：________________ 性別：□男 □女

出生日期：____年____月____日

職業：□學生 □公務（含軍警） □家管 □服務 □金融 □製造
□資訊 □大眾傳播 □自由業 □農漁牧 □退休 □其他

學歷：□高中以下（含高中） □大專 □研究所（含以上）

地址：□□□________________

____

電話：（H）________________ （O）________________

E-mail: ________________

購買書名：________________

您從何處得知本書？

□書店 □報紙廣告 □報紙專欄 □雜誌廣告 □DM廣告
□傳單 □親友介紹 □電視廣播 □其他

您對本書的意見？（A/滿意 B/尚可 C/需改進）

內容____ 編輯____ 校對____ 翻譯____

封面設計____ 價格____ 其他________

您的建議：________________

____

____

臺灣商務印書館

台北市重慶南路一段三十七號　電話：（02）23116118・23115538

讀者服務專線：0800056196　傳真：（02）23710274・23701091

郵撥：0000165-1號　E-mail：cptw@ms12.hinet.net

網址：www.commercialpress.com.tw